NAUFRAGÉ VOLONTAIRE

ŒUVRES DE ALAIN BOMBARD

RAPPORT TECHNIQUE DE L'EXPÉRIENCE
DE SURVIE PROLONGÉE EN MER

HISTOIRE DU NAUFRAGÉ VOLONTAIRE

ALAIN BOMBARD

Naufragé volontaire

ÉDITIONS DE PARIS

Ce livre est dédié à

Trois hommes

    Docteur FURNESTIN
    Amiral SOL
    Capitaine CARTER

                Trois femmes

                    Ma Femme
                    Ma Mère
                    Casablanca

AVANT-PROPOS

Boulogne-sur-Mer un matin de printemps 1951. Je dors encore dans ma chambre, à l'Internat, quand retentit le téléphone :

— L'interne de garde s. v. p.?

— Qu'est-ce que c'est?

— Un naufrage sur la digue Carnot.

— J'arrive.

Sans soupçonner la gravité de l'accident, pestant, je m'habille en hâte et me précipite vers la salle d'urgence. Il n'y a encore rien. J'interroge le concierge qui me raconte qu'un chalutier, le Notre-Dame-de-Peyragues, de la petite plage d'Equihem, trompé par la brume, vient de se jeter sur l'extrémité de la digue Carnot. Il fait froid, mais la mer est très calme et je ne m'inquiète pas outre mesure. Cette digue est l'ouvrage avancé du port; très dangereuse par grand vent, on peut la gravir facilement par mer plate, des échelles étant disposées face au large tous les vingt mètres.

Un klaxon retentit : c'est la voiture des pompiers. La porte s'ouvre à double battant et, très fier de mon importance, je m'avance... Jamais je n'oublierai le spectacle de ces quarante-trois hommes entassés les uns sur les autres, dans des attitudes de pantins dis-

loqués, pieds nus, et tous munis de leur ceinture de sauvetage. Malgré tous nos efforts, ce jour-là, aucun ne put être ranimé. Bilan d'une minute d'erreur : 43 morts, 78 orphelins.

Je crois que c'est de cet instant que je pris conscience du grand drame du naufrage, et que ce fut là le germe de ce qui devait devenir l'expédition de l'Hérétique.

Naufrage! Ce mot devint pour moi l'expression même de la misère humaine. Il était synonyme de désespoir, de faim, de soif. Boulogne perdait chaque année en mer 100 à 150 de ses enfants, et j'appris que, en temps de paix, 200.000 hommes environ mouraient ainsi par le monde, tous les ans. Si un quart des victimes, en moyenne, survivent au naufrage grâce aux embarcations de sauvetage, elles meurent peu après dans d'atroces agonies.

Je m'étais intéressé depuis longtemps à l'étude de la résistance maximum de l'organisme humain aux privations, et j'avais acquis la conviction qu'un individu pouvait parfois survivre au-delà des limites généralement assignées par la physiologie.

J'avais longuement étudié le cas des déportés, des prisonniers et des populations sous-alimentées, et avec cette déformation, ou cette formation du médecin, pour qui la science reste lettre morte tant qu'elle n'est pas suivie d'une application pratique, je concluais souvent mes recherches théoriques par cette question : « A quoi cela sert-il? »

Le problème du naufragé s'ajoutait maintenant aux autres. Il avait ceci de particulier, que les conditions extérieures qui contribuent à la misère humaine ne dépendaient plus, comme dans le cas des prisonniers, du caprice des hommes, contre lequel on ne peut rien, ni, comme dans les famines hindoues, d'une sécheresse soudaine contre laquelle on ne peut guère plus, mais d'un milieu naturel, sans doute dangereux,

mais riche malgré tout, riche[1] de ce qu'il faut pour
VIVRE, *ou du moins pour* SURVIVRE *jusqu'à la
venue des secours, jusqu'à l'approche de la terre.*

*En un mot, je réfléchissais que la mer constitue
bien pour le naufragé un danger perpétuel, mais elle
n'est pas haineuse, et surtout elle n'est pas stérile.
Vaincre la peur et trouver sa nourriture ne sont donc
pas des difficultés insurmontables.*

*Tel fut mon point de départ en ce qui concerne le
milieu. En ce qui concerne l'organisme humain appelé
à survivre dans ce milieu, à la fois par et contre lui,
j'avais acquis la conviction, en étudiant les cas célèbres
de survie prolongée dans les pires conditions, que les
physiologistes ne tenaient souvent pas compte de la
puissance de l'esprit et de son influence sur les réactions du corps, influence pourtant attestée par les
jeûnes de Gandhi, le voyage du capitaine Bligh[2], les
expéditions polaires de Scott et d'Amundsen. Il y avait
un malentendu. Il ne fallait pas dire : « Dans telles
conditions physiques, on peut survivre », mais, pour
employer la formule chère aux mathématiciens, il fallait seulement dire que, « toutes choses égales d'ailleurs (ce qui réserve le rôle de l'esprit, j'entends par
là le courage, l'espérance de vivre), il est possible de
survivre si telles et telles conditions physiques sont
réalisées. »*

De là, je revenais aux statistiques :

*Ces 50.000 personnes qui meurent par an dans des
bateaux de sauvetage, ne pouvait-on tenter quelque
chose pour les sauver? Mais tenter quoi?*

Les grands récits légendaires que je me pris alors

1. Il y a deux cents fois plus de vie dans 1 m³ d'eau que dans la
même mesure de terre.

2. Le capitaine Bligh a tenu la mer pendant plus de quarante
jours, avec huit jours de vivres seulement, soutenu par sa haine de
l'équipage mutiné, qui l'avait abandonné en pleine mer dans une
barque.

à parcourir semblaient rendre dérisoire, illusoire, toute lutte, toute espérance.

La frégate **La Méduse** s'échouait le 2 juillet 1816 sur un banc de sable à 180 kilomètres de la côte d'Afrique. 149 personnes, passagers, soldats et quelques officiers, prenaient place sur un radeau de fortune, remorqué par des chaloupes. La remorque s'étant rompue dans des circonstances mystérieuses, le radeau abandonné dériva en plein Atlantique. Six barriques de vin et deux d'eau douce se trouvaient à bord. C'est seulement douze jours plus tard que le radeau fut retrouvé. Les survivants étaient au nombre de 15. Dix étaient mourants, et moururent en effet à peine les eut-on recueillis.

Le 14 avril 1912, le paquebot **Titanic** heurtait un iceberg. Il coulait en quelques heures. Lorsque les premiers secours arrivèrent, trois heures après la disparition complète du navire, il y avait déjà des morts et des fous dans les embarcations de sauvetage. Fait significatif, aucun enfant au-dessous de dix ans ne se trouvait parmi ceux qui avaient payé leur affolement par la folie, et leur folie par la mort. Ils avaient encore l'âge de raison.

Ces exemples venaient confirmer le sentiment où j'étais de l'importance prépondérante du moral. Les statistiques qui établissent que 90 % des victimes meurent dans les 3 jours qui suivent le naufrage, s'éclairaient étrangement, car il faut plus de temps pour mourir de faim ou de soif.

Lorsque son navire sombre, l'homme croit que l'univers sombre avec lui, et parce que deux planches lui manquent sous les pieds, tout courage, toute raison, lui manquent en même temps. S'il trouve en cet instant un canot de sauvetage, il n'est pas sauvé pour autant; car il y reste sans mouvements, dans la contemplation de sa misère. Il ne vit déjà plus.

Pris par la nuit, transi par l'eau et par le vent, effrayé par le creux, par le bruit, par le silence, il lui suffit de trois jours pour achever de périr.

Naufragés des légendes, victimes raides et hâtives, je sais que vous n'êtes pas morts de la mer, que vous n'êtes pas morts de la faim, que vous n'êtes pas morts de la soif, car, ballottés sous le cri des mouettes, vous êtes morts d'épouvante.

Ainsi ce fut bientôt pour moi une certitude : beaucoup de naufragés meurent bien avant que les conditions physiques ou physiologiques ne soient devenues, par elles-mêmes, mortelles. Comment combattre le désespoir, meurtrier plus efficace et plus rapide que n'importe quel facteur physique?

PRÉPARATION

Laboratoire — Matériel

> « *En matière de sauvetage,*
> *toute vérité est bonne à dire.* »

Fɪɴ septembre 1951, l'un de mes concurrents de la traversée de la Manche à la nage, Jean Van Hemsbergen, me téléphone et me propose de faire une balade en mer. Il fait les essais d'un nouveau type de bateau de sauvetage. A peine ma garde terminée à l'internat, je le retrouve sur la plage où il me montre un canot type dinghy, comme sera plus tard *l'Hérétique*, mais plus petit. C'est un boudin pneumatique en forme de fer à cheval, fermé à sa partie postérieure par un tableau de bois. Nous partons vers 16 heures, pour un essai au moteur.

Le temps était beau. — « Si nous allions à Folkestone? » me proposa mon ami. J'acquiesce, et, cap nord-nord-ouest, nous nous dirigeons sur le phare de South Foundland dont le feu, dans la nuit tombée, nous éclaire régulièrement. Le vent se lève alors, la mer grossit. Le *Hitch Hiker*[1] (ainsi avait-il été baptisé) se comporte admirablement, et à 23 heures nous entrons dans le port anglais. Je n'ai pas de passeport, mais les autorités m'offrent toutes les facilités.

Le temps s'est franchement gâté et une de ces bonnes tempêtes de Mer du Nord commence à se lever. Malgré la confiance que nous avons en l'esquif, nous décidons d'attendre une accalmie pour rentrer. Un essai, que nous tentons le lundi, nous semble pure folie. Nous renonçons.

Cependant, le mauvais temps persiste. A l'hôpital

1. En français : auto-stop.

on doit commencer à s'inquiéter sérieusement sur mon compte. J'ai bien envoyé un télégramme, mais il faut que je rentre prendre mon service, car mon internat ne se termine que le 1ᵉʳ octobre.

Enfin, le mardi, malgré l'avis de nos amis, nous quittons à 9 heures le port de Folkestone par une mer déchaînée. Franchir la jetée du port est tellement difficile que nous hésitons à poursuivre, mais l'expérience est tentante. Au fond, les naufragés ne choisissent pas leur temps et, dans les trois quarts des cas, ne s'agira-t-il pas justement d'une mer déchaînée quand il faudra utiliser les frêles embarcations?

Nous sommes le nez dans la vague et craignons à tout moment de voir le moteur submergé. Mais non, tout résiste à merveille. Le *Hitch Hiker* tient magnifiquement la mer, la mer absolument vide. Le Pas de Calais, ce carrefour habituellement animé d'une intense circulation, est aujourd'hui désert. Après avoir risqué plusieurs fois d'être engloutis, nous débarquons sur la plage de Wissant, vers dix-huit heures.

La performance avait réussi. Un homme nous attendait à terre, qui allait devenir pour un temps mon mécène. Hollandais, spécialiste connu du sauvetage, 1 m. 80, 152 kilos, un beau regard clair et loyal, une grande puissance de persuasion, une grande piété. Tel du moins m'apparut-il alors.

Ce jour-là, nous nous enflammons tous deux et il me propose une bourse d'études qui me permette de faire l'expérimentation en laboratoire de ma théorie naissante sur la survie du naufragé.

J'établirai scientifiquement les chances alimentaires de survie, puis nous partirions tous trois en mer, pour faire la démonstration humaine qui, seule, pouvait guérir les futurs naufragés du désespoir. J'étudierai le trajet de notre voyage. Notre mécène devait s'occuper de sa réalisation matérielle. Nous fixâmes alors le Musée Océanographique de Monaco comme centre de recherches. Notre départ devait avoir lieu à la fin de l'année.

Le sort, une fois de plus, allait précipiter les choses et j'allais commencer mon expérimentation en étant, comme tout le monde, *naufragé involontaire*.

*

Avant de gagner Monaco, nous devions, Van Hemsbergen et moi, aller en Angleterre pour assister au

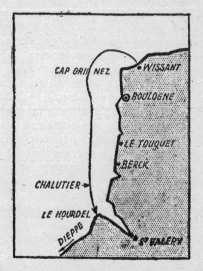

mariage d'une de nos amies. Le mercredi 3 octobre, alors que nous faisons l'essai sur notre dinghy d'un nouveau moteur devant la plage de Wissant, une panne se produit à trois milles au nord-nord-ouest du cap Gris-Nez et nous nous mettons à dériver. Etant partis pour un bref essai, nous n'avions à bord ni voile, ni moyens de propulsion. Poussés par un vent régulier du nord-nord-est, nous allions ainsi voguer pendant deux jours et trois nuits, sans pouvoir nous rapprocher de la terre. Après s'être dérobée devant nous, la côte française devait s'incliner vers l'ouest, à partir de l'embouchure de la Somme, et nous ne nous inquiétons pas outre mesure. Quoique nous ne le voyons pas, nous savons que nous suivons une route parallèle. Nous finirons bien par atterrir entre Saint-Valéry et Dieppe. Enfin, le vendredi, vers neuf heures du matin, nous apercevons un chalutier, le *Notre-Dame du Clergé*, vers lequel nous nous dirigeons en nous servant, en guise de voile, de la toile de notre canot pneumatique. On se tire de grandes difficultés sans grands moyens. Cette leçon ne sera pas perdue. Depuis deux jours Van Hemsbergen n'avait rien bu. Moi, au contraire, j'avais absorbé de l'eau de mer en petite quantité pour étancher ma soif, sachant que de telles proportions ne me faisaient rien risquer. En guise de nourriture, nous ne disposions que d'une livre de beurre, qui se trouvait par hasard à bord, et ce n'était pas fait pour apaiser notre soif.

Sitôt sur le chalutier, mon camarade vide un grand pot d'eau et moi, persuadé que j'ai soif, je m'apprête à faire de même. A la deuxième gorgée, je m'arrête, car, au fond, je n'ai pas soif. Tout simplement je le croyais. Grâce à mon régime, en effet, je ne m'étais pas déshydraté, et je n'avais pas besoin d'eau. Constatons une fois de plus combien le psychisme influence l'organisme, au point de lui faire croire à des besoins qu'il n'a pas.

Trois jours après, je lisais dans un journal : « Alain Bombard ramassé mort de faim près de Saint-Valéry. » On commençait déjà à romancer mon histoire. Pourtant les deux hommes qui, à peine à terre, se précipitaient pour prendre l'avion du Touquet afin de ne pas manquer un mariage en Angleterre n'avaient pas l'air de cadavres. Cependant les autorités maritimes s'émeuvent. C'est alors que commence à se dérouler un scénario qui, chaque fois, de façon inattendue, allait, au cours de mon voyage, constituer les épisodes de ce que j'ai appelé, ô Courteline! *l'intermède comique* :

Le premier acte se passe dans un bureau aux tables surchargées de papiers. Derrière l'une d'elles, un officier à cinq galons pleins (un vaisselier[1]), donne de la voix. Je suis assis, en face de lui, pareil à un écolier coupable, qui ne reconnaît pas sa culpabilité.

— Savez-vous que vous êtes passible des Tribunaux maritimes pour avoir quitté les eaux territoriales sans permis de navigation?

— Mais il existe une tolérance pour des bateaux de petite taille.

— Certes, mais ils sont qualifiés « engins de plage »; il n'est pas spécifié qu'ils peuvent sortir des eaux territoriales.

— Leur est-il interdit d'entrer dans les eaux maritimes?

— Cela n'est pas spécifié.

— Alors?

Et l'officier termine en me disant :

— Tout de même, il n'est pas possible de laisser passer ainsi vos débordements successifs.

— Le fait que je ne sois que passager et que le propriétaire était à bord ne vous intéresse pas?

— Je n'ai pas à vous répondre; vous saurez ma décision plus tard.

Là-dessus, nous nous séparons non réconciliés et,

1. Un capitaine de vaisseau est appelé un vaisselier, un capitaine de frégate, un frégaton, et un capitaine de corvette, un corvettard.

comme chaque fois, le sort au cours de ces intermèdes devait me favoriser; je rencontre dans l'antichambre un officier de même grade, mais un marin de mer celui-là, le commandant de Maupéou, qui m'ouvre ses bras et me dit :

— Félicitations, mon cher.

PRÉPARATION SCIENTIFIQUE

J'ARRIVAI à Monaco le 19 octobre et me présentai au Musée Océanographique pour demander à être inscrit parmi les chercheurs disposant d'un laboratoire.

Reçu par le Sous-Directeur, M. Belloc, qui ne devait pas se départir d'un intérêt suivi pour mon expérience et d'une constante amitié à mon égard, j'obtins le jour même toutes les facilités pour y poursuivre mes recherches. Je me mis aussitôt d'arrache-pied à mes travaux.

Il faut résumer brièvement ici ce que l'on savait, et ce que l'on croyait savoir en matière de naufrage, au moment où je me mettais au travail :

Il existe deux grandes sortes de naufrages : le naufrage « à terre » (à la côte), et le naufrage en haute mer. Sur les 200.000 morts annuelles par catastrophes maritimes, un peu plus de la moitié se produisent en touchant la côte. Le sauvetage de ces naufragés est du ressort des admirables sauveteurs de la Société de Secours aux Naufragés.

En haute mer, il n'en est pas de même, et si 50.000 hommes se noient tous les ans immédiatement après la catastrophe, qu'advient-il des 50.000 qui réussissent à se maintenir sur une des embarcations de sauvetage ? Là encore, deux cas se présentent :

Je distinguai deux catégories de navires : ceux qui sont en contact radio permanent avec la terre, qui

parlent tout le long de leur croisière. C'est le cas
des paquebots et des grands navires de guerre. Si l'un
de ces navires sombre, le monde entier sait à quelques
milles près où la catastrophe s'est produite, et les
secours arrivent très rapidement. C'est le cas du
Titanic. Il suffira de donner aux rescapés l' « injec-
tion de moral » qui leur permettra d'attendre avec
confiance les secours, mais le problème d'une survie
prolongée ne se présente pas.

Il existe une autre catégorie de navires, ceux qui
n'ont que des rendez-vous radio avec la terre, rendez-vous plus ou moins espacés, toutes les 6, 12, parfois même 24 heures. Depuis la dernière fois qu'ils
ont été entendus, ils ont parcouru un très long chemin. On ne sait pas où la catastrophe s'est produite.
On ne retrouvera pas les rescapés. C'est le cas des
navires dits « vagabonds » : grands chalutiers, grands
cargos, bateaux de pêche en général.

C'est à ces naufragés-là que mon expérience allait
surtout pouvoir donner une aide efficace. Or, que
fait-on pour eux à l'heure actuelle? Je fus atterré de
constater que ce sont des hommes considérés comme
déjà perdus. Au maximum et dans les cas les plus
favorables, des recherches vont être entreprises pendant dix jours. Elles seront pratiquement toujours
vaines du fait de l'impossibilité du repérage en mer.
Au bout de dix jours, certaines « normes » de notre
civilisation font que les recherches ne peuvent plus
être poursuivies. Il est estimé, en tout cas, qu'après
dix jours en haute mer, plus aucun espoir ne subsiste
de retrouver vivants les rescapés. Les explications
données sont que ni l'homme, ni le matériel ne peuvent, dans ces conditions, tenir plus longtemps. Il fallait rendre à ces malheureux leur chance de retrouver
la terre. Quelques milliers de veuves de moins par an
est un objectif qui vaut bien que l'on risque une vie.

*

Je me mis à réunir une bibliographie complète sur :

    a) les naufrages antérieurs et leur enseignement,
    b) la survie des naufragés,
    c) le poisson et sa composition,
    d) la façon de le pêcher,
    e) les vents et les courants favorables.

En même temps, j'allais tenter sur moi-même au laboratoire des essais de nourriture par ces procédés anormaux, tandis que Van Hemsbergen, qui était venu me rejoindre, préparait les essais des divers types d'embarcations.

Tous les domaines devaient être étudiés. Pendant six mois, j'allais passer de l'analyse chimique de l'eau de mer à l'étude des variétés de plancton, en passant par les tables de composition du poisson. Je devais baser ma démonstration sur le fait qu'un canot de sauvetage n'est muni que théoriquement d'une foule d'objets indispensables au sauvetage et qu'en fait, tout ce qui peut quitter le bord a disparu le jour où l'on en a besoin.

*

Dès le premier jour, j'allai trouver ma caution scientifique dans le « Bulletin des Amis du Musée Océanographique » qui venait de paraître. C'était une communication[1] faite à l'Académie des Sciences le 17 décembre 1888 par le Prince Albert Iᵉʳ de Monaco, fondateur du Musée Océanographique même :

Il ressort de ces faits que le personnel d'une embarcation abandonnée sans vivres sur l'Atlantique Nord, et probablement sur un point quelconque des mers tempérées et chaudes, pourrait éviter la mort par inanition s'il possédait, au moins en partie, le matériel suivant :

    1. Voir l'Appendice à la fin du volume.

1° *Un ou plusieurs filets en étamine, de un à deux mètres d'ouverture, avec vingt mètres de ligne pour recueillir la faune pélagique libre, ou tamiser les touffes de sargasses;*

2° *Quelques lignes de cinquante mètres, terminées chacune par trois brasses de fil de laiton recuit, sur lequel est fixé un gros hameçon, avec amorce artificielle pour les thons;*

3° *Une petite foëne, pour harponner les mérous des épaves et quelques hameçons brillants auxquels ceux-ci se prennent, parfois même sans amorce;*

4° *Un harpon, pour les plus grands animaux qui suivent les épaves.*

Les faits que je viens de signaler sont capables, dans bien des circonstances, de prolonger, jusqu'à la rencontre d'un secours éventuel, l'existence de navigateurs qui ont vu sombrer leur navire.

Il fallait donc établir une ration alimentaire nécessaire et suffisante, et montrer que dans tous les cas la mer la fournissait.

Or, quels sont les produits que l'on peut toujours tirer de la mer? L'eau de mer, le poisson et le plancton[1]. L'eau de mer a une composition moyenne

COMPOSITION DE L'EAU DE MER POUR UN LITRE		
ClNa.	27 gr.	3
$MgCl_2$.	3 »	4
SO_4Mg.	2 »	
SO_4Ca.	1 »	3
KCl.	0 »	6
CO_3Ca.	0 »	1
H_2O.	965 »	3

1. Le plancton est constitué par les millions de petits êtres presque microscopiques qui se trouvent en suspension dans toutes les eaux salées ou douces. Il se divise en deux grands groupes : le zooplancton, qui comprend les micro-organismes animaux, et les œufs de poissons

qui est la suivante[1] :

Le poisson donne, à l'analyse, pour les trois corps principaux qui le constituent et pour les espèces que j'allais rencontrer au cours de mon voyage, les chiffres suivants[2] :

NOMS	HUMIDITÉ (%)	PROTIDES (%)	LIPIDES (%)
RAIE	82,2-76,8	24,2-18,2	1,6-0,1
PÈLERIN. . . .	68,0	15,2	16,0
DORADE. . . .	78,89-77,00	19,00-17,25	3,31-1,0
BRAMA RAII . .	78,90	18,42	0,34
SARDINE. . . .	78,34	21,00-16,3	12,00-2,0
ANCHOIS. . . .	76,19	21,92	1,11
BONITE	69,17-67,5	24,0-18,52	12,46-7,0
BAR.	79,94-77,00	19,96-18,53	2,50-0,84
MULET	75,6	19,5	3,9
MAQUEREAU. .	74,27-68,84	23,10-17,59	8,36-5,14
THON.	58,5	27,0	13,00
ŒUFS DE POIS-SON.	de 48,8 à 78,31	de 11,50 à 45,9	de 1,16 à 16,2

Quant au plancton, sa composition est évidemment beaucoup plus variable et beaucoup moins connue; c'était sur lui que j'allais me rabattre pour essayer de trouver les éléments qui me manqueraient encore.

Je me trouvais dans la situation d'un homme à qui l'on fournit des matériaux en nombre limité et à qui l'on dit : « Avec cela, il faut que vous me construisiez une maison. » Je construisis.

(le phytoplancton, qui comprend des petites algues minuscules; c'est le plancton végétal). L'importance biologique de ce plancton est énorme, ne serait-ce que parce que c'est la seule nourriture de la baleine, le plus grand mammifère actuellement existant.

1. Jean ROUCH : « Traité d'océanographie physique. » Flammarion.

2. CREAC'H : « Les protides liquides du poisson. »

Tout d'abord, il fallait boire; chacun sait que boire est plus important que manger; si une dizaine de jours de diète totale sans eau conduit invariablement à la mort, il est possible de subsister une trentaine de jours sans manger.

Où trouver de l'eau douce? J'arrivai rapidement à la conviction que le poisson allait me la fournir en quantité largement suffisante. La table de composition citée plus haut montre que le poisson contient 50 % à 80 % de son poids en eau : c'était ce liquide qui allait me sauver de la soif, car il s'agit là d'eau douce.

Vous est-il déjà arrivé de consommer un poisson de mer qu'une ménagère négligente aurait oublié d'assaisonner : il est parfaitement fade. En fait, l'analyse allait me le montrer, la chair de poisson contient moins de chlorure de sodium que la chair des mammifères, sauf certaines exceptions sur lesquelles nous reviendrons à propos des protides. Si j'arrivais à extraire le liquide, mes besoins en eau seraient assurés avec 3 kilos de poisson quotidiens. Le problème était de l'extraire, mais ceci sortait du cadre du laboratoire.

Cependant, qu'allait-il se passer si je ne pêchais pas? Or c'est le sort, comme on le verra, des naufragés dans les trois ou quatre jours qui suivent la catastrophe. Si l'on ne boit pas, la mort par déshydratation survient en une dizaine de jours suivant une courbe régulière. Toute reprise de l'alimentation en eau qui n'apporterait que la ration quotidienne normale maintient le sujet au stade correspondant au jour de la reprise, et ne lui rend pas son hydratation normale. Il est donc important de se maintenir les premiers jours, les jours sans poisson, au stade d'hydratation habituelle, et pour cela on peut boire de l'eau de mer.

L'eau de mer est dangereuse, Monsieur Tout-le-Monde le sait : en boire de grosses quantités conduit à la mort par néphrite. Comment faire alors? La solution ressort de la simple lecture du tableau de composition : il montre bien en effet que l'élément le plus important est le chlorure de sodium. Dès lors, j'allais simplement consommer ma ration quotidienne de chlorure de sodium en la prenant dans l'eau de mer. Ceci me permettait d'absorber 800 à 900 gr. de liquide salé. Le seul élément qui serait modifié serait la concentration au niveau du glomérule de Malpighi[1]; c'est pourquoi cette absorption d'eau salée ne devait pas dépasser 5 jours, au bout desquels la néphrite reparaîtrait menaçante. « Mais les autres sels dissous? » objectèrent des esprits chagrins. Eh bien! à 800 gr. d'eau de mer correspondent :

— la quantité de chlorure de magnésium (Mg Cl^2) contenue dans un litre d'eau de Salies (3,4);

— de sulfate de magnésium (SO^{4}Mg) dans un litre d'eau de Montmirail (2);

— de sulfate de calcium (SO^4 Ca) dans un litre d'eau de Contrexéville (1,3);

— de chlorure de potassium, dans un litre d'eau de Bourbon (0,6);

— de carbonate de calcium (CO^3 Ca) dans un litre d'eau de Vichy « Grande Grille » (0,1).

Le problème de la boisson semblait donc résolu.

Je passai alors à l'alimentation proprement dite : Tout d'abord il fallait trouver une quantité brute d'aliments fournissant le nombre de calories nécessaires, et les répartir équitablement en trois grandes

1. Le glomérule de Malpighi est le filtre devant lequel se présentent les éléments que le rein va trier. C'est la partie du rein qui travaille le plus en cas d'hyperconcentration de sels minéraux. Le problème consiste à savoir pendant combien de temps ce travailleur va tenir le coup.

familles d'aliments : les protides, les lipides et les glucides.

La table de composition du poisson montre claire-ment qu'au point de vue quantitatif — ce que les médecins appellent dynamique — les protides étaient en quantité largement suffisante.

Mais le problème se complique du fait que l'orga-nisme humain est difficile et a besoin de certains pro-tides déterminés. Certains, appelés acides aminés, doivent exister effectivement et rien ne peut leur être substitué; ce sont les aliments que les médecins appellent plastiques. Ils existent au nombre de 10[1]. Le poisson allait me les fournir. En voici la quantité dans quelques espèces :

POISSONS	1	2	3	4	5	6	7	8	9	10
MAQUEREAUX	5,8	3,8	5,2	7,2	8,1	2,7	3,5	4,9	1,0	5,4
HARENGS ...	5,5	2,4	4,9	7,1	7,8	2,7	3,4	4,4	0,8	5,0
SARDINES...	5,1	4,7	4,6	7,2	8,4	2,8	3,7	4,3	1,0	5,2
THONS. ...	5,3	5,7	4,7	7,2	8,3	2,8	3,5	4,5	1,0	5,1
CREVETTES. .	9,4	2,2	5,3	8,5	8,5	3,4	4,5	4,1	1,0	5,1

En résumé, je devrais prendre garde à certains pro-tides dangereux : les uréides et les bases puriques. Ceux-ci n'existent abondamment que dans les pois-sons cartilagineux. Il fallait donc se méfier de la raie et des requins.

Quant aux lipides, la seule question était de savoir s'il existait des phospho-lipides ou des lecithines, c'est-à-dire des graisses phosphorées; qu'il me suffise de dire sans m'étendre qu'elles sont abondantes dans tous les poissons.

1. Ce sont : 1. Arginine. — 2. Histidine. — 3. Isoleucine. — 4. Leu-cine. — 5. Lysine. — 6. Methionine. — 7. Phenylalanine. — 8. Thréo-nine. — 9. Tryptophane. — 10. Valine.

Mais un grand problème se posait alors, en fait, pour les diététiciens — « *le* » grand problème : les glucides, les sucres. Ils peuvent provenir de deux sources : soit de l'alimentation directe, c'est-à-dire d'une source exogène, soit d'une fabrication personnelle, source endogène. Hélas! la source extérieure semblait pauvre : où dans la mer aurais-je trouvé des sucres? Le plancton en contient bien dans sa partie végétale : le phytoplancton, mais sont-ils assimilables et utilisables par un organisme humain? Les sucres se divisent en trois grands groupes :

1° Les oses, sucres directement assimilables, appelés également sucres en C^6, car leur molécule est formée d'une chaîne centrale de 6 atomes de carbone : le glucose par exemple.

2° Les saccharides ou sucres en C^{12} (12 atomes de carbone), comme le saccharose : sucre de canne ou sucre de betteraves, qui, s'ils ne sont pas directement digérables, s' « hydrolisent », c'est-à-dire se divisent en deux pour donner deux molécules de sucres en C^6.

3° Enfin, les polysaccharides, ou sucres en C^n (*n* étant un nombre variable, mais très grand), telle la cellulose, qui, non divisibles, non hydrolysables en un certain nombre de molécules de sucre en C^6, ne sont pas utilisés par l'organisme : ils sont rejetés intacts dans les déchets; par malheur le plancton contient exclusivement des sucres de cette troisième catégorie.

Il existe bien dans les foies de poisson un générateur de glucose, le glycogène, mais en consommer abondamment me faisait courir le risque de maladies terribles par excès de deux corps indispensables mais dangereux : la vitamine A et la vitamine D. Il fallait donc que je fabrique moi-même, à partir des autres aliments absorbés, les glucides dont j'aurais besoin.

Cette synthèse est possible et s'exécute normale-

ment à partir des viandes et des graisses, mais nécessite une quantité importante d'eau; je tournais dans
un cercle vicieux; il me fallait suffisamment de corps
pour obtenir mon eau, et seule l'expérience sur
l'homme pouvait trancher le débat. Un exemple
cependant me donnait confiance : celui des Esqui-
maux qui, pendant les six mois de l'hiver polaire,
mangent exclusivement viandes et graisses. Ils ne
boivent que de l'eau de banquise qui est salée et ne
semblent cependant pas présenter de graves troubles
digestifs.

D'autres corps sont indispensables, mais en quantité
infinitésimale : ce sont les fameuses vitamines. Ces
corps agissent à toute petite dose, mais leur absence
occasionne des maladies graves, les *maladies par
carence* ou avitaminoses. Leur excès, en revanche,
occasionne d'autres maladies aussi graves, les hyper-
vitaminoses; quatre de ces vitamines sont absolument
nécessaires, et l'on ne peut s'en passer même un temps
très court; ce sont les vitamines A, B, C et D. Pour
les autres, la marge de sécurité est beaucoup plus considérable.

La vitamine A et la vitamine D sont, comme chacun
sait, extrêmement abondantes dans les graisses de
poisson (la source dans laquelle les hommes civilisés
vont la chercher est l'huile de foie de poisson).

Les vitamines B^1 B^2 sont abondantes également dans
la chair de poisson; la vitamine B^{12} n'y a jamais, je
crois, encore été déterminée, mais la marge de sécurité
est plus grande en ce qui concerne cet élément. Mon
anémie à l'arrivée sembla prouver que la vitamine B^{12}
(facteur anti-anémique) ne se trouve en mer qu'en
quantité restreinte.

Mais toutes ces questions une fois résolues, restait
encore le grand problème des navigateurs : le scorbut.
Le scorbut est une maladie par carence due à l'absence

de vitamines C, la vitamine contenue dans les fruits frais, les légumes verts, les végétaux en général. L'absence de cette vitamine détermine une maladie grave, le scorbut, fort redouté par les anciens navigateurs.

Comment éviter ce fléau?

Je fis le raisonnement suivant : les animaux se divisent en deux catégories : ceux qui fabriquent les acides ascorbiques, et ceux qui le prennent à l'extérieur, dans leur nourriture (ascorbiquigènes et anascorbiquigènes). Or, la baleine a besoin de trouver son acide ascorbique à l'extérieur et elle se nourrit exclusivement soit de plancton, soit de petits crustacés planctonivores. Je devais donc trouver la vitamine C dans le plancton. L'analyse chimique vérifia cette hypothèse.

Je me trouvais donc devant une ration qui semblait équilibrée : je possédais les vitamines A, B, C, D, indispensables à ma sécurité, et au point de vue calorifique, les protides et les lipides. Je ne partirais donc qu'avec, en moi, un problème, mais de taille : ma ration d'eau serait-elle suffisante pour assurer l'équilibre glucidique?

PRÉPARATION MATÉRIELLE DU VOYAGE

Je m'aperçus que, tandis qu'il serait très facile, chiffres à l'appui, de convaincre les spécialistes, les marins restaient beaucoup plus réticents. En effet, ceux à qui je touchais un mot de mon travail me répondaient invariablement : « C'est très joli, tout cela, mais c'est de la théorie, c'est possible quand on est enfermé dans un laboratoire, mais la mer c'est bien autre chose; nous, on sait bien. »

Or, il y avait un important facteur à vaincre : il y avait à tuer ce désespoir qui tue; cela n'entrait pas dans le cadre de l'alimentation, mais si boire est plus important que manger, donner confiance est plus important que boire. Si la soif tue plus vite que la faim, le désespoir gagne encore en rapidité sur la soif. « Souviens-toi, homme, que tu es esprit. » De l'esprit aussi il fallait s'occuper.

Or, qui fait naufrage? le savant ou le marin; le médecin ou le pêcheur? Et là, je quittai résolument les sentiers battus, l'éducation médicale reprenait le pas sur l'éducation du physiologiste. Il fallait que mon hypothèse cessât de n'être qu'une hypothèse, qu'elle servît à quelque chose, et pour cela la nécessité de l'expérimentation humaine, du voyage, devenait évidente.

Quel voyage allait-il falloir faire? Il s'agissait de trouver un moyen d'être isolés en mer pendant un

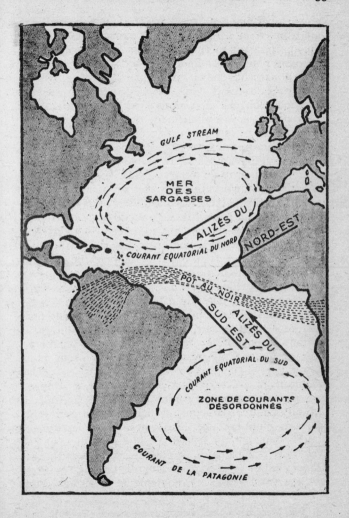

temps supérieur à un mois et inférieur à trois. Il fallait trouver un itinéraire où les vents et les courants nous porteraient sûrement, où nous ne rencontrerions personne pour éviter de succomber à la tentation, où enfin nous prouverions, en frappant les imaginations, que la vie, loin des côtes, est possible.

Je me plongeai alors dans l'étude des navigations « anormales », essentiellement de la navigation solitaire. Je ne reviendrai pas sur l'histoire de la navigation solitaire qui vient magistralement d'être établie par mon ami Jean Merrien[1], mais l'étude de ces navigateurs me montra de toute évidence que pour frapper les imaginations il fallait traverser un océan, que pour rester le temps nécessaire et suffisant, c'était l'Atlantique qu'il fallait choisir, et que pour être sûr d'arriver quelque part en deux mois environ, sans rencontrer la tentation à chaque pas, il fallait suivre la route des alizés, refaire deux des voyages de « Christobal Colon », le deuxième et le quatrième : Espagne, Canaries, large des Iles du Cap-Vert, Antilles. Ainsi nous évitions les routes de navigation. Celles-ci passent en effet plus au nord pour l'Amérique du Nord et les Antilles, et plus au sud pour l'Amérique du Sud. Nous évitions également la mer des Sargasses et le Pot au Noir où nous nous serions perdus sans profit pour personne.

Durant tous ces travaux, j'avais mené à Monaco une vie très active. Je passais de longues journées à la bibliothèque, feuilletant les fichiers et en extrayant, grâce au bibliothécaire, M. Comet, la « nourriture » pour la semaine. Je sortais presque quotidiennement avec l'un des bateaux du musée, soit le *Pisa*, soit l'*Eider;* enfin, je pressais à tour de bras les poissons les plus variés, essayant d'obtenir le meilleur rende-

1. Jean Merrien : « Les Navigateurs solitaires » (Denoël).

ment possible, tant au point de vue du goût qu'au point de vue de la quantité. J'avais en effet constaté que le meilleur moyen d'en obtenir l'eau était de presser le poisson dans une simple presse à fruits.

Peu à peu, je faisais connaissance avec ma future alimentation et, devant les résultats, prenais confiance.

Au laboratoire, la théorie semblait se confirmer de plus en plus. J'avais miraculeusement obtenu que peu de bruit se fasse autour de mon projet. Je crois d'ailleurs que la souriante ironie et la bienveillante incrédulité du plus grand nombre servaient cette tranquillité. Je devais apprendre, pour dire vrai, que j'étais même le seul à « y » croire.

Les dates fixées primitivement pour notre départ furent peu à peu retardées. L'équipage devait se composer tout d'abord de trois hommes : Van Hemsbergen, notre mécène et moi, puis de cinq, puis de six; après être parti d'un réel engin de sauvetage, notre bailleur de fonds nous faisait essayer un engin hétéroclite.

Je voudrais raconter cette histoire qui ne contribua pas peu à faire de moi un « cavalier seul ».

Notre mécène avait déjà fait subir une modification à nos projets et, désirant partir sur un engin plus propice à notre expérience, avait décidé d'utiliser un Catamaran, sorte de radeau polynésien à deux coques réunies par un plancher médian, en somme une sorte de pédalo, mais propulsé à la voile.

Il nous fit alors parvenir un engin « modèle » construit très honorablement pour un jeu de plage, mais vraiment exclusivement pour cela, avec mission de tenter d'aller en Corse et d'en revenir.

Après avoir passé de nombreux jours à monter ce « canot » absurde, et Seigneur Dieu! comme les riverains s'amusaient! Van Hemsbergen et moi nous nous faisions tirer un beau matin de la fin novembre à l'exté-

rieur du port. Une légère brise se lève à 11 h. L'engin
filait à une assez grande vitesse et nous revenions
quand une des dérives se brisa. Tout semblait néanmoins devoir bien se passer. Il faut savoir que les
deux flotteurs étaient ouverts à la partie supérieure,
pour qu'on pût s'y asseoir comme dans un canoë. Afin
de connaître la stabilité de l'engin nous avions laissé
le pontage ouvert, et parfois une vague pénétrait dans
le flotteur sous le vent. L'inévitable arrive : brusquement l'eau s'engouffre, et tout l'appareil se retourne.
Nous sommes à ce moment en pleine baie de Monte-
Carlo, le vent nous poussant vers le Cap Martin. C'est
là que nous abordons vers 8 h. du soir, moi le premier, à la nage, Jean le second, traîné par une
remorque. La police s'en mêlait d'ailleurs, car, m'étant
écorché la cuisse sur les rocs aigus du cap, on avait
signalé qu'un homme nu et sanglant avait été vu
rôdant dans les bois.

Il était dit qu'avant d'être naufragé volontaire,
j'aurais à subir certains naufrages involontaires!

L'épreuve aurait dû révéler à notre mécène l'inutilité de persister dans cette voie. Bien au contraire,
il fit élaborer des plans ambitieux d'un grand Catamaran de 14 m. de long avec cabine et cuisine (!); il
devenait évident que nos buts et nos conceptions
s'écartaient de plus en plus les uns des autres. A mes
timides suggestions ou protestations, on répondait
qu'il fallait donner à l'expédition un caractère international, qu'on allait d'ailleurs partir à plusieurs
bateaux, qu'on avait le temps; qu'on allait même faire
le tour du monde. Nous nous enfonçions dans l'utopie.
Et que devenaient les naufragés dans tout cela?

Peu à peu s'ancra dans ma tête la résolution de
m'en tenir à nos projets antérieurs, de tout préparer
et de mettre mes coéquipiers devant le fait accompli.
Je me disais qu'alors, voyant tout prêt, ces indécis

prendraient enfin une décision et que l'expédition,
dans les conditions primitives, aurait alors un départ
réel. On me fit savoir que tout serait prêt pour mai
ou juin. Au fond de moi-même, je décidai de tout préparer pour cette date et, une fois paré, de partir. Notre
grand ami approuverait alors.

J'avais à ce moment, c'est-à-dire fin mars, pratiquement mis au point mon expérimentation et ma
théorie. Mon voisin de laboratoire avait été le Dr. S. K.
Kon de l'Université de Reading, venu à Monaco pour
étudier les Gambarotti[1], et il m'avait proposé de me
faire rencontrer des spécialistes qui me fourniraient
certains renseignements dont je manquais. Je me
rendis donc en Angleterre où, grâce à lui et au
Dr. Maggee, du Ministère de la Santé, je rencontrai
des représentants de la marine et de l'aviation dont
l'un, le Dr. Wittengham, devait devenir un ami. Ils
me précisèrent leur intérêt et leurs doutes (quand ils
en avaient). Ayant rencontré notre mécène, Wittengham, même, vint plus tard à Monaco. En quittant
l'Angleterre, j'avais, hélas! manqué par deux fois le
Pr. Mac Cance, le spécialiste cambridgien du plancton.

Ce court voyage allait avoir de curieuses répercussions. Au passage de la douane à Calais, un douanier
me dit :

— Et alors, la Manche?

En riant, je réponds :

— Oh! c'est loin, maintenant je traverse l'Atlantique.

Incrédule, il avait ri sur le moment, puis à la
réflexion s'était dit : au fond pourquoi pas... et il
avait prévenu un journal anglais.

---

1. Petit crustacé du plancton, l'un des principaux éléments de
la nourriture des baleines; à ma connaissance, il n'en monte à la
surface qu'entre Menton et le cap Martin.

C'est ainsi que peu à peu la presse s'empara de notre histoire. Un journaliste vint me voir dans mon laboratoire de Monaco et des articles commencèrent à paraître, en déformant souvent grossièrement la vérité. J'avais, sans le savoir, déclenché un mécanisme auprès duquel le laboratoire de l'apprenti sorcier n'était qu'une plaisanterie. Ce devint de la surenchère; on parlait « du premier prix de conservatoire Bombard », du « professeur Bombard »... etc... Tout ce battage faisait l'effet d'une publicité de mauvais aloi et commençait à m'empêcher de travailler. En revanche, comme il y a du bien en tout, des volontaires se présentaient en foule. Non, je ne risquais pas de partir seul. N'envisageant pas de partir sans Van Hemsbergen, il ne me manquait plus qu'un membre pour compléter mon équipage. Un jour se présenta à mon hôtel un grand Anglais roux, flegmatique et calme, qui se mettait lui, son sextant et son bateau, à ma disposition. Il s'agissait d'Herbert Muir-Palmer, citoyen panaméen, plus connu sous le nom de Jack Palmer. Excellent navigateur, il avait effectué un voyage de Panama au Caire à travers l'Atlantique, dont je n'ai jamais su la date exacte, puis, en compagnie de sa femme, il était revenu du Caire à Monaco à bord de son petit yacht de 10 m., l'*Hermoine*, en passant par Chypre, Tobrouk et le détroit de Messine. Il était à Monaco depuis près d'un an, à court d'argent, comme le sont souvent de nombreux voyageurs. Je lui parlai exactement de mes projets : nous mettre à deux ou à trois dans les mêmes conditions que des naufragés, avec un engin similaire, sans vivres et sans eau, pour démontrer au monde que la survie est malgré tout possible dans ces conditions. Il me demanda alors quelques heures de réflexion, ne voulant pas s'engager à la légère. Enfin, il revint et me dit simplement :

— Dr. Bombard, I am your man.

Il se révélait de jour en jour plus charmant, et je me réjouissais de cette « trouvaille ». Mais nous n'étions encore qu'à terre. Malgré moi je ne pouvais m'empêcher de me demander sans cesse : « Que va-t-il advenir lorsque nous aurons faim? N'allons-nous pas nous retourner les uns contre les autres. Hemsbergen, je connais ses réactions, mais Palmer? »

C'est pour ces raisons qu'au lieu de partir directement de Tanger ou de Casablanca, nous décidâmes de faire de la Méditerranée un banc d'essai. Cette mer aux trompeuses apparences de lac doit nous servir à tester le matériel et les hommes. Moins elle sera clémente, plus elle nous rendra service. Nous saurons ainsi ce qui nous attend, nous serons prêts à affronter l'Atlantique.

Revenant aux projets antérieurs, je m'étais entendu avec le constructeur de notre *Hitch-Hiker* pour obtenir un bateau semblable, mais plus grand. Cependant, les pourparlers traînaient. De tous côtés, je recevais des demandes, plus ou moins sérieuses, pour m'accompagner. Les journalistes m'assaillaient.

Parmi les lettres, se trouvaient parfois de charmantes ou baroques idées; l'un me proposait de s'embarquer dans un but purement culinaire : il nous autorisait à le manger en cas d'échec de l'expérience. Un autre m'avouait qu'il avait tenté trois fois de se suicider; il me demandait de partir avec nous, estimant que j'avais trouvé là un moyen valable.

Un troisième m'offrait sa belle-mère comme passagère me proposant de commencer mes efforts de sauvetage, en repêchant un ménage de l'abîme où il tombait par la faute de cette douce créature.

Que dire de celui qui me demandait comment arroser ses fleurs avec de l'eau de mer, puisque je la prétendais désaltérante, et de ceux qui, ne perdant pas le nord, m'offraient à expérimenter un matériel plus ou moins perfectionné?

Le 15 mai, un jeudi, je reçus un coup de téléphone : c'était Jean-Luc de Carbuccia, devenu le fidèle ami, qui me proposait d'éditer mon futur livre et m'offrait un contrat grâce auquel mon expédition pourrait se suffire à elle-même, et ma femme attendre tranquille.

Le samedi 17, je vins à Paris où, après une entrevue menée tambour battant avec le constructeur, j'obtenais le canot qui allait devenir *l'Hérétique*. Triomphant, je revins à Monaco avec mon transatlantique. L'expédition pouvait enfin partir, au moment où l'on commençais à n'y plus croire. J'envoyai un télégramme à Van Hemsbergen et à notre mécène; celui-ci arriva la veille du départ en me disant :

— C'est le plus beau jour de ma vie, c'est mon anniversaire et le départ de l'expédition. Van Hemsbergen est retenu, mais je viens le remplacer.

Il me fallut alors le convaincre que ses 152 kilos compliqueraient l'affaire dans une si frêle embarcation et qu'il serait beaucoup plus utile à l'expédition en restant à terre pour préparer la prochaine étape.

Maintenant nous étions parés pour partir le lendemain 24.

Le constructeur, l'aéronaute Debroutelle, mettait définitivement au point notre canot pneumatique dans le port de Monaco.

Ce canot-radeau pneumatique mesurait 4 m 60 sur 1 m 90. Il réunissait les conditions nécessaires à une expédition telle que la nôtre : c'était un boudin de caoutchouc gonflable, en forme de fer à cheval très allongé, dont les extrémités étaient réunies à l'arrière par un panneau de bois. Nous pouvions ainsi éviter le frottement, fatal à une paroi pneumatique qu'auraient occasionné nos lignes de traîne. Un mince

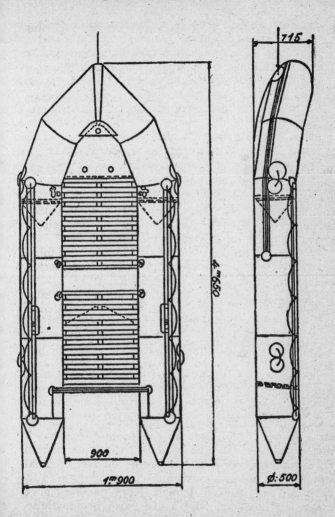

715

4ᵐ650

900

1ᵐ900

⌀:500

plancher de bois reposait sur le fond de caoutchouc.

Cette embarcation ne contenait pas un seul élément métallique. Les flotteurs étaient divisés par quatre cloisons en compartiments étanches, individuellement ouvrables et fermables à volonté. On verra dans le cours du voyage combien cet aménagement fut utile. Le fond de l'embarcation était pratiquement plat. Une épine centrale rigide la divisait dans le sens de la longueur, formant ainsi deux courbures qui, en faisant ventouse, augmentaient l'adhérence à la mer, sans pour cela offrir de résistance aux flots. La propulsion était assurée par une voile carrée de 3 m² environ. Elle présentait malheureusement l'inconvénient d'être fixée sur un mât placé trop à l'avant, ce qui empêchait de monter au vent. Néanmoins, une certaine manœuvrabilité était assurée par deux dérives fixées latéralement à la jonction du tiers moyen et du tiers antérieur au tiers avant. Ces deux plaques ne devaient en fait servir qu'à l'atterrissage.

Il n'y avait maintenant qu'à obtenir un permis de navigation. On peut croire que ce n'était qu'une simple formalité à remplir. En fait, ce fut tout autre chose et, pendant un moment, j'eus tout lieu de craindre que l'expédition ne pourrait partir, faute de cette autorisation; quelques jours auparavant j'avais eu la surprise d'apprendre qu'une condamnation à 2.000 francs d'amende avec sursis avait été prononcée contre moi, par défaut, dans le Nord, pour infraction à la réglementation de la circulation en haute mer. Voulant me justifier, j'avais sauté dans un train pour aller faire opposition au jugement.

*

C'est dans le cadre imposant d'un Tribunal correctionnel qu'a lieu le second acte de ce que j'ai appelé l'Intermède comique. Je suis accusé d'avoir utilisé en haute mer, sans permis de navigation, un bateau toléré sous le nom d' « engin de plage ».

Je prends alors la parole :

— Monsieur le Président, je veux d'abord expliquer qu'il est pour le moins curieux de me voir seul devant le Tribunal, n'étant que passager à bord d'un esquif où se trouvait le propriétaire. D'autre part, puis-je vous demander si, l'ayant sollicité, l'on m'aurait accordé un permis de navigation?

— On ne vous l'aurait ni accordé ni refusé. Il n'est pas nécessaire.

— Alors?

Alors, comme un diable sort d'une boîte, M. le Substitut du Procureur de la République, qui était demeuré silencieux jusqu'alors, se lance dans une violente diatribe :

— Je devrais signaler au Tribunal que le prévenu est un danger public qui risque par son exemple néfaste d'entraîner à leur perte beaucoup de jeunes gens. Il a été condamné par défaut à une amende de 2.000 fr. En fait, comme il a commis deux infractions, je demande qu'il soit condamné à deux amendes!

— Monsieur le Président, je suis en train de préparer une expérience qui, peut-être, aura un retentissement international. Je vous demanderai, pour vous et pour moi, de ne pas prononcer de condamnation.

— Il est évident que le prévenu vient de Monaco, non loin de Marseille. C'est un joyeux farceur; cette expérience n'existe que dans son imagination.

Sur ce, le Tribunal ayant délibéré, me condamne à deux amendes respectives de 1.000 fr., avec sursis, pour le motif suivant : « Infraction à la réglementation de la circulation en haute mer : a utilisé un engin de plage comme vaisseau de haute mer. »

Je n'avais pas alors le loisir de faire appel, et j'étais rentré à Monaco.

*

Au retour de mon procès, j'avais eu une visite malheureuse qui aurait pu compromettre à jamais mon expérience.

Un assez bel homme d'une trentaine d'années, très « reporter » américain avec tout le dynamisme et la vulgarité de certains journalistes, m aborda pour m'interviewer et, brutalement :

— Avez-vous un poste émetteur de radio?

— Non.

— Eh bien, mon cher, bénissez la Providence, je vais vous le fournir.

Et comme je regardais mon bienfaiteur avec ahurissement, n'osant pas croire à cet apport inespéré, il continua :

— Nous sommes vivement intéressés par votre expérience. Vous savez que, équipé d'une station d'émission-réception, un engin comme le vôtre pose de durs problèmes techniques; il nous plaît de les étudier, de collaborer avec vous. Agréez-vous ce projet?

Je lui serrai les mains avec toutes les effusions de ma reconnaissance.

— Obtenez de la Principauté une autorisation d'émettre, c'est le plus dur; dès que vous posséderez un indicatif officiel, nous accourrons.

— Mais... je désirerais dans ce cas les appareils assez rapidement, car l'installation doit en être délicate.

— Faites-nous confiance.

Et il partit.

Dans l'euphorie de cette nouvelle, je fis une demande à l'administration de la Principauté, avec prière d'accélérer. Le 23 mai je reçus l'autorisation.

Averti à l'avance, j'avais pu même prévenir mon reporter dès le 20 mai.

Le 16, à Paris, j'avais raconté cela à Jean-Luc. J'attendais un débordement de joie. Il fut plus réservé.

— Sais-tu quels problèmes pose une telle installation? Sais-tu qu'il faut être un technicien ou un amateur averti pour établir à l'aide d'un poste minuscule des liaisons à travers 3.000 kilomètres d'océan?

A vrai dire, je m'en étais douté. J'avais même prévenu mon reporter que j'étais un ignare en radio.

— Raison de plus, m'avait-il répondu.

Je quittai Paris, ayant semé l'inquiétude. Jean-Luc, en mûrissant le problème, allait le poser à Jean Ferré, du réseau des émetteurs français.

Pour moi, j'étais confiant; j'ignorais que je devrais me passer de radio, mais que, en échange, j'hériterais de deux fidèles amis.

22 mai. — Jean Ferré me téléphone de Paris. Son indignation n'a d'égale que sa curiosité.

— Quelles lampes avez-vous au PA? Quel type d'antenne? Quelle source d'énergie? Quelles bandes de travail? Quel récepteur?

J'étais confus d'ignorance.

— Je leur fais confiance, lui dis-je.

— Mais savez-vous, me répondit-il, que les professionnels demandent des mois d'étude pour un tel problème? Savez-vous que nous, amateurs, qui sommes habitués à du matériel modeste et à des conditions de travail précaires, aurions besoin au moins de quinze jours, appareils terminés, pour la mise au point? Nous sommes le 22, vous voulez partir le 24 et vous n'avez encore rien. En vérité, vous êtes fou...

Et il raccrocha.

Immédiatement, j'entrai en communication avec mon journaliste de la radio.

— Hâtez-vous, je pars le 24.

— Nous le savons, cher Docteur, faites-nous confiance.

Le 21 au matin, sur le quai de la gare, j'attendais Carbuccia et Ferré. Ce dernier, en guise de présentation, brandit un papier dactylographié.

« Le Président du Réseau des Emetteurs français habilite auprès du docteur Bombard M. Jean Ferré F 90 V[1], afin qu'il étudie avec lui tous les problèmes techniques de la liaison radio pendant sa traversée. M. Ferré tiendra le docteur Bombard au courant des mesures prises afin de faire suivre cette épreuve d'un intérêt expérimental scientifique et sportif de premier ordre pour les amateurs-émetteurs.

« Signé : Marcheville F 8 N H. »

J'étais étonné d'un tel déploiement. Il me fut alors expliqué que j'étais un « cas ». En effet, jamais un tel essai n'avait été tenté; l'appareil dont j'allais disposer devrait présenter d'extraordinaires qualités techniques.

D'abord, un isolement parfait à l'eau d'infiltration et de condensation qui ne devait ni m'encombrer ni alourdir l'embarcation. Ensuite, une alimentation sans défaillance et une adaptation à toutes les antennes et à toutes les ondes. Or, pour cela, il faut être un opérateur averti ou posséder un engin d'une grande complexité technique...

— Et savez-vous, continua Jean Ferré, que, par suite de l'irrégularité de la propagation des ondes courtes, il vous faudra des essais sur les ondes de 10 à 40 mètres pour assurer la liaison? A certaines heures, un émetteur de 100.000 w. ne porte pas, et le vôtre, au maximum, en fera 10!

1. Chaque radio amateur reçoit des P. T. T. un indicatif. Les indicatifs français commencent par un F et les monégasques par 3 A 9.

Il ne restait qu'une solution : utiliser les amateurs-émetteurs. Ceux-ci, par leur habileté à recevoir et à comprendre les faibles émissions, pourraient peut-être me percevoir et, en tout cas, ils sont 200.000 sur le globe. 200.000 qui, prévenus par le réseau des émetteurs français, vont m'écouter jour et nuit. Je me confondais en remerciements à l'idée de ces 200.000 bénévoles qui allaient me suivre sans arrêt.

— Hum! pour vous assurer qu'on vous suivra, je tiens à voir le matériel.

Et l'on retéléphona.

— Ne vous inquiétez pas, tout arrive. Nous serons là demain matin, disait-on à l'autre bout du fil.

Le lendemain, jeudi 22, personne. Jean Ferré se remit au téléphone :

— Savez-vous quels problèmes vous attendent?

— Bien sûr.

— Qu'avez-vous prévu comme antenne?

— Mais nous la fixerons au mât.

— Le mât de *l'Hérétique* ne fait que deux mètres, jamais un tel aérien ne portera.

— ...

— Je vous suggère un ballonnet ou une canne à pêche métallique.

— Bien sûr.

— Et le récepteur?

— Ne vous inquiétez pas.

— Et la fréquence?

— 10 mégacycles (30 mètres).

On télégraphia ce renseignement à M. de Marcheville, président du Réseau des Emetteurs Français. Immédiatement il répondit : « 30 Mc fréquence de W W V stop. Ne comprenons pas. »

Nous non plus. Evidemment W W V, la station du National Bureau of standard de Washington, inondait le monde de ses signaux. Mais avec 100 KW, jamais mon pauvre poste ne percevrait cette émission puissante sur la même onde.

On retéléphone :

— Ne vous inquiétez pas.

Vendredi 23. — Un émissaire débarque à Monaco.

— Je suis envoyé pour préparer le terrain. Le matériel viendra demain.

Nous le mîmes au courant du problème. L'étonnement se peignit sur ses traits.

— Mais c'est une gageure!

Nous n'avions pas la force de lui sourire.

Convaincu maintenant de l'impossibilité d'une telle réalisation, je pensais rappeler pour dire de tout annuler, que je partirais sans radio. Un scrupule m'en empêcha. Peut-être, au fond, vais-je détruire tous leurs efforts, peut-être ont-ils tout préparé?

Vendredi midi. — Toujours rien. Ma femme interroge anxieusement Jean Ferré :

— Pensez-vous que nous pourrons communiquer avec Alain?

Mais il ne répond pas. Notre bon ami tourne comme un lion en cage. Il pense aux centaines d'heures que demande la mise au point d'un poste pour un amateur et au déploiement de techniciens qu'emploierait un industriel, et le poste n'est toujours pas là.

Coup de téléphone : nous arrivons immédiatement. 15 heures, 16 heures, 17 heures. Des amateurs radio monégasques et niçois sont ahuris par la légèreté des services techniques du poste de radiodiffusion de la nation voisine en qui nous avons mis toute notre confiance.

Le 24 mai, le départ était toujours fixé à 15 heures. A 11 heures l'équipe de techniciens annoncée arrive enfin à Monaco. Pourquoi 4 heures pour faire 50 kilomètres?

L'homme de la radio se précipite vers Jean Ferré :

— Avec qui doit-on s'entendre pour l'exclusivité?

Jean le regarde sans comprendre. L'exclusivité? Mais quelle exclusivité? Ne s'agit-il pas d'aider deux naufragés qui risquent leur vie pour en sauver d'autres?

— L'exclusivité radio. Vous comprendrez. Je peux vendre cela à la BBC, peut-être même aux Américains, si j'ai l'exclusivité!

Pendant ce temps, je regarde le matériel.

L'émetteur est un simple châssis, sans aucune protection, tel qu'on en met sur une table de laboratoire, en prenant d'infinies précautions. Ce récepteur : un simple appareil de commerce, à piles. La génératrice seule est de qualité.

Je m'enquiers :

— Et l'antenne?

— Ah! nous n'avons pas eu le temps, vous utiliserez un cerf-volant.

A midi, Jean nous convoque à l'hôtel, dans ma chambre.

— Au nom du R. E. F., qui m'a demandé de donner mon avis, j'affirme qu'avec cet ensemble, aucune communication n'est possible entre vous et la terre, car :

1° Ces appareils ne sont pas isolés pour l'eau de mer;

2° Il faut un technicien pour leur utilisation. Au premier coup de baroud, au premier danger, si le fil d'antenne est coupé, vous ne saurez pas adapter un nouveau brin rayonnant. C'est la panne. Nous vous croirons perdu et ce sera la terrible inquiétude;

3° Ni Bombard, ni Palmer ne connaissent le morse; or, le poste ne fonctionne pas en phonie.

— Cher Docteur, répondent alors les techniciens, ne vous inquiétez pas, n'écoutez pas ce jeune homme plein de bonnes intentions certes, mais inexpérimenté. Faites-nous confiance. Nous veillons sur vous.

Mes amis sont atterrés. Ma femme morte d'inquiétude. Avec Palmer, je tiens un conseil de guerre.

Je sais maintenant que la radio ne marchera pas, mais qu'importe! Il y a un mois je n'y pensais pas. Un naufragé n'aura pas de radio. Il faut partir.

Cependant, comme le vent n'est pas favorable, nous ne partirons que le lendemain et ils auront un sursis de vingt-quatre heures.

J'aurai toujours présente à la mémoire la dernière phrase du journaliste effectuant son radio-reportage de la vedette qui, le dimanche 25, nous tira en mer :

— Nous vous interrogerons par radio, vous répondrez oui en faisant un point. Non par un trait.

— Adieu, Docteur : point oui, trait non, point oui, trait...

*

Je voudrais raconter cette journée qui a précédé notre départ. Depuis que la presse s'était emparée de notre histoire, le défilé des curieux et des journalistes n'avait cessé d'augmenter. L'art des photos instantanées dont chacun croit être le premier à trouver le meilleur angle de prise de vue n'a plus de secret pour moi. Je ne pouvais plus travailler depuis plusieurs semaines, sans cesse obsédé par les reporters. Le jour de mon départ, ce devint une véritable foire. Je ne pouvais pas marcher dans la rue, au côté de ma femme, sans être abordé par un inconnu qui me disait :

« Voulez-vous embrasser Mme Bombard, que l'on puisse vous photographier? »

Le battage réalisé autour de notre expédition plaçait notre départ dans de mauvaises conditions. Il est certain que la presse d'information doit tenir le public au courant et que ce n'est pas toujours l'exposé des faits, mais l'anecdote originale qui intéresse le grand public. Mais l'on faussa ainsi totalement l'esprit de l'entreprise, aux yeux de beaucoup de gens et on la discrédita même auprès de certains autres. Le « sensationnel » de notre départ étant monté en épingle, on oubliait le but que nous nous étions assigné en Méditerranée : le test pur et simple des hommes et du matériel. Par un juste retour des choses, la moindre contradiction apparente à ce que nous avions annoncé, ou même, ce qui est plus grave, à ce que l'on nous avait fait dire, pouvait complètement discréditer l'expédition. L'on oubliait que l'expérience est faite d'abord de tâtonnements et d'essais. Malgré nous, on nous avait mis en vedette sur la scène de l'actualité. En fait, la Méditerranée, comme je l'ai déjà dit, n'allait et ne pouvait être qu'une répétition. A la moindre défaillance, il fallait nous attendre à être conspués. Le problème soulevé par l'intervention trop anticipée de la presse était d'autant plus grave que notre expérience allait à l'encontre des normes généralement admises et du sens commun.

J'étais un hérétique pour plusieurs raisons. Nous allions essayer de nous rendre, avec un engin réputé non navigable, à un point déterminé à l'avance. Cette première hérésie touchait directement les techniciens de la mer et de la navigation. Plusieurs spécialistes nous avaient, en effet, assuré que nous ne dépasserions pas les îles d'Hyères. Plus grave était le fait que je m'attaquais à la croyance générale selon laquelle on ne peut pas vivre exclusivement sur les ressources de la mer et l'eau salée n'est pas potable. Enfin, pour reprendre un article paru sur nous dans un journal « sérieux », « alors que des marins d'expérience ne se croient jamais suffisamment à l'abri des fureurs de la mer, des vents et des courants, un novice n'hésite pas à confier sa vie et celle de son compagnon à une simple coquille de noix, qui n'était même pas vérifiée par un inspecteur de la navigation ».

Aussi, avais-je baptisé notre canot *l'Hérétique*.

Heureusement que nous disposions de l'appui de nombreuses personnes autorisées. Grâce à l'intervention personnelle du Secrétaire d'Etat à la Marine Nationale, M. Jacques Gavini, je reçois mon permis de navigation. Ainsi, *l'Hérétique* allait pouvoir porter jusqu'en Amérique notre pavillon.

LA MÉDITERRANÉE

CHAPITRE PREMIER

LE DÉPART

Dès les premières heures du matin, nous nous étions retrouvés au petit port de Fonvieille. Aussitôt, des journalistes nous harcèlent de questions. Après y avoir répondu de mon mieux, je vérifiai l'embarquement du matériel dans le canot pneumatique. La foule commençait à affluer, mais le départ n'était prévu que pour 3 heures de l'après-midi, heure à laquelle le vent est plus fort en général. L'équipe de techniciens travaille sans arrêt à la mise au point de notre radio, secondée bénévolement par des radios amateurs monégasques et niçois. Vers 2 heures, arrive un huissier, qui scelle les jerrycans prévus dans le cas où notre expérience alimentaire échouerait. Au milieu des photographes qui, sans cesse, m'assaillent, un émissaire du Musée Océanographique vient me prévenir que l'on ne peut ni samedi, ni dimanche nous faire remorquer en haute mer par le bateau du Musée.

Il est un point que l'on doit bien comprendre. Notre canot pneumatique ne pouvait guère remonter au vent. Pour devenir naufragé, il fallait nous éloigner le plus possible de la côte car si un vent défavorable s'était levé, nous aurions été tout de suite jetés à la terre. Pour éviter cela, il fallait que nous soyons remorqués, comme le *Kon-Tiki*, à une dizaine de milles de la côte. Heureusement, il se trouvait, à cette date-là, un croiseur américain qui allait pouvoir nous prêter l'une de ses vedettes rapides.

La foule devenait de plus en plus dense. Le vent se leva alors du sud-ouest et risquait de nous ramener rapidement vers la côte si nous partions. Les assistants souhaitaient évidemment avec impatience que nous quittions le port, car ils étaient las d'attendre. Le commandant du croiseur américain ayant accepté de nous passer une remorque le lendemain à l'aube, nous décidâmes de remettre le départ. Jack pensait que le vent nous serait favorable le lendemain, la météo locale l'annonçait et, pour une fois, ses pronostics furent exacts. Quand on le sut dans l'assistance, certaines personnes, certains journalistes même, furieux de s'être dérangés inutilement, commencèrent à maugréer et à crier à la fumisterie. C'est alors que je fus abordé par un homme assez grand, style cowboy, portant un chapeau à large bord :

— Petit gars, un conseil. Je connais la question : je reviens d'Amérique du Sud. Surtout pas de blague. Si ton compagnon meurt en route, ne le jette pas par-dessus bord. Bouffe-le. Tout est bon à bouffer. Moi, j'ai même bouffé du requin.

— D'accord, je suivrai tes conseils.

— Et dire que tu vas « te les rouler » pendant plusieurs mois et que tout le monde à terre va te plaindre pendant ce temps-là...

Je regagnai mon hôtel, en attendant, pour prendre quelque repos.

C'est à 4 heures et demie du matin que nous nous retrouvons au petit port. Le groupe s'est clairsemé. Il ne reste alors que les fidèles amis. L'atmosphère est beaucoup plus dense, et comme soudain réelle. Plus de « foire ». Il s'agit bien là d'un départ pour un grand et dur voyage. Peu à peu, en moi, s'établit la certitude : « Nous y sommes, tout commence. » Assistance peu nombreuse : Ginette, Jean, Jean-Luc, quelques reporters, les techniciens suisses. Jack et moi buvons notre dernier café au lait et commandons un ultime sandwich au jambon. Quand on nous l'apporte, quelques instants plus tard, l'esprit déjà tourné vers notre grande aventure, nous le refusons. Après tout, cesser de manger dans quelques heures ou tout de suite... Nous ne savons pas encore à quel point le souvenir de ce sandwich « manqué » nous obsédera dans les longs jours de jeûne qui vont suivre.

Cinq heures! Ponctuelle comme on l'est dans toute marine de guerre, la vedette du contre-torpilleur américain entre dans le petit port. Le commandant a tenu, malgré l'heure matinale, à venir diriger lui-même les opérations. Tout est prêt. Jack et moi, nous nous installons silencieusement sur *l'Hérétique*. La gorge serrée, nous n'avons pas encore échangé deux paroles depuis le matin.

— Ready? lance le commandant.

— Yes.

— Go on.

Et lentement la vedette commence son remorquage vers le large qui nous attend. Nous sommes assis de part et d'autre du boudin de caoutchouc, les pieds pendant à l'intérieur.

La mer s'était faite rapidement. Nous avons déjà une préfiguration de ce que devait être le mauvais temps : les vagues sont hardies, courtes, non organisées et de nombreuses interférences occasionnent des déferlements précoces. La vedette roule et tangue. Notre canot, malgré les vagues qui l'assaillent, conserve un équilibre souple, qui me fait bien augurer de notre sécurité. Nous avons ce qu'on appelle en physique une « stabilité de plate-forme » parfaite. Sans roulis, ni tangage, notre canot pneumatique franchit les vagues sans à-coups. Tous dans la vedette américaine doivent s'accrocher pour assurer leur stabilité; de temps à autre le battant de la cloche de

manœuvre, déséquilibré par la houle, émet une note
claire. Jack et moi, les mains libres, faisons des signes
d'adieu. Dès le départ un *Hérétique* affirme une de
ses supériorités sur un *Orthodoxe*.

Dans le bateau, Ginette fait de courageux efforts
pour sourire; des lunettes noires contre un soleil absent
masquent mal ses larmes.

A quelques centaines de mètres de la rive, la flot-
tille s'augmente de deux ou trois embarcations. Le
premier de nos départs prend déjà l'allure d'un carrousel. Carrousel bien modeste cette fois, car à chaque
nouvelle étape les partisans de l'Hérésie triomphante
allaient être plus nombreux. Nous étions alors mal
connus, mal compris.

Mais tandis que nous répondions aux sourires par
d'autres sourires, aux adieux par de grands gestes de
la main, nous avions, Jack et moi, la sensation très
forte d'être déjà bien loin, de ne plus faire partie
de « leur » monde, mais de faire corps avec cette
frêle embarcation, qui allait être notre seul Univers
pour si longtemps, et devenait pour nous le centre du
monde.

Les moutons blancs, dont de nombreux troupeaux
allaient devenir notre principale compagnie, faisaient
déjà leur apparition.

Au milieu des embruns qui commençaient à nous
mouiller de leur fine pluie, la cloche de notre remorqueur retentit et, sur un geste de Jack, la remorque
fut lâchée.

Un dernier adieu. Le carrousel des embarcations
des journalistes fait encore une volte autour de nous.
Nous faisons machinalement des gestes d'au revoir.
Les êtres humains, sans qu'ils le sachent, sont déjà
pour nous des étrangers. Nous sommes maintenant
séparés d'eux par l'aventure, plus sûrement que par
un mur. Oui, c'est cela, nous l'éprouvons soudain avec

force, comme une révélation brutale : *nous nous sommes séparés d'avec les hommes!* Notre vie sur la mer est déjà plus réelle, plus vraie, plus essentielle pour nous, que les rapports avec ces êtres pourtant encore si proches. « Partez, mais partez donc! » Ce sont les seuls mots qui, de nous à eux, auraient encore un sens, que nous voudrions crier, que nous ne murmurons même pas.

Peu à peu les embarcations s'éloignent. Maintenant nous voilà seuls, totalement isolés sur cet élément qui n'est pas le nôtre et sur le bouchon qui nous maintient. La Peur, cette ennemie qui m'a si souvent attaqué pendant ces sept mois, fit brusquement son entrée, comme si le dernier bateau disparu de notre horizon venait de lui livrer la scène. Ce ne fut, cette fois, qu'une brève épreuve si je la compare aux profondes blessures qu'elle devait m'infliger par la suite. Nous eûmes, en effet, d'autres occasions de connaître la Peur, la vraie Peur, non pas cette légère angoisse du départ, mais la révolte panique du corps et de l'âme affolés par les éléments, comme si tout l'univers n'était plus qu'un seul et inéluctable Péril.

Le vent se mit à souffler en rafales. La brume cachait la terre toujours endormie. On ne pouvait apercevoir que le sommet de la « Tête de chien » et la pointe italienne de Bordighera.

Au loin, on ne voyait plus des vedettes que leurs sillages blancs. Nous étions face à cet inconnu que nous cherchions. Nous avions si souvent imaginé cette solitude qu'elle était pour nous comme un cadeau fabuleux dont on a rêvé pendant de longues années, et qu'on reçoit enfin. L'eau était là, le vent était là, le clapotis était présent. Jusqu'ici, nous manquions seuls au rendez-vous. Maintenant que nous y étions, le cercle se trouvait fermé, il nous semblait que tout était dans l'ordre.

CHAPITRE II

CABOTAGE EN VUE DES COTES
(25-28 MAI 1952)

Entre Jack et moi, quel silence tombe et nous écrase
d'abord! Tout l'avenir caché mais imminent pèse sur
nous.

Nous ne hissons pas immédiatement la voile. Jack

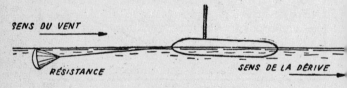

PRINCIPE DE L'ANCRE FLOTTANTE.

craignait qu'elle ne cédât sous l'influence du vent, et
préférait en éprouver la résistance progressivement,
ainsi que celle du mât. Afin de ne pas être rejetés
vers Nice, nous utilisâmes alors pour la première fois
notre ancre flottante[1]. Docilement, l'Hérétique obéit

1. Cet instrument, très utilisé par les anciens navigateurs, fut
remis en honneur par le fameux capitaine Voss. Cette ancre peut
être constituée par tout objet à moitié immergé et fixé par un long
fil à l'avant du navire. Le principe est le suivant : tenter de main-

à nos désirs et se tourna, l'avant pointé vers la côte
italienne.

Le jour alors se leva : la brume se dissipant, la
côte se dessinait proche et dangereuse. Il fallait avant
tout s'éloigner le plus possible vers la haute mer, afin

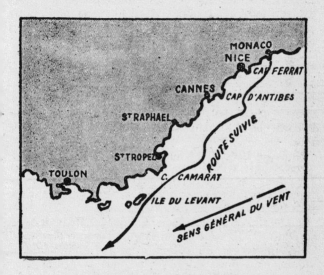

tenir le bateau le nez dans la vague afin qu'il reçoive les coups de
la mer dans la meilleure position possible. En cas de tempête, la
voilure est abattue et le navire, dérivant sous la poussée du vent,
exerce une traction sur l'objet immergé. Celui-ci résistant, le navire
se présentera toujours le nez du côté de la résistance. La dérive est
ainsi freinée, et le navire ne peut être pris en écharpe par une vague
qui risquerait alors de le renverser. Notre ancre flottante était constituée par un petit parachute, qui, se gonflant sous la traction du
bateau, remplissait l'office demandé. En somme, nous résistions à
la dérive, comme un parachutiste résiste à la descente. Je devais
plus tard, pour diminuer le matériel embarqué et dans l'esprit de
ma théorie, utiliser l'ancre à d'autres usages.

d'éviter les nombreux caps qui, s'avançant vers l'est, représentaient autant d'écueils sur notre route.

Les pièges tendus sur notre chemin étaient : le cap Ferrat, le cap d'Antibes, les îles de Lérins. L'obstacle suivant avec le cap Camarat, doublé par l'île du Levant, que les augures les moins pessimistes nous avaient indiqués comme infranchissables pour notre esquif. Passé l'île du Levant, la côte se dérobait vers l'Ouest : la mer était libre devant nous.

Le vent diminua. Nous hissâmes alors la voile. Cette opération était très compliquée, car il fallait gagner le mât sur l'avant. Le canot était comme une baignoire demi-couverte, à la partie antérieure et ouverte en sa partie postérieure : l'étroit espace de 2 mètres sur 1 m. 10 où nous nous serrions. Nous ne pouvions pas marcher sur la tente tendue à l'avant sans risquer de crever ce frêle abri et il fallait faire des prodiges d'équilibre sur l'un des deux flotteurs. Le retour à la plate-forme était encore plus acrobatique. Généralement je plongeais, les bras en avant, puis me tirais par les mains en rampant.

L'Hérétique se mit alors à bouger. Il avait ainsi fière allure : la voile grand largue, l'écoute tendue, il faisait fièrement un sillage disproportionné avec sa vitesse, mais nous sentions que nous avancions. Derrière nous se formait un fort remous. C'était à ce bouillonnement, qui semblait nous suivre, que nous allions tout d'abord mesurer notre vitesse. Plus tard, ayant acquis une habitude de ma moyenne, c'était la traction de la voile sur l'écoute qui allait me donner l'appréciation de mòn allure. Pour l'instant, nous filions à peine un nœud et demi, mais nous marchions.

Cependant, vers onze heures, le vent nous abandonne alors que nous croisons, au large du cap Ferrat. Décidément, il n'est pas facile de devenir naufragé.

Le silence était impressionnant et, malgré nous,

nous devions faire effort pour le rompre. Chacun pensait à ce qu'il venait de quitter. Enfin, nous reprenions une conscience normale des événements, nos souvenirs et nos regrets d'hommes-terre réapparaissaient. Les êtres chers que nous avions quittés reprenaient dans nos esprits toute leur place. Nous n'étions plus des héros en puissance, mais nous redevenions les hommes que nous étions vraiment.

Pour réagir, nous tenons alors notre premier conseil d'état-major, chacun faisant un effort pour paraître calme et serein aux yeux de l'autre. Le plus dur est peut-être de conserver à nos voix leur timbre habituel, tant nous avons tendance à parler bas.

Mais c'était aussi le plus important : nous sentions très bien l'un et l'autre que si nous continuions ainsi à murmurer, la Peur réapparaîtrait partout sur la mer pour écouter cette mauvaise prière.

Profitant du répit qui nous était laissé avant de veiller à la manœuvre, nous mettons au point l'organisation matérielle de notre vie à bord. Deux lignes sont d'abord lancées à la traîne pour pourvoir à nos futurs besoins, puis l'emploi du temps est réglé, plus minutieusement que nous n'avions pu le faire malgré notre longue préparation à terre.

Tout d'abord, comment organiser les veilles? Durant le jour l'un de nous allait se placer à l'aviron-gouvernail, l'autre prenant alors du repos, car je pensais qu'une vie aussi anormale nécessitait le plus de relaxation possible. Le grand problème était la nuit; dans une mer aussi fréquentée que la Méditerranée, il était indispensable que l'un de nous deux veillât constamment. La nuit fut alors divisée en deux quarts ou plutôt deux veilles : l'un veillerait de 20 heures à 1 heure du matin, l'autre lui succéderait de 1 heure à 8 heures.

Chaque objet fut alors placé dans une position

d'où nous pourrions le saisir sans tâtonner, même
dans la plus grande obscurité. A l'avant, à l'abri de
la tente, protégés de l'eau de mer et de l'humidité
par des sacs imperméables et étanches, nous avions
rangé tout le matériel de photographie, les pellicules,
les livres de navigation, le sextant, la trousse médicale, le matériel de signalisation en cas de détresse,
les vivres de secours vérifiés au départ et le matériel
de réparation. Le compas avait pris place dans son
habitacle, devant l'homme de barre, qui devait tenir
les yeux fixés sur lui.

Rien n'avait encore mordu aux hameçons lorsque
vint l'heure du repas. Nous remplaçâmes alors l'ancre
flottante par un filet à plancton qui, tout en rendant
le même service, nous filtrait en plus une nourriture
utile au point de vue plastique ou qualitatif, sinon
dynamique ou quantitatif[1]. Une heure de traîne nous
apporta environ deux cuillerées à soupe d'une bouillie
assez agréable au goût et substantielle, mais peu
ragoûtante à la vue. Il s'agissait en majorité de
zooplancton, presque exclusivement de copépodes, d'où
un goût de purée de crevette ou de langouste, un vrai
régal... Je dois dire que Jack me regarda consommer
ma part d'un œil méfiant. Mais il ne voulut pas paraître craintif, et avança finalement les lèvres, comme
un Européen égaré à qui des Indiens Sioux feraient
goûter une confiture de limaces. A sa grande surprise,
le mets ne lui sembla pas répugnant au goût, et je
triomphai discrètement.

Peu à peu le calme revenait dans nos esprits, et

1. Les aliments sont divisés en deux grands groupes, suivant
qu'ils agissent par leur qualité ou leur quantité. Les premiers sont
appelés plastiques : ce sont les graisses, sucres et viandes à égalité
de pouvoir calorifique; ils sont interchangeables. Les seconds sont
appelés dynamiques : ce sont les vitamines et certains protides :
tryptophane, arginine. Ils agissent par leur constitution chimique
et sont indispensables et irremplaçables.

lorsque le soleil tomba sur cette merveilleuse journée de printemps, nous considérions déjà comme normale notre présence sur cet engin hérétique, et toute notre angoisse avait disparu. C'est cette normalisation progressive, ce calme qui succède au bouillonnement, cette cicatrisation de la séparation, qui allaient s'accentuer dans l'Atlantique et me faire considérer rapidement cette vie étrange comme étant une vie normale et complète. Ma théorie se vérifiait déjà. Il suffisait de passer le cap des premières heures d'adaptation.

L'eau de mer est déclarée laxative. Il se peut que le sulfate de calcium et le sulfate de magnésie qu'elle contient provoquent un tel effet lorsque l'on est à terre, dans des conditions normales, mais, après expérience, je nie absolument qu'elle le soit en mer[1].

Jack s'était montré beaucoup plus méfiant dans l'absorption de l'eau de mer et, préférant espérer une proie hypothétique ou une pluie peu probable pour assouvir sa soif, il s'en était abstenu, malgré mes conseils et mes observations. Il était une preuve frappante du danger que fait courir une tradition trop ancrée dans les esprits. Même mon exemple n'avait pas réussi à le convaincre.

A terre, pourtant, mon raisonnement lui paraissait irréprochable et il avait accepté de tenter l'expérience. Mais une fois qu'il s'était trouvé placé dans les conditions réelles, le « tabou » jeté sur l'eau de mer depuis des générations régnait encore en maître dans son esprit. Ainsi se rencontraient dans la même embarcation de sauvetage, le type du naufragé classique orthodoxe, et le naufragé moderne, hérétique. Soudain la voix de mon compagnon me tira de ces réflexions :

1. Les travaux des Allemands sur la question confirment cette théorie.

— Alain, il est trois heures, c'est le moment où l'on attend nos émissions, nous pourrions profiter du calme.

— Essayons.

Nous n'avions aucune illusion, Jean Ferré s'étant chargé de nous les enlever au départ. Nous savions que ce poste monté comme un « Meccano » était un engin de laboratoire, que la moindre secousse devait endommager. Nous savions que l'humidité devait à tout jamais compromettre l'isolement des circuits. Nous savions que ce poste ne marchait pas et ne marcherait jamais, mais il était trois heures...

Depuis de longues minutes déjà, un peu partout autour de la Méditerranée, des amateurs qui ne savaient rien de la ridicule tenue technique de notre matériel, fouillaient les ondes.

— Trois heures, me répéta Jack.

Je songeais à ma femme, seule à Monaco, à Radio-Genève, au jerrycan d'eau dont nous nous étions privés pour embarquer la radio; j'imaginais les coups de téléphone qui, à quatre heures, viendraient dire à ma femme : « Il y a une heure que nous le cherchons. »

Et si Jean Ferré s'était trompé! Et si ce matériel, au fond, avait été préparé et mis au point pour moi, comme le juraient les constructeurs! Si nous pouvions nous raccrocher à la terre!

J'avais repris tous mes espoirs. Cet ensemble de fils et de lampes vivait maintenant pour moi, il allait s'animer. On ne pouvait pas s'être moqué de deux hommes qui partent pour une telle aventure.

— Jack, hissons l'antenne.

Ah! l'antenne. Avez-vous essayé de lancer un cerf-volant sans quitter votre chaise? Les « techniciens » avaient prévu que nous devions réaliser cette gageure : faire envoler le cerf-volant, support de l'antenne, de notre plate-forme longue de trois mètres.

Nous devions être ridicules en nous agitant, titubant, à chaque vague, pour que le miracle se produisît. Et le cerf-volant s'abattit sur une lame. mouillé, inutile. Un sentiment d'horreur nous envahit. Si malgré nos amis, à terre, on espérait encore.

Vite, Jack, hisse « l'antenne de secours », simple canne à pêche!

Notre mât dominait alors les flots de cinq mètres, la hauteur d'une vague. Le fil qui le prolongeait vint se ficher sur le châssis de l'émetteur. Précautionneusement, j'attachai l'ampoule témoin, je vissai l'ampère-mètre et dis à Jack :

— Tourne.

Entre ses jambes, la génératrice se mit à ronfler. J'avais l'impression qu'un mystérieux courant nous parcourait tous. Les lampes rougirent. Comme on doit tirer la dernière cartouche, je pressai le manipulateur de morse...

Je l'ai refait cent fois. J'ai tourné tous les boutons. J'ai vérifié tous les fils, j'ai mis les doigts pour « goûter » au 250 volts présumés. Une goutte d'eau, un choc sur le quartz avaient suffi...

Sans que je lui dise rien, Jack s'était arrêté de tourner; son regard répondait au mien.

« C'est fini, c'est vraiment fini, nous avons tout quitté. »

Le soir de cette première journée de mer tomba dans un éblouissement multicolore, et un premier phare s'alluma sur notre droite : c'était celui d'Antibes, que nous reconnaissons à la description qu'en donne le « livre des phares »[1].

---

1. Les phares et les signaux de brume possèdent chacun leur personnalité. C'est leur période, leur fréquence, leurs couleurs et les groupements de leurs éclats, qui renseignent sur leur nom et leur position. L'ouvrage édité par la marine nationale, le « livre des phares », donne les caractéristiques de chacun.

Alors se produisit le phénomène que nous escomptions : la brise de terre s'éleva et nous entraîna plus au large. Ceux qui avaient parié qu'avant douze heures nous serions rejetés à la côte avaient d'ores et déjà perdu. C'était une nette victoire et le fait de l'avoir remportée nous donna du courage dès ce premier jour. Remercions, après tout, ceux qui ont douté. Sans eux, jamais nous n'eussions connu cette joie.

La première nuit commence. Le sort m'a désigné pour veiller jusqu'à 1 heure du matin. Demain nous inverserons les gardes. Cette combinaison se révélera vite indispensable, la première garde, de 8 heures à 1 heure du matin se montrant incomparablement plus dure que la seconde pourtant plus longue.

Si, dans la journée, nos positions sont variées et parfois hasardeuses, nous nous installons pour la nuit de la façon suivante : l'homme de barre, c'est-à-dire moi, s'assied près du gouvernail, le dos appuyé sur un gilet de sauvetage, le compas entre les jambes (cette attitude inconfortable pour qu'il ne risque pas de s'endormir). Ses pieds touchent l'extrémité de la tente, qui cache le dormeur. Afin d'avoir une place suffisante pour nous étendre, nous avons rangé le matériel le long du bord gauche de cette baignoire. Un espace large de soixante centimètres, long d'un mètre quatre-vingts, est ainsi ménagé. La tente sert de couverture et les sacs d'oreiller.

Jack maintenant dort. Je ne suis cependant pas le seul à veiller. Dès la tombée de la nuit, une intense activité se met à régner autour de nous. Les animaux marins paraissaient venir nous examiner, et les bruits des reniflements des marsouins, des plongeons et des sauts des poissons autour du canot peuplent la nuit de fantômes étranges, redoutables au début, puis bientôt familiers. Le clapotement des vagues se fond en un murmure régulier dans lequel résonnent quel-

ques éclats, comme la voix d'un soliste dans un
orchestre en sourdine. « La mer, la mer toujours
recommencée, s'exprimant dans un tumulte au silence
pareil[1]. » C'était bien cela. L'agitation régulière de
la mer finit par paraître aussi silencieuse que la séré-
nité de la haute montagne. Oh! combien relatives
sont les notions de silence et de bruit. Vous souvient-
il de ce meunier qui s'éveille lorsque la roue du
moulin s'arrête? Et le silence est parfois aussi
expressif que le bruit. Bach, ce grand orchestrateur,
n'a-t-il pas utilisé un admirable accord de silence dans
la Toccata en ré mineur? Un point d'orgue sur un
silence!

*

Le vent soufflait, notre canot glissait lentement. La
brise de terre dura toute cette première nuit. Avant
de tomber dans la zone des vents réguliers, nous
comptions surtout, pour avancer, sur l'alternance quo-
tienne des « brises de terre » et des « brises de mer ».
La mer souffle le matin, et c'est la brise qui va vers
la terre; elle s'arrête pour prendre son élan, puis
aspire la brise du soir comme si elle faisait provision
d'air pour la nuit. Profonde respiration de l'océan,
nous allions à ce souffle vivant en un gigantesque
balancement[2].

1. P. Valéry, « Cimetière marin ».
2. Voici les raisons de ce phénomène : le matin, lorsque le soleil
s'est levé, la terre se chauffe plus vite que la mer, l'air chaud s'élève
pour prendre place (« l'horreur du vide » était une explication fausse,
mais combien poétique, ô Pascal!)
L'air froid de la mer se précipite sur la terre, il s'y chauffe et un
courant mer-terre s'établit. Mais si la mer se chauffe lentement, elle
retient plus longtemps également ce qu'elle a pris le soir, car elle
reste plus longtemps chaude que la terre et le mouvement inverse se
produit. Nous allons donc avoir à profiter du vent de nuit et veiller
au vent de jour.

Cette première nuit nous montra combien la garde était indispensable. Nous rencontrâmes une dizaine de navires. Très bas sur l'eau, notre fanal était pratiquement invisible, en tout cas insuffisant pour assurer notre sécurité. Pour parer au danger avec les moyens du bord, nous eûmes alors une idée. Lorsqu'un navire était en vue et semblait s'approcher de nous dangereusement, nous projetions sur la voile la lumière de notre torche électrique en nous assurant ainsi une grande surface lumineuse. Nous devions être visibles de fort loin. Quel spectacle étonnant devait constituer cette tache de lumière sans foyer qui, perdue à la surface des vagues, paraissait flotter entre les crêtes et les creux. N'a-t-elle pas dans l'esprit de certains marins, ressuscité quelques-unes des légendes de la mer? Gigantesque feu follet, leur apparaissait-elle comme annonçant la Dame Blanche ou le Vaisseau-Fantôme? Mais peut-être tout simplement notre « dernier voilier » passait-il inaperçu malgré notre débauche d'éclairage!

Enfin mon tour de garde se termine et j'abandonne à Jack les responsabilités du pilotage.

Je dormais comme un bienheureux lorsque Jack m'éveilla dans la matinée du 26 mai. D'abord, j'étais perdu. J'avais éprouvé dans mon enfance cet inconnu, ce dépaysement total en m'éveillant dans une chambre d'hôtel. Ce premier réveil ressuscitait en moi d'un seul coup, curieusement, cette sensation oubliée depuis bien longtemps, et que je n'éprouverai plus qu'à mon premier réveil à terre, après l'arrivée aux Antilles.

Comme prévu, le vent avait changé et nous poussait vers la terre; pour la première fois, nous avons mis à l'eau des dérives, tentant ainsi de naviguer en recevant le vent sous un angle de 90°. C'était le maximum que notre esquif pouvait « étaler », monter au vent lui étant impossible. Nos deux dérives se révélaient très efficaces et, si notre vitesse était réduite (au maximum un nœud), du moins nous ne nous rapprochions pas de la côte de façon dangereuse, et nous nous maintenions sur une route parallèle à la terre.

La faim, cependant, commençait à se faire durement sentir. Jusqu'alors nous n'avions éprouvé qu'une sensation de « déjeuner-en-retard ». Maintenant, une véritable obsession s'installait, accompagnant une crampe à l'estomac, « la sensation de striction et de torsions » dit la question d'internat. A part ce désagrément, qui ne me surprenait pas, je me sentais parfaitement dispos. Jack semblait plus affecté. Il se laissa faire lorsque je lui proposai un premier examen médical. Sa langue était sèche, saburrale; une petite éruption apparaissait sur le dos des mains. Le pouls était lent, mais bien frappé et il ne se manifestait pas de signes graves de déshydratation. Il avait soif, mais malgré mes conseils continuait à ne pas boire. Mon exemple aurait dû pourtant le rassurer puisque je supportais parfaitement bien la ration d'eau de mer que je continuais régulièrement à absorber « suivant le plan prévu ». Nous étions tous deux constipés, déjouant ainsi les pronostics fâcheux des « hommes-au-pot-de-chambre-indispensable-pour-naufragés[1] ». Par contre, si la soif était inexistante pour moi, supportable pour mon compagnon, la faim commençait à devenir de plus en plus douloureuse. A tour de rôle nous évoquions avec attendrissement ce sandwich refusé au moment du départ, devenant pour nous

---

1. Ceci nécessite une explication cocasse. Le jour de mon départ un « spécialiste de sauvetage » était venu dire à ma femme : « Vous ne reverrez jamais votre mari. » Et, comme elle demandait pourquoi, il lui fut répondu : « Aucune préparation. Par exemple, ils vont être en mer six semaines et n'ont pas emporté de pot de chambre. » Je tiens les témoins de ce colloque à la disposition de tout incrédule.

quelque chose de plus réel, de plus désespérément tentant que les menus délicats que nous pouvions imaginer. C'est toujours de lui que nous aurons faim, de lui que nous « aurions pu manger ». J'appris ainsi comment l'homme désire et regrette.

L'après-midi, lorsque je ne me trouvais pas en faction à l'aviron-gouvernail, je rêvais des goûters que nous faisions à l'internat de Boulogne et d'Amiens, et, de temps en temps, se glissait insidieusement dans mon cerveau cette pensée : « Toi qui étais si bien dans ta petite vie si confortable, que diable es-tu venu faire dans cette galère? »

De sympathiques marsouins vinrent folâtrer à quelques dizaines de mètres. Ils semblaient confiants et leur compagnie nous réconforta comme une présence amie. Et puis s'ils pêchaient, eux, pourquoi pas nous? La journée était belle et calme et je pus filmer ce qui nous entourait. Malheureusement, toujours rien à manger qu'une cuiller de plancton. Nous aurions bien pu en pêcher plus, mais le filet faisant office d'ancre flottante nous aurait trop freinés et il n'était pas prudent, si près de la côte, de gaspiller des conditions même à demi favorables.

Enfin, dans l'après-midi, Jack céda à mes instances et commença à boire quelques gorgées d'eau de mer. Je venais de lui expliquer que s'il ne s'y mettait pas maintenant, il se déshydraterait de telle sorte que, plus tard, toute absorption d'eau de mer deviendrait inutile, voire dangereuse. A mon grand soulagement, il s'était enfin rendu à ce raisonnement. Le lendemain, tous les signes de déshydratation auront disparu. Sa soif, même, sera calmée. Nous nous amusâmes fort de cette conversion à l'hérésie, et notre humeur devint excellente.

Une agréable surprise nous était réservée au cours des nuits qui allaient suivre; nous allions disposer chaque matin d'un demi-litre d'eau douce due à la condensation. Cette eau se déposait dans le fond de notre bateau, comme la buée contre le toit d'une tente bien fermée. L'atmosphère étant très concentrée en humidité, le phénomène produisait une quantité d'eau importante, et comme notre esquif n'avait encore jamais embarqué une goutte d'eau de mer, nous pouvions recueillir cette boisson au moyen d'une éponge. La quantité d'eau recueillie n'était évidemment pas suffisante pour notre consommation, mais constituait un appoint. Surtout, c'était de l'eau douce, oh! combien douce...

Le soir, le vent est franchement désespérant. Toute la journée il a été irrégulier en force et en position; calme plat, suivi dix minutes après d'une brise violente et variant autour du compas. Bientôt la mer s'agite. Le bateau cependant tient le coup contre cette exécrable Méditerranée, qui est décidément « une sale mer ». Serait-ce vraiment, comme je le pense, le bateau de sauvetage idéal?

Nous n'avons pas vu la côte de toute la journée. Nous savons cependant qu'elle ne se trouve pas loin, mais elle est noyée dans un épais brouillard de chaleur. Jack n'a pas fait le point au sextant. Où sommes-nous, exactement? Vers six heures du soir, la côte réapparaît. Est-ce déjà l'Estérel et Saint-Raphaël, est-ce encore le cap d'Antibes? Sans que nous ayons pu répondre à cette question, le soleil se couche pour la seconde fois depuis que nous avons pris la mer. Aussitôt, fidèlement, les phares nous envoient leur message lumineux, nous sommes entre Saint-Raphaël et le cap Camarat. Assez en dehors, mais tout de même dangereusement proches. Nous avons vraiment très faim et c'est avec un optimisme atténué d'autant que nous abordons cette seconde nuit. Paradoxalement, le vent de mer ne tarde pas à se manifester.

L'expédition va-t-elle échouer si près de son départ
sur le cap Camarat, comme les « spécialistes » nous
l'ont prédit? C'est trop de questions; je m'endors.

Quel soulagement, lorsque Jack m'éveille à une
heure du matin pour ma garde, de voir le cap Camarat déjà doublé à tribord. En tout cas, celui-ci ne
sera pas notre point d'atterrissage. Encore l'île du
Levant à franchir, et les dangers immédiats de la côte
française ne seront plus qu'un souvenir. Ça n'est pas
si facile que cela de devenir naufragé!

Ce 27 mai n'est pas près de sortir de ma mémoire!
Une journée féerique nous attendait. Avant tout, ce
jour-là, notre grand souci fut apaisé : au milieu de
l'après-midi, je somnolai, la ligne attachée autour de
ma cheville. Plus tard j'apprendrai à ne jamais commettre pareille bêtise, car un animal trop gros, mor-
dant à l'appât, aurait pu me sectionner le pied avec
facilité.

Tout à coup, le fil se tendit violemment. C'était un
splendide mérou qui se faisait prendre. Nous le reti-
rons avec fièvre, un peu comme on doit retirer du
puits d'une oasis son premier seau d'eau après la traversée du désert. Quelle aubaine! La bête fut correctement vidée, puis découpée en tranches régulières,
ô manies de civilisé! La moitié antérieure gardée pour
le lendemain, nous nous partageâmes la partie postérieure. J'ai violemment envie de vomir quand je porte
cette chair rose à mes lèvres, mon compagnon doit
ressentir le même dégoût, mais moi, je l'ai déjà fait
au laboratoire. Je dois prêcher d'exemple. Voyons,
je sais que c'est bon et la première bouchée passe
bien. Le tabou est franchi, victoire! Nous foulons
l'éducation aux pieds et déchirons à belles dents cette
chair qui, par miracle, nous apparaît maintenant
saine et appétissante. Le reste du poisson est étalé sur
notre tente pour sécher au soleil, après en avoir extrait

le liquide par pression dans ma « presse à fruit ».
Aux repas suivants, nous mangeâmes ainsi de la chair
pêchée.

Chaque civilisation a placé un tabou sur certains
mets. Mangeriez-vous des sauterelles ou des vers
blancs? Non. Et un musulman ne peut manger du
porc. Quant à moi, il m'est arrivé, en Angleterre, de
manger de la baleine. Par malheur, je savais que
c'était de la baleine : je ne l'ai pas aimée. Combien
de gens ne peuvent manger du cheval ou du chat que
s'ils croient manger du bœuf ou du lapin! Tout est
fonction de l'habitude. Nos grand-mères auraient-
elles avalé avec autant de désinvolture que nous le
très barbare steak-tartare? Et du reste, ayant d'ailleurs
trop mangé ce premier jour, je crois avoir frôlé de
très près le mal de mer.

Ce jour-là le vent était très chaud, très faible. En
outre, notre estomac plein nous rendait optimistes.
Aussi, est-ce avec beaucoup de calme et d'assurance
que nous vîmes s'approcher de nous un patrouilleur
de la marine nationale qui venait de sortir du port
de Toulon. Malgré tout, nous éprouvâmes un peu ce
qu'a dû ressentir Tantale, lorsque le capitaine nous
proposa, en riant, quelques bouteilles de bière fraîche.
Nous refusâmes avec stoïcisme. Ce fait n'a, à ma
connaissance, été signalé nulle part. En revanche,
quelle publicité aurait reçu notre acceptation! L'incident du *Sidi-Ferruch*, rencontré dix jours plus tard, le
prouve abondamment.

Enfin, après cette journée faste mais immobile, un
vent favorable s'éleva aux derniers flamboiements du
soleil couchant, et les feux de la terre s'effacèrent lentement dans la nuit. La terre de France disparut, et
contrairement aux prédictions, nous n'y avions pas
échoué.

CHAPITRE III

EN HAUTE MER
(28 MAI-7 JUIN)

Je m'étonne de constater à quel point nous ressentons, nous, êtres humains, terriens incurables, un profond réconfort à pouvoir encore apercevoir la terre. Or, ce matin du 27 mai, ce n'est pas sans une certaine angoisse que nous la vîmes disparaître définitivement. Nous marchions alors dans le 210 du compas[1], c'est-à-dire suivant une route théorique au sud-ouest. Cependant, la déclinaison[2] étant de 10° ouest, cela nous donnait sud-sud-ouest. Nous descendions alors à peu près à égale distance de la Corse et de la Sardaigne à l'est, et des Baléares à l'ouest, mais en nous rapprochant lentement de celles-ci. Au cours de l'étude des courants que j'avais faite avant le départ, j'avais appris qu'un courant mal connu, mais probable, le « courant des Baléares », nous pousserait peut-être vers l'ouest.

1. Le compas est une boussole divisée en quarts (rose des vents), et également en 360 degrés. Le nord se trouve sur 0 ou 360 degrés, l'est sur 90 degrés, le sud sur 180, et l'ouest sur 270.
2. La déclinaison est l'angle que fait le nord magnétique au lieu considéré avec le nord véritable du géographe. L'aiguille de la boussole tombe en effet, suivant le lieu, à l'est ou à l'ouest du nord vrai. Les cartes donnent la valeur de cet angle qu'il faut soustraire ou ajouter suivant qu'il est est ou ouest pour connaître la route vraie.

Hélas! nous venions de consommer la dernière par-
celle de mérou! Il allait de nouveau falloir jeûner.
Nous en avions pêché un, c'était bien le diable si
d'autres ne suivaient pas. Nous allions recommencer
à manger du plancton et à boire de l'eau salée. Pour
la boisson au moins, pas d'inquiétude, puisque Jack
s'était mis sérieusement à l'eau de mer.

Ce jour du 29, nous fûmes croisés de très près par
deux cargos, l'un grec, l'autre anglais (*le Dego*) qui
nous saluèrent au passage. Fait exceptionnel, car dans
les jours qui avaient précédé, comme dans ceux qui
suivront, les bateaux rencontrés avaient ignoré et igno-
reront notre présence. Est-ce volontairement? Est-ce
parce qu'ils ne nous voyaient pas? De toute façon
ma conviction s'établit peu à peu qu'un naufragé doit
aller à la rencontre du secours, puisqu'il y a peu de
chance que le secours vienne à lui. Car enfin, chacun
connaissait notre présence sur mer, sans vivres et sans
eau? Le fait est si étrange que j'incline à croire que
notre position au ras de l'eau empêchait que l'on nous
aperçût. Ce doit être aussi le cas des naufragés réels. Il
ne faut vraiment compter que sur soi.

Dans la soirée, le vent d'est allait se lever et nous
faire prendre la route même des Baléares. La faim
commençait de nouveau à nous tenailler cruellement.
Nous avions fini notre mérou la veille à midi et
aucun poisson n'était venu accrocher la ligne. Les poissons semblaient ne pas devoir nous suivre en pleine
mer, et la mer prenait dans notre imagination figure
de désert. Nous nous enfonçons dans la nuit.

Je pris la première garde. Au début, tout me parut
normal. Aiguisés par la faim, mes sens étaient en
éveil. L'ouïe tendue, dans le grand silence de la mer,
je crus percevoir, vers 11 heures, d'étranges bruits
autour de nous. Etais-je le jouet d'une hallucination?
L'inquiétude me saisit. Je m'obligeai à raisonner. Les

hommes étaient loin, si loin qu'à peine la pensée de quelques-uns nous suivait. Or, ces bruits surprenants montaient toujours de la mer. Il faisait nuit noire et l'on n'y voyait goutte. J'imaginai alors des dauphins, des marsouins en train de mener une sarabande, en notre honneur sans doute, autour de notre frêle embarcation qui faisait son chemin régulièrement. Mais l'entrain, la durée, l'ampleur de la fête m'étonnaient. La curiosité me tint éveillé jusqu'au lever du jour, que j'attendis avec impatience. A l'aube, je discernai autour de l'*Hérétique* d'immenses fantômes grisâtres, aux reflets métalliques.

« Des baleines! », m'écriai-je aussitôt. Et je tirai violemment Jack par le bras. Nous en comptâmes une dizaine qui évoluaient lentement autour de nous en une ronde paisible. Ces cétacés devaient avoir une taille de 20 à 30 mètres. Parfois l'un d'eux, se dirigeant sur nous, plongeait à quelques mètres de l'embarcation; nous en voyions encore la queue quand sa tête émergeait à l'avant. Ces gros animaux nous paraissaient calmes, dociles et pleins de bonnes intentions à notre égard. Jack fut beaucoup plus inquiet de cette présence inattendue. Il craignait qu'un mouvement d'humeur ou une maladresse d'une de ces grosses bêtes ne nous fît chavirer. Il me conta brièvement l'aventure des deux frères Smith qui, dormant dans une barque légère, avaient éveillé la colère d'une baleine en la heurtant par mégarde, et avaient été retournés par ses terribles coups de queue. Lorsque les baleines se furent éloignées avec le jour, il se promit bien de ne pas me laisser veiller seul, car il ne partageait pas ma confiance en la gentillesse de nos visiteuses nocturnes. J'en fus ravi, car j'usai par la suite de ce subterfuge innocent pour qu'il vînt me tenir compagnie aux moments les plus déprimants de ma garde.

La journée du 30 se passa sans histoire, et rien ne

vint s'ajouter au menu. Peu à peu nous nous faisions à cette vie anormale; nous nous rodions en quelque sorte. Une inconnue pourtant subsistait : comment le canot se comporterait-il durant une tempête? Etalerait-il le mauvais temps, comme il l'avait fait de Boulogne à Folkestone? Je le croyais. Jack, lui, en était moins sûr, mais acceptait de courir le risque. Il valait mieux, certes, risquer des accidents dans cette mer

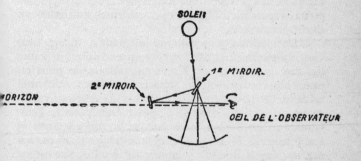

très fréquentée, plutôt que de les affronter à 1.500 milles de toute côte.

Dans la soirée du 30 mai, une grande joie nous envahit. Soixante-douze heures environ après que nous ayons cessé d'apercevoir la côte française, nous apercevons le mont Toro, point culminant de l'île de Minorque, se dessiner dans le crépuscule. Jack l'avait prévu à midi, lorsqu'au prix de mille difficultés il avait déterminé notre position au moyen d'une hauteur solaire méridienne. Cette opération qui, dans des conditions normales, était déjà pour moi incompréhensible, avait pris dans celles où nous nous trouvions un aspect de performance exceptionnelle. Il s'agissait pour Jack de faire coïncider, au moyen de son sextant, l'image du bord inférieur du soleil avec l'horizon. Cette opération est déjà délicate du haut d'un pont de navire. Allez la faire assis sur un flotteur en caoutchouc sautant au gré des vagues!

— Terre! Minorque!

Quelle joie douloureuse tant elle est puissante, quelle vraie joie dévastatrice envahit le naufragé quand apparaît dans la direction prévue la terre tant attendue. Il nous semblait qu'il était bien temps, car la faim nous tiraillait affreusement. Nous ne mangions depuis deux jours que quelques cuillerées de plancton.

Nous n'étions cependant pas au bout de nos peines. Ce rivage que nous apercevions, qui semblait à portée de nos mains, il allait encore falloir douze jours pour l'atteindre, soit le double du temps que nous venions de passer en mer. Si nous l'avions su, peut-être aurions-nous désespéré! Mais, inconscients, nous commencions déjà à faire des projets de vie à terre; les formules de télégrammes s'inscrivaient dans nos esprits. La vision du premier repas dans une petite auberge campagnarde fascinait nos pensées... lorsque d'un seul coup le vent tomba et la voile se mit à faseyer. Nous scrutâmes le ciel autour de nous : il se couvrait; de nombreux nuages s'amoncelaient au sud-est, l'orage se préparait. Vite, l'ancre flottante à la mer, car nous n'osions pas encore « voir venir[1] ». Une fois toute la toile à bas, nous couvrîmes le bateau d'un bout à l'autre pour passer la nuit, en attendant que la bourrasque se calmât. Elle s'abattit sur nous d'un seul coup[2]. Nous étions confinés dans un espace

---

1. Expression maritime : c'est l'équivalent marin de « l'épreuve du travail » au cours d'un accouchement. On attend jusqu'à la limite de sécurité.
2. Cette tempête nous fut contestée par le Service Météo de Monaco. Le raisonnement est celui-ci : regardez nos diagrammes,

étroit, les genoux pliés, aussi peu à l'aise que possible, mais en sûreté. Les vagues se brisaient sur l'avant de *l'Hérétique* et nous entendions l'eau rouler sur nos têtes en passant sur l'embarcation. C'était comme si nous étions dans la grande roue de Vienne, emportés dans un gigantesque balancement, mais toujours sur un plan horizontal. Telle une pieuvre, *l'Hérétique* collait à la vague. J'étais maintenant convaincu que rien ne pouvait compromettre la stabilité parfaite de notre canot pneumatique. Je pouvais rédiger notre journal de bord. A l'intérieur du bateau, rien ne bougeait. Dehors, cependant, les vagues redoublaient de fureur.

Nous échangeâmes peu de paroles au cours de cette longue attente, coupée par moments d'exclamations. Accroupis sous la tente dans l'espace réservé au sommeil, nous nous regardions, fatalistes. Tout était illuminé par la lumière jaune qui fusait à travers notre abri. Jaune était Jack, jaune j'étais, jusqu'à l'atmosphère qui prenait cette teinte jonquille. Pourtant, l'angoisse nous étreint de nous sentir impuissants au milieu des éléments déchaînés. Dans cette attente passive, désespérante, nous faisons des pronostics. Nous tentons de deviner où nous mènera la tempête. Jack se livre sur une feuille de papier à des calculs compliqués pour évaluer notre dérive, et en conclut que nous allons être rejetés dans le fond du golfe de Valence. Je consulte aussitôt les « instructions nautiques », et j'apprends qu'il s'agit d'une région dangereuse où les vents s'engouffrent en tempête, puis continuent dans la direction du terrible golfe du Lion. Nous avions voulu éviter ce golfe à tout prix. Mais que peut notre volonté d'hommes liés au sort de ce

nous n'avions pas prévu de tempête, donc il n'y en a pas eu *(sic)*. Les pilotes d'Air-Atlas, qui avaient survolé ce secteur, me dirent plus tard avoir pensé à nous pendant cette période de mauvais temps.

bouchon? Nous nous confions à la Providence et, sagement, essayons de profiter de l'inaction involontaire
pour reconstituer nos forces affaiblies.

Cependant, dans l'obscurité de la tente, notre imagination travaille. Que se passe-t-il, là-haut, dans cette
furieuse lutte de la mer et du ciel qui nous emporte
comme un fétu de paille? Nous comptons les heures,
attendant la fin de la nuit qui nous permettra, peut-
être, de redevenir des hommes et non plus de simples
choses à la merci des éléments.

Après une dernière journée de mai supportable,
mais qui peu à peu nous éloignait de notre but, le
1ᵉʳ juin se lève sur une mer démontée, et une brume
à couper au couteau. Nous ne voyons même pas
l'extrémité de notre esquif.

Plus tard, la brume nous laissa entrevoir à une centaine de mètres un grand transatlantique qui se dirigeait à toute vapeur vers Barcelone. Le vent s'établit
alors à l'est-nord-est; le danger augmentait d'être jetés
sur la côte espagnole. Nous étions si considérablement
affaiblis qu'il fallut nous relayer à trois reprises pour
ramener dans notre embarcation les vingt-cinq mètres
de ligne qui pendaient inutilement. Vers midi, Jack
essaya de faire le point, bien que le pâle soleil perçât
à peine la basse voûte qui pesait sur nous. Il n'y
réussit pas, et essaya alors d'évaluer notre dérive. A
son avis, nous devions avoir été portés dans le golfe
de Valence aux environs d'une poussière d'îlots, les
Columbretes, qui flanquent la ville au large. Deux
pièges devant nous étaient tendus. Nous avions à passer
une journée d'autant plus longue et déprimante
qu'elle s'annonçait forcément inactive.

Soudain, un bruit bizarre et lointain m'avertit qu'il
se passait quelque chose d'étrange sur la mer. Nous
nous glissâmes hors de notre abri, prêts à toute éven-
tualité, quand la stupeur nous figea sur place. A cent

mètres de *l'Hérétique*, à bâbord, une masse d'une blancheur immaculée surgissait, irréelle et pourtant immense, un être vivant apparu du fond des âges. La vision fantastique se rapprochait insensiblement de nous : à tout hasard j'armai mon fusil sous-marin. Je reconnaissais maintenant, avec stupeur, dans cet animal monstrueux long de 20 à 30 mètres, une baleine albinos du spécimen le plus rare, surtout en Méditerranée, c'était une baleine blanche[1].

Avant tout, il fallait me prouver à moi-même et prouver plus tard que je n'étais pas à cet instant en état de démence. Aussi, jetant mon arme inutile, je saisis ma camera et filmai tranquillement la menaçante approche du monstre. Puis nous attendîmes, haletants, la suite des événements. Les yeux rouges de l'animal me fascinaient, mais Jack guettait avec terreur chaque mouvement de la terrible queue dont le caprice risquait à tout instant de balayer notre frêle embarcation de la surface de la mer. J'avais beau évoquer notre dernière rencontre pacifique avec une troupe de baleines, je n'en étais pas moins inquiet à l'approche de cet animal solitaire et inattendu. La bête arriva sur nous, plongea sous le canot et, débonnaire, évolua autour de nous, comme pour nous laisser admirer à loisir son éclatant pelage de neige. Puis, lentement, elle vira et s'éloigna dans l'épaisseur du brouillard.

A peine remis de cette alerte et discutant encore de la fantastique apparition, nous dressâmes de nouveau l'oreille. La baleine immaculée avait-elle été le signe avant-coureur de sortilèges destinés à ébranler nos esprits? Une heure à peine s'était écoulée après la disparition de l'animal géant que naissait distinctement dans la brume le ululement d'une sirène. Le

---

1. Voir en fin de volume la note de M. Budker.

signal de détresse nous dressa tous deux debout. A vrai dire, j'avais déjà, à plusieurs reprises, distingué peu de temps auparavant un bruit semblable, mais atténué et fugitif, si bien que, doutant de la sûreté de mon ouïe, j'avais gardé pour moi l'incident. L'idée m'était venue qu'une terre était proche... Mais pourquoi éveiller cet espoir dans l'esprit de mon compagnon s'il était vain? Maintenant, le doute n'était plus possible. Cet appel, qui ne pouvait venir que des hommes, s'enflait, s'accentuait au point de couvrir le bruit de nos voix : une sorte de vertige nous prit de ne pouvoir en localiser la provenance.

Il est très difficile de reconnaître l'origine d'un signal de brume. Il me paraissait venir du sud-ouest, mais Jack l'entendait au nord-ouest. Ignorant totalement notre position, nous dépliâmes la carte de la Méditerranée et, nous forçant au calme, nous nous mîmes à chercher la terre dont nous devions être le plus près. Nos doigts se rejoignirent sur le même point : un îlot perdu, l'îlot de Columbretes, situé à une dizaine de milles au sud de l'endroit où Jack avait estimé notre position.

Tout à coup, sans aucune transition, la certitude d'un péril imminent nous envahit : assourdis maintenant par le vrombissement soudain d'un moteur qui couvrait le ululement grave de la sirène, nous crûmes voir foncer sur *l'Hérétique* un navire. C'était la catastrophe inévitable. Nous nous précipitâmes d'un bond sur tout ce qui pouvait être sonore dans l'embarcation; j'attrapai une marmite et la frappai à coups redoublés à l'aide de la vis de la presse à poisson, tandis que Jack martelait furieusement sa gamelle avec un couvercle. Une sorte de frénésie désespérée décuplait nos forces à mesure que s'enflait la rumeur infernale autour de nous — moteur et sirène mêlés dans une violence inouïe. Puis tout cessa brusque-

ment. Un silence tragique s'établit. Jack et moi demeurâmes pétrifiés, puis redoublâmes le bruit de nos aver-
tisseurs de fortune. Soudain éclata de nouveau le gron-
dement du moteur, puis le sinistre appel de la corne
de détresse. J'eus le sentiment très net que la folie
allait s'emparer de nous si l'épreuve se prolongeait.
Lucidement, j'évaluai l'intensité égale des sons discor-
dants qui nous enveloppaient, semblait-il, de toutes
parts. Je comptai les minutes : dix minutes, dix mortelles minutes passèrent qui nous parurent les plus
longues de notre vie. Puis de nouveau le vacarme
cessa, suspendant du même coup notre agitation fré-
nétique.

Alors, comme par enchantement, la brume se dé-
chira soudain dans un souffle de vent et le désert
immense de la mer apparut jusqu'à l'horizon entièrement dégagé. Rien sur un cercle de 30 kilomètres de
rayon, absolument rien. Nous demeurâmes hébétés.
Nos sens n'avaient pas été victimes d'illusions, et cela
nous en étions sûrs. Mais dans l'état affaibli de nos
facultés intellectuelles, il nous était presque impossible de faire appel à la raison logique pour tenter
de comprendre ce que nous n'avons jamais cessé d'appeler « Le Mystère de Columbretes ». D'un commun
accord nous décidâmes, dans les minutes qui suivirent,
d'essayer d'oublier provisoirement ce cauchemar réel,
de peur qu'il ne hantât nos nuits... il fallait, de toute
urgence, réparer nos forces. Plus tard, en confrontant
nos impressions, nous avons pensé à un sous-marin
monté à la surface pour renouveler sa provision d'air.
Mais les sous-marins n'ont pas de sirène de brume.
Ainsi le mystère demeure... Les naufragés de tous les
siècles seront toujours les mêmes, soumis aux sortilèges
inconnus de la mer.

Une épreuve personnelle, plus simple, mais non
moins tragique, m'attendait : au cours de cette nuit

de cauchemar du 1er au 2 juin, j'avais ressenti des élancements douloureux dans la mâchoire, caractéristiques d'un abcès en formation : l'abcès se déclara et empira rapidement; il était dû, sans doute, à l'infection d'une blessure récente. La chair du poisson cru n'avait pas été favorable à la cicatrisation. D'ailleurs, la moindre de nos égratignures mettait de longs jours à se fermer et nous manifestions une certaine tendance à l'infection. L'idée d'employer de la pénicilline, qui me serait venue immédiatement à l'esprit s'il s'était agi de mon compagnon, me parut trop radicale et concluante pour le cobaye que j'étais. Bientôt la douleur devint tellement violente qu'ayant stérilisé à la flamme de la lampe à pétrole mon poignard de poche, je me fis une large incision que je saupoudrai de sulfamides. La souffrance fut un moment presque insoutenable et Jack en était affolé. Mais le soulagement vint ensuite, immédiat et durable : après tout, le traitement n'avait pas été si mauvais.

Les baleines continuaient à remuer autour de nous. Elles devaient me faire passer une des nuits les plus bruyantes de toute la traversée. Le vent souffle toujours en rafales. La mer s'abat sur l'avant de notre canot avec son bruit habituel, mais on peut entendre, se détachant très nettement sur ce fond sonore et monotone, les éternuements et les bruits de souffle que font les cétacés géants qui nous entourent. Tranquillisés par la nuit et par notre passivité, ils s'approchaient très près, et je dois dire que je n'étais pas, moi non plus, très rassuré. J'avais vraiment peur qu'oubliant leur longueur, ces baleines curieuses ne se redressent trop tôt, et, alors, adieu notre bouchon pneumatique, adieu ceux qui le montaient...

Notre lumière attirait tous les voisins possibles; marsouins, poissons de toutes espèces, s'ébattaient à qui mieux mieux dans ses rayons. Tout à coup, deux petites lumières vertes montèrent derrière nous, venant des profondeurs. On aurait dit les yeux d'un chat éclairés la nuit par les phares d'une automobile. C'était une raie de petite taille, attirée par cette lumière insolite. Malgré mes efforts je n'arrivai pas à la harponner; c'était heureux, car privés d'eau comme nous l'étions, sa chair aussi concentrée en sel que l'eau de mer aurait fait courir grand danger à nos reins.

Cette nuit-là, je fis un faux mouvement et un aviron tomba à la mer. C'était une catastrophe : nous n'en avions que deux, il devenait donc impossible de ramer. Nous le recherchâmes à la surface avec une lampe électrique, mais sans résultat. Nous étions désormais incapables de gagner une côte proche si le vent ne nous y aidait pas.

Le lendemain, 2 juin, le ciel était devenu clair, mais le vent, quoique passé au sud-ouest, demeurait d'une grande violence. Si seulement nous avions pu freiner notre dérive vers ce terrible golfe du Lion qui nous menaçait. Jack estimait que nous avions dérivé d'environ cinquante milles par jour. Nous n'avions pas mangé depuis cinq jours et la faim augmentait, ou plutôt nous en souffrions de façon nouvelle. Notre estomac ne nous tourmentait plus. Non, c'était une fatigue généralisée, une « envie de ne pas faire ». Des photos de cette période nous montreront hâves et épuisés, des poches sous les yeux. Un gros œdème déformait mon visage. Une somnolence invincible s'emparait de nous, nous avions tendance à faire les marmottes. Dormir, dormir longtemps, tel était notre seul désir. Je somnolais donc, vers 9 heures du matin, quand Jack qui gouvernait s'écria :

— Alain, Alain! a fish!

Je bondis et vois encore un mérou qui, se servant de notre remous, nage sans façon entre les pointes des flotteurs. Cette fois, c'est un gros, d'au moins trois ou quatre kilos! Le nez sur l'aviron-gouvernail, il vient de temps en temps s'y gratter le dos, comme un âne contre un mur. Avant tout, il ne faut pas le manquer! Mon arbalète sous-marine est chargée. En un clin d'œil, en position de tir, je pointe soigneusement vers l'animal. Mon harpon touche l'eau; aussitôt le poisson curieux vient identifier ce bizarre objet. Fatale curiosité! Je presse la détente, la flèche s'enfonce de quinze centimètres dans sa tête, il est tué net, l'eau se teinte de rouge. Après l'avoir hissé à bord, nous restons un long moment stupides, devant cette prise, la dévorant d'abord du regard. Je crois que cette attente fut excellente, en permettant à nos estomacs de sécréter à loisir et de se préparer à recevoir la bonne substance animale. Matériellement, notre estomac se léchait les lèvres à l'avance (ô le réflexe de Pavlov!).

Boire fut notre première préoccupation. Je décidai d'essayer sur ce poisson de bonne taille la technique des incisions dorsales, en somme, assez analogue à celle qu'on emploie pour recueillir la résine des pins. Quelle volupté de boire enfin un liquide qui ne soit pas salé! Comme la fois précédente, le premier repas fut difficile à digérer. Nos estomacs n'appréciaient qu'à demi ce régime baroque, poisson cru et jeûne, jeûne et poisson cru! Qu'importe, nous avions des provisions pour deux jours. Le moral remonta à vue d'œil. Pourtant, la tempête continuait à nous ballotter sévèrement, mais il faisait chaud et nous avions de quoi voir venir.

Trois jours terriblement inactifs, trois jours de vie contemplative, se succédèrent et de nouveau « les vivres vinrent à manquer ». Pas un pas n'avait été fait dans la direction des îles; au contraire, nous nous en étions éloignés avec régularité et le matin du quatrième jour, le jeûne allait recommencer. Quel que fût notre bon moral, cette perspective nous accabla. Il était évident qu'on ne pouvait survivre longtemps à ce régime. La Méditerranée ne permet guère la survie. Pourtant des navires nous croisaient assez souvent dans un tumulte effrayant de moteurs, mais pas un ne nous voyait, ou s'il nous voyait, ne se dérangeait. Je sais bien que nous ne les appelions pas, mais que se serait-il passé dans le cas contraire? Il devenait nécessaire que nous tentions un jour l'expérience.

Enfin, le 5 juin, au matin, onzième jour de notre voyage, les éléments se calment, et nous abandonnent, épuisés mais confiants, affamés, mais déterminés à tout braver et à continuer. Où sommes-nous? C'est la première question que nous nous posons. Dès midi, Jack établit enfin notre position pour la première fois depuis six jours. Nous sommes à 150 milles au nord-nord-est de Minorque. Nous avons décrit une boucle durant la tempête. Il va falloir que nous croisions la route que nous avions faite quelques jours plus tôt. Mais avec le contraste habituel à cette mer déconcertante, le vent est totablement tombé, plus un souffle autour de nous.

L'eau est calme, miroir percé de temps à autre par des points noirs qui sautent et retombent, le rayant de cercles concentriques. Nous sommes littéralement entourés de thons et de marsouins qui bondissent en tous sens. Un garde-manger se déploie devant nos yeux. Il faut à tout prix essayer d'y prélever quelques vivres. Quand je repense à la tentative que je fis ce matin-là, je ne puis m'empêcher de sourire. Je décidai en effet de tenter le harponnage d'un thon. Il faut, je crois, être vraiment poussé par la faim pour se lancer dans une entreprise de ce genre. Si harponner un thon ne représente pas une performance, vouloir le ramener à bord est une gageure qui amusera tous

les pêcheurs sous-marins avertis. Je mets mes lunettes,
ajuste mon respirateur et descends à l'eau où Jack
me passe mon arbalète. Rapidement, j'arrive à m'approcher du banc de thons. « Vrran »! Mon harpon
décoché se plante en vibrant dans la masse compacte.
J'ai bien failli ce jour-là être pêché par le poisson,
car c'était le thon qui m'entraînait! Heureusement
la résistance des filins de pêche a une limite, même
quand ils sont en nylon. Dieu soit loué! Grosjean
comme devant, je remonte à bord, avec grand-peine,
aidé par Jack, ayant seulement perdu mes illusions
et un harpon. La difficulté que j'éprouve à me hisser
me fait remercier la Providence que Jack soit là :
seul, il ne me serait pas possible de mener à bien cet
effort.

Et le jeûne continue : 4 juin, 5 juin, 6 juin... Les
jours se traînent, monotones et de plus en plus épui-
sants. Notre ration d'eau de mer est notre seule boisson, avec, pour toute nourriture, le plancton dont
nous nous dégoûtons chaque jour un peu plus. Tout
mouvement nous coûte un effort surhumain et douloureux. La faim est devenue famine; de l'état aigu
elle est passée à l'état chronique. Nous commençons
à consommer nos propres protéines, c'était de l'auto-
destruction. Nous ne pensons plus, nous dormons ou
somnolons les trois quarts du temps.

Le vent est rare, mais heureusement nous approche
toujours un peu plus du but. Le vendredi 6 juin, au
soir, nous décidons que le moment est venu d'essayer
notre signalisation. Nous allions arrêter un bateau :
nous saurions ainsi quelles étaient nos chances d'être
aperçus en cas de détresse. Nous pourrions envoyer
des nouvelles aux nôtres. Ils devaient mourir d'inquiétude et, en outre, nous craignions chaque jour
de voir arriver des secours que nous n'avions pas
demandés et qui auraient mis fin à l'expérience. Or,

si nous en « bavions » en Méditerranée, comme nous
l'avions désiré d'ailleurs, la question de la survie ne
nous avait pas préoccupés. En effet, le problème de
la subsistance ne se pose pas en Méditerranée, où
le naufragé doit être rapidement repéré par les nombreux navires qui sillonnent cette mer. Par contre, il
devient primordial dans un grand océan solitaire
comme l'Atlantique. Maintenant que nous avions
expérimenté les hommes et le matériel, nous voulions
joindre Tanger ou Gibraltar et nous lancer dans
l'Atlantique. Jack aurait voulu d'ailleurs y entrer
avant septembre. Il est en effet persuadé qu'aux Antilles les typhons commencent à cette époque. En fait,
ils finissent en septembre, et de novembre à mars,
jamais nul n'en a vu. Pourquoi cette erreur, je ne le
comprends pas encore.

C'était donc décidé; nous tenterions, dès le soir,
d'arrêter un navire et, ma foi, tant pis, de demander
des vivres de secours. Pas un seul instant, jusqu'ici,
nous n'avions éprouvé la tentation d'entamer nos
vivres condensés. Ces vivres sont très difficiles à se
procurer et pouvaient nous être très utiles pour la
traversée de l'Atlantique. Et enfin, traverser en mangeant nos vivres ne signifiait rien pour nous : ils ne
devaient servir que si nous ne pouvions plus résister.
Jamais, encore, en bonne santé relative, nous n'avions
même pensé à les consommer. Je le répète, l'épreuve
aurait alors perdu tout son sens.

18 heures. Un navire par tribord avant. Nous mettons en branle le dispositif préparé de longue date.
Jack fait partir deux fusées à explosions. Aucune
réaction de la part du navire. Je saisis alors mon
héliographe, appareil qui envoie le soleil dans l'œil
de l'observateur, suivant le principe du miroir que
les enfants dirigent sur la figure des passants, et
cherche à attirer l'attention du bateau en faisant

scintiller l'appareil suivant le rythme du S. O. S. Le
navire poursuit sa course. Se peut-il vraiment qu'on
ne nous ait pas vus? Sur le moment cela semble
absolument impossible. Pourtant, je suis sûr maintenant que nul ne nous a aperçus à bord du bâtiment,
car nous aurions été signalés, ne fût-ce que par un
passager.

Immédiatement après que le navire s'est enfoncé
dans l'horizon, un silence s'établit sur la mer plate.
Pourtant, si les hommes se montrent indifférents, les
animaux allaient continuer à se manifester.

Cette soirée devait se terminer sur une vision à la
fois étrange et inoubliable. Au moment où le soleil
se couchait, je vis se refléter en mille facettes l'astre
sur la mer. Comme je scrutais ce miroir éclatant,
quelle ne fut pas ma surprise de constater qu'il
s'agissait de centaines et de centaines de tortues de
mer dont les carapaces, paraissant soudées les unes
aux autres, formaient une croûte solide à la surface
des vagues. De temps à autre une tête se levait de
cette masse, dardant sur nous des petits yeux mé-
chants de gargouille. Un faux mouvement de ma
part pour me rapprocher et tenter d'en harponner
une, et la masse entière s'évanouit, comme une plaque
de métal qui s'enfonce en oscillant. Puis la nuit
revint régner sur toute chose, indifférente au calme
comme à la tempête.

*

SAMEDI 7 juin. Le jour se lève, il va faire une chaleur torride. Seul le baromètre donne une note pessimiste : il tombe régulièrement. Jack dort encore. Je
l'éveille à voix basse : « Jack, un bateau à deux
milles environ! » De nouveau, le dispositif d'alerte
fonctionne; Jack saisit ses fusées : une, deux, une troi-

sième; malgré les explosions et les illuminations dans
le jour naissant, le navire continue sagement sa route.
Il est trop tôt pour mon héliographe. Que faire? Ce
bateau va-t-il nous échapper également? Un naufragé
doit-il renoncer à tout espoir de se faire remarquer?
Dernière ressource, nous possédons un fumigène de
fumée orange, visible le jour; nous le jetons à la mer,
et le nuage commence à nous couvrir. Un long moment
d'inquiétude. Qui pourrait mesurer le temps lorsque
l'attente allonge les secondes?

Le nuage se dissipe, et nous constatons que la
lourde masse s'avance vers nous. A notre grande surprise, le paquebot ne ralentit pas en s'approchant.
C'est le *Sidi-Ferruch*.

A portée de voix, sur la passerelle, le capitaine
nous crie : « Désirez-vous quelque chose? » Comme
si nous l'avions dérangé pour lui répondre : « Rien
du tout. » « Envoyez notre position et quelques vivres
de secours », demandons-nous. Le navire fait alors
un grand cercle et s'immobilise à cinq cents mètres
environ.

Malgré mon état d'épuisement, il me faut prendre
la godille. J'accoste donc le grand navire, et les passagers nous parlent amicalement, ainsi que le second,
qui nous fait passer quelques vivres et de l'eau. Surgit
alors le capitaine, très style « adjudant ». « Allez,
allez, on n'a pas le temps de faire des expériences »,
s'écrie-t-il. Un parfait gentleman, en somme. Jack se
renfrogne et se tait. Depuis cinq jours qu'il n'a pas
fumé, il espérait au moins une cigarette, mais il ne
veut pas la demander. Le second s'active et tout se
termine sans que personne nous ait proposé de
monter à bord. Le *Sidi-Ferruch* s'éloigne alors, em-
portant son aimable capitaine.

Nous ne savons pas à quel point cette rencontre
nous coûtera cher, et combien nous sera reproché ce

ravitaillement dérisoire. On s'en autorisera pour oublier les dix jours sur quatorze que nous avons passés sans vivres et sans eau, et les quatre autres où nous n'avons vécu que de mérou et de jus de poisson. Nous deviendrons des farceurs parce que nous avons demandé un mince secours, alors que notre sort a été sensiblement analogue à celui des naufragés de la *Méduse*.

Et encore avions-nous tenu quatorze jours. Même avec du vin et de l'eau, la plupart des naufragés de la *Méduse* étaient morts, lorqu'on les recueillit à la fin du douzième jour.

CHAPITRE IV

DU 7 JUIN AU 21 JUIN

LE *Sidi-Ferruch* s'éloigne rapidement. Je vous souhaite, capitaine, de ne jamais avoir « à faire d'expériences ». Votre navire emporte, mais nous l'ignorons encore, toute la cargaison de rires, de calomnies et même d'insultes qu'on va déverser sur nous au cours des mois suivants.

Jack exhale alors sa fureur pour le manque de courtoisie du capitaine français. Je ne peux qu'approuver ses paroles. Mais enfin, les nôtres seront rassurés, et nous n'avons pas succombé à la tentation de monter à bord du navire... L'expérience continue. Sans réserve, nous nous abandonnons à la joie de boire enfin de l'eau douce, et explorons le sac de vivres. Il contient du biscuit de marin, quatre boîtes de singe et une boîte de lait concentré.

Le baromètre n'a pas menti; malgré le soleil radieux, le vent souffle très fort de nouveau, mais cette fois dans la bonne direction — il nous pousse en effet sud, sud-ouest. Minorque s'approche et, cadeau dominical, à 12 heures, le dimanche 8 juin, le sommet du mont Toro réapparaît beaucoup plus nettement que huit jours auparavant. Allions-nous cette fois pouvoir accoster?

L'archipel des Baléares comprend six îles, dont les

trois principales sont Minorque, Majorque et Ibiza.
Minorque, que nous apercevons cet après-midi du
8 juin, est l'île qui est le plus à l'est. Située sur la
partie sud de la côte est, sa capitale est Mahon,
célèbre par un combat qu'y livra le duc de Riche-
lieu[1]. Nous avons le choix entre deux ports pour
l'aborder, la capitale à l'est et à l'ouest le petit port
de Ciudadela. Il est en effet impossible d'accoster
la côte nord bordée de falaises et qui a vu de nombreux naufrages, en particulier celui du *Général-
Chanzy*, en 1910. Il nous faut donc la contourner.

Nous nous dirigeons tout d'abord vers la pointe
nord-ouest, pensant ainsi pouvoir atteindre Mahon
dans la nuit. Le vent en décide autrement et, rejetés
légèrement vers l'ouest, c'est à quelques encablures
de la côte nord que nous parvenons le matin suivant.
Où sont, mon Dieu, les criques fleuries qu'évoquent
pour nous ce nom : les Baléares! Les plages ne se
trouvent que sur la côte sud. Pendant trois journées
interminables nous allions dériver devant ces côtes
sans pouvoir les aborder. Nous en sommes alors pourtant bien près; je les filme avec ardeur. Si un vent
violent nous en écartait, il faudrait que la pellicule
témoigne pour nous.

Dans la journée du lundi, nous dérivons peu à peu
vers la pointe nord-ouest de l'île. Nous sommes si
près que je peux voir un lapin courir sur la colline.
Le supplice de la faim est terminé : je vais tous les
jours faire de la pêche sous-marine. Quel terrain de
chasse, grand Dieu! Durant toute notre navigation
le long de la côte et au cours de notre séjour dans
l'île, je pêcherai presque chaque jour une heure, ne
ramenant jamais moins de six kilos de poisson.

1. C'est à cette occasion que fut inventée la mayonnaise, à
l'origine mahonnaise.

Pourtant, nous avons hâte d'arriver au port; ce voyage en Méditerranée nous semblant inutile, nous voulons finir rapidement cette première étape et nous faire transporter le plus vite possible à Malaga ou à Tanger, enfin dans les environs immédiats du détroit de Gibraltar. Nous serons alors à pied d'œuvre pour nous lancer sur l'Atlantique.

Le mardi 10 nous trouve, au coucher du soleil, à quelques dizaines de mètres de la pointe nord-ouest. Le vent qui, quoique très faible, nous avait menés jusque-là, nous abandonne au moment de franchir le cap Minorque. Pas une baie, pas une crique, pas un fond sur lequel nous puissions jeter notre ancre. Pour comble de malheur, le vent de terre nous rejette vers le large. Minorque, terre promise, va-t-elle de nouveau disparaître? Allons-nous de nouveau recommencer le cercle infernal dans le golfe de Valence? Nous essayons de nouveau de stopper notre dérive vers le nord par l'ancre flottante. Malheureusement, le courant également nous porte au nord et c'est avec désespoir que le mercredi 11 juin, dix-huitième jour de voyage, nous nous réveillons au moins à 15 milles de cette côte tant désirée.

Mais bientôt, nous reprenons courage. Une petite brise de mer s'étant levée, nous nous rapprochons de nouveau, lentement, de la côte, toujours vers la pointe ouest — cap Minorque. Nous savons qu'une fois franchi ce cap, à un mille environ au sud, se trouve un petit port, Ciudadela, qui nous semble un havre de grâce. Et quelle joie vers dix heures du matin quand nous apercevons enfin, longeant la côte, une dizaine de barques de pêche qui s'égaillent dans toutes les directions. Aucune ne semble nous avoir remarqués. Cependant, l'une d'entre elles part lever des casiers au nord-est de nous. Il est impossible qu'elle puisse revenir sans nous rencontrer. Nous sommes décidés à demander une remorque jusqu'au port. Cependant, on ne nous a toujours pas aperçus. Allons-nous franchir ce cap Minorque tant désiré? Au moment où nous allons l'atteindre, le vent nous abandonne encore. Tout va-t-il recommencer? Non, à vingt mètres de la côte, une barque de pêche s'approche, nous passe une remorque et, dix minutes après, croyant rêver, nous faisons notre entrée dans ce charmant petit port qui, en quelques minutes, allait à la fois nous adopter et nous séduire. Séduction d'ailleurs dangereuse pour mon compagnon qui, merveilleux de cran, d'endurance et d'égalité de caractère à la mer, ne savait pas résister à la douceur des escales.

Notre entrée attira un grand concours de population. Sur la pointe de l'avancée se trouvait un officier espagnol, d'un certain âge, au regard brillant d'intelligence. Ayant vu notre pavillon il s'adressa à moi, qui, soutenu par deux aimables assistants, me tenais péniblement sur mes jambes. Une conversation rapide s'engagea :

— Vous êtes Français?

— Oui.

— D'où venez-vous?

— De France.

— Avec ça? dit-il, en regardant *l'Hérétique.*

— Oui.

— De quel port?

— Monte Carlo.

— Cher monsieur, pour que je croie cela...

Je lui tendis une coupure de journal ayant relaté notre futur départ.

Alors, devant notre pavillon, ce vieil officier espagnol se recula, se mit au garde-à-vous et dit :

— Eh bien, messieurs, vive la France!

Emu, je lui fis alors vérifier l'intégrité de nos vivres de secours.

Quel contraste avec les quarante-huit heures précédentes. D'abord, au plus vite, des télégrammes aux nôtres. Ensuite, un grand verre de bière bien glacée qui nous sembla un bienfait des dieux, nous fut servi dans un café dont l'hôtesse se montra pour nous maternelle durant tout notre séjour.

Et l'enchantement d'une terre de rêve commença. Nos guides, devenus nos amis, nous révélèrent les richesses et les séductions de cette heureuse petite île.

Merci à toi, Guillermo, qui nous introduisit dans des demeures où se rencontrent les souvenirs des conquérants, Maures, Français, Anglais et Espagnols, avec les meubles de la reine Anne, les armes espagnoles et les merveilleux manuscrits flamands... A toi qui m'a dit un jour : « Cette maison est la tienne », ce qui, dans la bouche d'un homme de ta race, n'est pas un vain mot.

C'est toi, Augustin, qui m'as fait goûter les mets typiquement minorquins, notamment cette *Sobrasada* dont je garde encore le souvenir cuisant.

C'est vous, Fernando et Garcia, qui m'avez révélé ces petites criques confortables où mérous, mulets et bars s'ébattaient à me faire rêver, moi, pêcheur si longtemps bredouille.

Une seule chose aurait pu me manquer : mais mon autre amour, la musique, fut présent à cette halte inoubliable. Guillermo m'emmena le dimanche suivant chez un compositeur minorquin, où je rencontrai le merveilleux pianiste majorquin Don Mas Porcel, élève d'Alfred Cortot, et Bach, Falla, Schumann et Debussy m'imprégnèrent de nouveau. Comme cela allait être dur de repartir!

Pourtant, le lundi, aidés par nos amis marins qui nous encourageaient et par le merveilleux *Adjudante Militar de Marina* Manuel Despujol, qui nous avait si bien reçus à l'arrivée, nous quittions le délicieux petit port sous les applaudissements des assistants. Un sardinier nous remorquait vers Alcudia, environ cinq milles en dehors de la côte minorquine.

Ce qui devait pour nous devenir familier se produisit pour la seconde fois. Après une dizaine de minutes, la remorque était lâchée, et nous fûmes de nouveau seuls. Notre route était courte, cette fois : nous voulions atteindre Majorque, distante de quarante milles. Nous pouvions y être le lendemain matin, aux petites heures. Le grand problème était d'éviter d'être rejetés vers la côte nord, chose assez difficile car nos dérives, mal fixées et mal utilisées, ne tenaient plus, et le vent soufflait du sud-est. Le point qui nous semblait le plus aisé à atteindre était Alcudia, le port de la côte nord-est. Pourtant, tout semblait se passer très bien et la matinée du mardi 17 nous trouva en bonne voie au milieu du chenal. Nous rencontrâmes plusieurs sardiniers qui nous saluèrent amicalement. Le séjour à terre n'avait pas été trop long et nous nous étions très rapidement réhabitués à la vie de *l'Hérétique*. Nous avions d'ailleurs pris quelques vivres, jugeant inutile l'expérience entre les deux îles. Les vivres de secours étaient toujours précieusement conservés pour l'Atlantique. Enfin, vers dix-huit heures, cette île chérie de Minorque, assez basse sur l'horizon, disparut à l'est, cependant que Majorque, majestueuse et hautaine, se précisait dans le soleil couchant.

Tout se déroula au mieux. Les lumières d'Alcudia se précisèrent, nous en étions à environ cinq milles.

Tout à coup, calmement, suivant son habitude, Jack qui était à la barre m'informa : « Alain, nous dérivons terriblement vers le nord, le vent est, maintenant, plein sud. Je n'aime pas ça du tout car les deux vents sud et nord amènent de terribles tempêtes dans le détroit. Enfin, essayons encore. »

Hélas! les rocs escarpés de Majorque défilèrent devant nous. Nous allions être jetés de nouveau dans le golfe de Valence! Une seule solution, l'ancre flottante. Décidément, quelle mer désespérante! Quand l'aurons-nous quittée, quand trouverons-nous enfin les vents réguliers? Vraiment, je me le jurai bien, jamais plus je ne me lancerais dans la Méditerranée sans avoir au moins un moteur auxiliaire. Une nuit d'inaction à passer encore. Qu'allait nous apporter le lendemain? Nous commencions à être las de la Méditerranée.

C'est avec une véritable appréhension que nous regardâmes autour de nous au début de la matinée du 18. Le vent était tombé, mais nous constatâmes avec désespoir que nous étions à peu près dans la même position que le mardi 10, à la même heure, peut-être un peu plus au large; à vingt milles environ au nord-est de la pointe N.C. de... Minorque. Tous les problèmes : franchir le cap, traverser le détroit, étaient à résoudre de nouveau.

Pour comble de malheur, le vent du nord commence à souffler en tempête. Loin des côtes, nous ne craignions rien, mais ici, entourés de falaises, c'était terriblement dangereux. Une seule chose à faire, tenter de retourner à Ciudadela, où nous attendrons que le temps se calme. Il faut aller vite car le vent devient de plus en plus violent. Très rapidement, en quatre heures environ (soit une moyenne de cinq nœuds), nous sommes très proches de la terre. Mais la mer est déchaînée, et il va nous être impossible de franchir ce cap fatidique. Au moment où nous nous décidons à revenir vers l'est pour entrer dans une baie où nous pourrons trouver un calme relatif, une barque de pêche nous croise, nous passe une remorque. Mais cette fois-ci, la manœuvre est plus difficile, beaucoup plus difficile : à chaque vague, la remorque se relâche et se tend ensuite avec une violente secousse et un bruit semblable à un *pizzicato*.

Tout va bien tant que nous sommes le nez dans la vague, mais Jack ne cache pas son inquiétude : « Que va-t-il se passer quand nous allons être en travers de la vague avant d'être vent arrière? » Brusquement, la corde se tend alors que nous sommes sur une crête, la vague déferle à cette seconde précise. *L'Hérétique* se retourne, nous sommes à l'eau. Je nage vigoureusement tandis que Jack me crie : « La corde, Alain, la corde! » Je cherche une corde à lui jeter, très surpris car il nage fort bien, mais il explique : « J'ai une corde autour des jambes, je ne peux pas nager. » Heureusement, le bateau remorqueur approche et nous nous hissons à bord. A ce moment, encore à demi dans l'eau, je m'écrie : « Jack, l'expérience continue, n'est-ce pas? » Il me répond, avec son flegme britannique : « Qui en doute? » Brave Jack! Quand je disais qu'à la mer tu étais un type merveilleux. Pourquoi faut-il qu'il y ait des escales!

L'Hérétique a l'air d'une tortue retournée sur le dos. Peu à peu, de la tente qui les a retenus, sortent des objets qui surnagent. Bravant le danger, qui augmente à chaque minute, d'être jetés à la côte, les pêcheurs espagnols tournent autour des lieux du « naufrage ». A chaque objet qui apparaît, je plonge pour récupérer le maximum : c'est d'abord la voile, puis les sacs imperméables (Dieu soit loué, les films impressionnés sont sauvés), quelques pellicules, l'aviron, les sacs de couchage... Manquent hélas! à l'appel, la camera, les appareils photographiques, le matériel radio, le compas, les jumelles. Le mât est brisé, la tente est crevée.

Nous entrons l'oreille basse dans le port de Cuidadela, *l'Hérétique* à la traîne. Que s'est-il passé?

Nous étions remorqués trop rapidement et dans

une position que notre navigation à la voile ne nous permettait pas. D'où un couple de torsion vent traction qui, combiné avec une vague déferlant malencontreusement, nous a retournés. Moralité : ne jamais nous faire dériver avec un vent même favorable sans jeter l'ancre flottante pour recevoir les vagues par le nez.

Enfin, nos vies sont sauves, le bateau est intact, notre volonté n'est pas atteinte, et c'est le principal.

CHAPITRE V

LA BATAILLE DU MATERIEL ET TANGER

Aussitôt débarqué, j'envoyai un télégramme pour obtenir le remplacement du matériel que nous avions perdu et dont nous avions besoin. La réponse ne se fit pas attendre : « Jean Ferré arrive à Palma. » Jean était donc probablement déjà à Palma. Nous n'avions qu'à nous laisser vivre, en attendant le délégué des « membres à terre ». Jeudi, je partis de très bonne heure, pour une grande séance de pêche sous-marine.

Je pêchais tranquillement avec Fernando, le champion de pêche sous-marine de Minorque, quand un gamin surgit en estafette pour me prévenir que deux Français, qui m'apportaient des nouvelles de ma femme, nous demandaient. « Ça y est, Jean est arrivé », pensai-je. J'enfourchai ma bicyclette pour abattre cinq kilomètres sous un soleil torride, arriver au port et tomber sur deux inconnus qui s'étaient emparés du journal de bord de Jack et le copiaient avec impudence. Un peu surpris, je reçus néanmoins de mon mieux mes compatriotes et leur expliquai les buts de notre expérience. Ils en savaient déjà long car ils avaient interrogé le commandant du port et pris le temps de compulser notre rapport de mer.

Toute la matinée, les deux hommes me harcelèrent de questions, puis nous poursuivirent chez des amis.

qui nous avaient invités à déjeuner, et où ils nous photographièrent avec un parfait sans gêne. J'appris alors qu'en fait ils ignoraient même jusqu'à l'adresse de Ginette. Satisfaits d'eux-mêmes, les deux reporters s'envolèrent alors vers Palma, nous laissant plutôt pantois. Allons, c'était décidé, nous ne nous dérangerions plus pour de tels importuns.

Le vendredi matin, la comédie recommença : deux Français étaient arrivés; ils nous demandaient. Aussitôt, nous filâmes pour ne pas les voir. Une heure après, à Ciudadela, déboulaient, suants, soufflants et furieux... Jean Ferré et Sanchez, consul de France à Mahon, persuadés que le soleil méditerranéen nous avait tapé sur la tête et que nous étions bons à enfermer.

Les nouvelles étaient mauvaises. Le promoteur de l'expédition refusait de nous aider plus longtemps.

Quelle était la raison de cet abandon subit? Presque tous les journaux, qui nous prenaient à la blague, avaient déclaré, après la rencontre avec le *Sidi-Ferruch*, que l'expédition Bombard avait échoué. Il fallait en avoir le cœur net... Laissant Jack à Minorque, je décidai d'aller à Paris, *via* Majorque. Dans la grande île, tout nous fut facilité par M. de Fréminville, consul de France, et le lundi 23 juin nous filions sur Paris. Je ne parlerai pas de ce voyage en voiture qui fut, peut-être, une des plus dangereuses étapes : 8 heures du matin : Valence; 12 h. 30 : Madrid; 19 heures : Saint-Sébastien; 6 heures du matin : Poitiers. Un record en somme!

A Paris, la lutte allait commencer. Je ne voulais qu'une chose, obtenir le matériel nécessaire à la réparation de mon esquif pour continuer le voyage. De toute évidence, on ne nous prenait plus au sérieux. De toutes parts, se préparaient des expéditions dont certaines relevaient de la plus haute fantaisie : Ken

Tooky, traversée San-Sébastian-Dublin en canoë, traversée du Pas de Calais en scooter. Et l'on nous mettait tous dans le même sac. Nous faisions rire. De leur
côté, si les constructeurs n'avaient pas complètement
perdu confiance, ils hésitaient cependant à nous aider.
Quant à notre mécène, subjugué par les « spécialistes » triomphants, il se refusait à financer quoi que
ce fut, sous prétexte qu'il ne voulait pas « aider à
mon suicide ». Il ne se rendait même pas compte qu'il
diminuait de façon dangereuse les conditions de notre
sécurité. Que s'était-il passé? Pourquoi essayait-on
maintenant de stopper l'expédition?

Je commençai à percevoir les raisons de ce revire-
ment. On avait pensé que nous échouerions en quelques jours sur la côte italienne. Maintenant que nous
avions quelque chance de réussir, on s'affolait. Je ne
tenais pourtant pas à prouver l'inutilité du matériel
de sauvetage, mais seulement à montrer que, si ce
matériel manquait ou était incomplet, le naufragé
pouvait sauver sa peau. Des intérêts qui me restaient
étrangers entraient en jeu. La manœuvre se précisa
à Tanger, où mes soupçons se transformeront en certitude. L'expédition était en danger. Cependant, après
des discussions épuisantes, j'obtins du matériel de
réparation. C'est donc plus las et démoralisé que je
repartis le dimanche 29 juin pour Palma de Majorque. Jack et l'*Hérétique* devaient nous y rejoindre
par le vapeur *Ciudadela*. De là, nous allions essayer
de pousser le plus loin possible vers le détroit. Si nous
devions nous arrêter quelque part, nous étions décidés
à nous faire transporter jusqu'à Tanger. Là, les gens
penseraient ce qu'ils voudraient, mais il deviendrait
difficile de nous arrêter dans notre expérience atlantique. Je craignais cependant que des manœuvres me
fassent retirer mon permis de navigation. Adieu alors
l'expérience! L'on ne dirait probablement pas :

« Il n'a pas pu faire son expérience », mais : « Vous voyez qu'il ne peut pas faire son expérience, c'est donc que sa théorie est fausse! »

C'est peut-être cette crainte qui allait me donner la force d'aller jusqu'au bout.

Le matériel de rechange arriva par avion : un mât, deux dérives, un compas et quelques bouquins. Dieu seul sait les difficultés que nous eûmes avec la douane pour ce malheureux matériel! Sans M. de Fréminville, nous serions encore, je crois, en train de discuter. Enfin, tout fut amené au Yacht-Club, qui nous avait offert sa généreuse hospitalité, et le dimanche matin tout était prêt. Jack décida alors de partir assez tard dans la nuit, pour profiter du vent de terre qui nous pousserait hors de la baie. Pour une fois, nous avions décidé de sortir du port par nos propres moyens. Nous allions tenter de gagner, soit l'Afrique, soit la côte espagnole.

Ce départ fut beaucoup moins solennel que le premier. Nous ramions lentement, Jack et moi, accompagnés par une petite barque du club. Le vent d'est se leva. Adieu Majorque. Une fois de plus, un départ était pris.

Cette fois-là, ce fut une croisière de plaisance. Le lundi matin, encore à proximité de l'île, je pêchai quelques beaux mulets. La subsistance était largement assurée. Quelle magnifique journée! Le vent nous poussa dans une bonne direction. Jack espérait pouvoir atteindre Alicante, sur la côte sud-est d'Espagne. De là, nous tâcherions de « caboter » le plus possible jusqu'à Malaga. Mais nous étions également décidés, dès que le vent nous abandonnerait, à profiter de la première occasion pour gagner Tanger à bord d'un cargo. Il devenait vital pour notre expédition d'atteindre l'Atlantique et de franchir les « Colonnes d'Hercule ». L'une des sept merveilles du monde

commençait véritablement à nous fasciner. Notre soif
d'expériences se trouvait à l'étroit dans cette mer
fermée. Elle ne pourrait prendre son expansion que
dans l'océan. Il commençait à faire sérieusement
chaud. Je me baignais tous les jours; Jack préférait
s'abstenir. Dans la soirée de lundi, Majorque s'était
peu à peu estompée. Nous essayâmes de gagner le plus
au sud possible d'Ibiza. Dans la matinée de mardi,
nous aperçûmes cette côte par tribord avant. Le vent
continuait à nous être favorable. Nous nous nourris-
sions grâce à une pêche sous-marine fructueuse. De
temps à autre, des marsouins venaient nous rendre
visite. Dans la soirée du mardi, vers seize heures,
nous constatâmes avec inquiétude que, malgré le vent
qui devait nous pousser, il nous était impossible
d'avancer. Un courant annulait notre avance vers
l'ouest.

Si le vent se retournait, nous allions être rejetés
sur Majorque. Nous décidâmes de raser la côte et de
jeter *l'Hérétique* sur une des nombreuses petites
plages qui la bordaient. Aux avirons! Oh hisse! Oh
hisse! La côte semblait toute proche, mais ce n'est
qu'à la nuit tombante que nous l'approchâmes. Nous
étions effrayés par les centaines de récifs qui nous
entouraient. Enfin, au moment où tout devenait
obscur, nous trouvâmes une petite baie, féerique tant
l'eau y était claire. La nuit était chaude et très étoilée.
Quel bonheur de dormir à terre! Nous étions à quinze
milles environ de la capitale de l'île. Tant pis, c'était
décidé, dès que possible nous la gagnerions, pour
nous embarquer en direction de Tanger. Il devenait
inutile de tourner en rond en Méditerranée.

Un charmant fermier nous invita à boire un vin
aigre et combien purgatif. Il ne connaissait rien des
événements mondiaux, ignorant jusqu'aux noms de
Truman, Staline et Eisenhower. Nous n'imaginions

pas qu'il pût encore y avoir au monde des êtres aussi reposants. Quelle nuit délicieuse sous les étoiles et sur une confortable couche d'aiguilles de pin! Nous avions l'impression d'être dans un autre monde.

Le lendemain, Jack me demanda d'aller à la pêche. Je plongeai et ramenai presque aussitôt un bar magnifique. Tout le jeudi et le vendredi se passèrent dans ce repos forcé au milieu de hautes falaises rouges, surplombant un fond multicolore digne des atolls coralifères, zébré d'éclairs lumineux par les poissons qui reflétaient le soleil au passage. Nous fûmes presque déçus en constatant le samedi, vers 6 heures du matin, que le vent s'était levé et pouvait nous porter vers le port d'Ibiza. Nous quittâmes ces lieux enchanteurs, osant à peine rider de nos avirons le miroir uni de cette baie accueillante, dernière vision de paix avant d'être saisis par la houle de la mer. Dès la sortie de notre abri, il nous fallut souquer plus dur. Le vent était retombé, mais enfin nous profitions de ce qu'il ne soufflait pas contre nous. Hélas! hélas! et ceci semble une rengaine, vers midi il se leva de nouveau contre nous, et il fallut aborder une petite baie près d'un îlot appelé Tagomango, la plage d'Es Cana.

Nous commencions à prendre goût à ces escales improvisées et, avec cette belle insouciance qui le caractérisait, Jack se demanda quelle nécessité nous poussait à repartir toujours sur cette mer ingrate. Le soir du 12, deux gardes civils nous abordent, et l'un d'eux nous dit en caressant son fusil :

— Il est interdit d'aborder ailleurs que dans un port. Reprenez tout de suite la mer.

— C'est impossible, le vent est contraire.

— Nous n'avons pas à le savoir, dit-il alors, rouge de colère.

— Bon, eh bien, Messieurs, embarquez avec nous, vous verrez.

Le coup porte et les deux représentants de l'adjudantisme international paraissent démontés. Finalement, après consultation, le quartier général donna l'ordre de nous laisser attendre le bon vent pour repartir.

Le lendemain, je nage, en quête du déjeuner, mes lunettes sur la tête, quand deux charmants pieds que prolongent deux jambes ravissantes transforment mon horizon sous-marin. Ces deux jambes appartiennent à Manuela, sœur aînée de trois Chiliennes. Le bain se termine à cinq, assis en rond dans la mer en mangeant une pastèque. Manuela avait emporté un Mallarmé que je feuillette. Je m'attarde :

... Je partirai! Steamer balançant ta mâture,
Lève l'ancre pour une exotique nature!
Un ennui, désolé par les cruels espoirs,
Croit encore à l'adieu suprême des mouchoirs!
Et peut-être les mâts, invitant les orages,
Sont-ils de ceux qu'un vent penche sur les naufrages
Perdus, sans mâts, sans mâts, ni fertiles îlots...
Mais, ô mon cœur, entends le chant des matelots!

Le temps change, la crête des arbres s'incline vers l'ouest. Le vent est revenu. Nous partons. Le même jour nous entrons dans le port d'Ibiza. Le Yacht-Club nous reçoit avec cette si accueillante hospitalité espagnole. Décidés d'en finir avec la Méditerranée, nous nous embarquons le vendredi sur le *Ciudad-de-Ibiza,* qui nous conduit à Alicante.

En raclant nos poches, nous trouvons de quoi payer notre billet sur le *Monte-Biscargui* comme passagers de pont, non nourris, de Alicante à Ceuta. Regardés avec méfiance au début, nous sommes ensuite merveilleusement bien traités par tout l'équipage. Les passagers me promettent un concert quand je passerai à Bilbao.

Sous la conduite du premier officier mécanicien, nous visitions chaque escale. Le radio se montrait sympathique, bien qu'un jour de « cuite » il avoua nous considérer comme *un poco locos* (un peu fous).

Le capitaine m'offrit une chemise, la mienne ayant été déchirée par le vent. Jack reçut les chaussures du radio; nous mangions grâce au steward.

CHAPITRE VI

BILAN DES PREMIERS RÉSULTATS
ET L'ARRIVEE A TANGER

QUELLES conclusions peut-on déjà tirer de cette première partie de notre expérience?

La boisson. Pendant trois jours pour moi et deux
en ce qui concerne Jack, nous avons bu de l'eau de
mer, du 25 au 28 mai. Durant ce temps, les urines
émises ont été normales, il n'y a pas eu de sensation
de soif, mais il ne faut pas attendre la déshydratation pour boire de l'eau de mer. Nous avons réussi
à diminuer considérablement la soif en exposant au
soleil notre face recouverte d'un linge humecté d'eau
de mer. Les deux jours de mérou nous ont fourni,
comme prévu, eau et nourriture; le seul inconvénient
consiste en ce qu'une réalimentation trop rapide présente un danger. Six jours d'eau de mer ont suivi et
nous avons effleuré alors la limite de sécurité — puis
deux autres jours — aucun inconvénient rénal n'a été
noté. Autrement dit, durant quatorze jours, nous
avons bu de l'eau de poisson quatre jours, et de l'eau
de mer dix jours. Le fait d'interrompre ce régime
d'eau de mer nous a permis, sans inconvénient, d'en
doubler la durée.

La nourriture. La faim se manifeste de la façon
suivante : douleurs à type de crampes à irradiations

antérieures aux deux épaules le premier et une partie du deuxième jour.

Le troisième jour, ces douleurs cessent et font place à une somnolence et à une fatigue permanentes. Il est important, pour diminuer les besoins alimentaires, de provoquer la « mise en veilleuse » de l'organisme et de vivre une vie pratiquement végétative.

Notre tension artérielle a à peine varié, mais, à ce sujet, je crois que l'expérience n'a pas duré suffisamment pour être concluante.

Grand danger d'ophtalmie et de conjonctivite, du fait de l'importante réfraction solaire sur la surface brillante de la mer.

Enfin, j'ai constaté qu'aucun des inconvénients signalés à la suite de l'absorption d'eau de mer, diarrhée, vomissements, n'était apparu ni chez mon compagnon ni chez moi-même. Au contraire, nous avons présenté une constipation opiniâtre sans gêne, sans douleur, sans blanchissement des muqueuses et de la langue, sans haleine fétide, pendant douze jours. Il est vrai que les gaz continuaient à être abondants.

Pas de lipothymies[1].

La peau était sèche dès le troisième jour, mais nous n'avons jamais présenté de petechies[2].

Pas d'œdème des chevilles; chez moi, pendant deux jours, grosse bouffissure de la face évidente sur le film. Mauvaises cicatrisations et tendance marquée à la suppuration.

J'ai présenté le cinquème jour un abcès dentaire de la première molaire inférieure droite qui, ensuite, s'est correctement collecté, laissant pourtant une induration et une douleur diffuse. Les muqueuses n'ont

---

1. Tendances à la syncope.
2. Taches rougeâtres sur la peau

été sèches qu'au début, particulièrement les labiales.

Entrer dans les détails n'est pas ici mon propos. Je voudrais cependant donner un aperçu sur mon matériel, et parler de mon compagnon. Le matériel n'a pas trahi mes prévisions; malgré les plus fortes lames, il a tenu le coup en toutes circonstances. Deux choses à fortifier seulement : le mât et l'implantation des dérives.

Quant à Jack, il s'est révélé à la mer le plus parfait des équipiers. En réussissant à traverser de Monaco aux côtes espagnoles, il a accompli un tour de force que beaucoup de marins avisés croyaient impossible : les meilleurs experts nous attendaient au mieux en Corse ou en Sicile. De plus, il s'est montré un compagnon actif, courageux et désintéressé. Il voulait toujours prendre les places les moins confortables : il était toujours prêt dans les moments les plus durs; jamais une plainte ne s'est échappée de ses lèvres, jamais il ne s'est montré plus pessimiste que la situation ne l'exigeait. Il a prouvé que faire le point sur un esquif aussi rudimentaire était possible. En aucun moment il n'a perdu confiance. C'était le compagnon rêvé pour une telle expérience.

Jack Palmer m'aurait accompagné et même entraîné jusqu'au bout, si seulement j'avais pu prévoir qu'une trop longue escale signifierait pour lui découragement et abandon. Il m'a conduit à Tanger, à pied d'œuvre pour ma grande expérience atlantique. Sans lui, jamais je n'y serais parvenu.

●

Enfin, Ceuta! C'était un jour férié. Personne ne travaillait et le capitaine refusa d'aller plus loin pour nous dropper dans la baie de Tanger. Il se refusait même à écouter nos arguments. Enfin, le radio étant intervenu en notre faveur, il accepta de nous conduire devant Tanger si nous obtenions la triple autorisation de la police, de la douane et du port. Il était 10 h. 30, le bateau partait en principe à 15 heures. Et tandis que nous nous éloignions, le capitaine s'esclaffait : « Quant à l'autorisation, un jour de fête, et dans trois administrations encore, je suis bien tranquille! » A 12 h. 30, tout était terminé. Les autorités espagnoles avaient rempli les formalités sur simple requête, aussi bien la police que la douane; quant au commandant du port, il avait fait porter sur le livre de bord du *Monte-Biscargui* l'ordre de nous dropper devant Tanger.

A 9 heures G.M.T., le *Monte-Biscargui* sortit du port de Ceuta et à 21 h. 30 *l'Hérétique*, après avoir été gonflé sur le pont, fut posé à la mer. Le capitaine, très sceptique sur les suites de notre expérience, reconnut malgré tout que par un temps pareil jamais une baleinière n'aurait pu être mise à l'eau, car par vent un peu fort le détroit s'agite et bouillonne. Le *Monte-Biscargui* nous salua une dernière fois de sa sirène. Et nous voilà partis dans l'obscurité vers les lumières de la ville internationale où j'allais rencontrer des amitiés actives et efficaces, mais aussi des ennemis redoutables qui nous sépareraient, mon compagnon et moi.

A minuit, nous arrivâmes à Tanger. Dans l'obscurité du port, nous accostâmes au Yacht-Club. La Méditerranée était maintenant derrière nous!

Tanger est une grande et belle ville. Le préjugé national a perdu ici toute signification. Lorsque je me rendis au Consulat, le lendemain matin, pour y prendre mon courrier, M. Bergère, le vice-consul, se mit à ma disposition pour m'obtenir mon billet d'avion vers la France, payable à Paris. Mieux encore, M. Mougenot m'avança l'argent pour payer ledit billet. Le Consulat m'avait prêté de quoi acheter des habits décents et descendre à l'hôtel.

Erreur fatale à notre équipe, j'abandonnai Jack le lundi 28 juillet afin de monter à Paris. Pour se lancer dans l'Atlantique, il devenait, en effet, indispensable de changer *l'Hérétique*. Nous ne pouvions tenter, pour la première fois, une expérience de ce genre sans mettre toutes les chances de notre côté. Or, non seulement notre canot pneumatique, venait de parcourir plus de 1.000 milles, en Méditerranée, mais il avait, auparavant, servi pendant trois années. Notre « mécène » en avait fait préparer un neuf. Il s'agissait de l'obtenir.

Grâce à l'amabilité des dirigeants d'Air France, je pus arriver le jour même à Paris.

A Paris, l'atmosphère s'était encore gâtée un peu plus depuis mon dernier déplacement. Plus un sou devant nous. J'allai voir notre « mécène » à qui j'exposai les premiers résultats; j'insistai sur les raisons pour lesquelles je devais continuer. A la fin de notre entretien, il m'ouvrit les bras et me dit : « Que vous continuiez avec ou sans moi, je suis prêt à vous aider. »

Il donna l'ordre de me faire livrer le bateau. L'expédition continuait. Rendez-vous fut pris pour le dîner. Entre-temps que se passa-t-il? Je l'ignore encore, toujours est-il que s'étant de nouveau ravisé, il refusait de nous accorder le bateau. Il voulait à tout prix nous empêcher de continuer. Je le décidai alors à venir à Tanger, persuadé que Jack saurait le convaincre.

Avant de repartir, les conversations que nous avions eues avec des ingénieurs auraient dû lui montrer l'intérêt des résultats que j'avais obtenus.

En réalité, il me parut beaucoup plus intéressé de savoir si les naufragés pourraient utiliser un pulvéri-

sateur ou un distillateur à pile pour dessaler l'eau de
mer ou si un moteur mû par une ficelle faisant le tour
de l'embarcation pouvait fonctionner! Et moi qui par-
tais pour démontrer que l'on pouvait vivre en mer...
sans vivres ni brevets. Animés apparemment au départ
du même idéal, nos intentions s'avéraient maintenant
bien différentes! Ayant obtenu alors directement de
la fabrique le canot pneumatique neuf, je regagnai
Tanger avec l'objet de mes rêves. Mon « mécène »
m'accompagnait. Ce jour-là nous eûmes une longue
conversation avec Jack. Se faisant l'avocat de la théorie
officielle, notre « mécène » voulait le persuader
qu'une embarcation pneumatique ne pouvait tenir
plus de dix jours en mer. Ce n'était quand même pas
à nous qu'il fallait dire cela, et Jack en fut indigné.
Je pensai alors que tout était gagné et que notre promoteur nous accorderait l'aide dont nous avions
besoin. Il me proposa d'acheter une radio réceptrice,
pour que nous ayons une heure sûre qui nous permette de faire le point.

— C'est très cher, lui dis-je.
— Combien?
— Ici, à Tanger, cinquante à soixante mille francs.
— Et en France?
— A peu près le double.
— Je vous l'offre.

Nous allons chez le marchand, notre homme paie,
fait rédiger la facture : « Dr Bombard, Musée Océanographique, Monaco. » Le lendemain il partait... em-
portant la radio.

L'ATLANTIQUE

CHAPITRE VII

DÉPART DE TANGER

Depuis quelques jours Jack a changé. Son enthousiasme s'éteint peu à peu. J'apprendrai plus tard qu'il a confié à l'un de nos amis :

« Si Alain me laisse ici plus longtemps, je ne pourrai plus partir... »

Pour compenser ces mécomptes, les aides arrivent : M. Cleemens nous offre des engins de pêche, le Club nautique nous reçoit princièrement. Mougenot me met en contact avec Le Guen, ancien radio de Leclerc, pour obtenir un poste de radio, M. Tarpin, un papetier, m'offre une paire de jumelles, M. Bergère me dépanne au dernier moment.

Malgré ces sympathies actives, l'attente est interminable. Jack trouve toujours une raison de remettre le départ : le vent, la marée, la saison. C'est le navigateur, je m'incline. Un jour pourtant, j'apprends par un chauffeur de taxi ce que tout le monde, sauf moi, sait à Tanger. Jack est décidé à tout faire pour m'empêcher de continuer et il est convaincu que jamais je ne pourrai partir seul. Un instant découragé, j'envisage de tout laisser là. Mais alors, que dira-t-on? : « Vous voyez bien, ce n'était pas possible, la théorie est fausse. » Non! Je sais qu'elle est vraie. Je le prouverai, je continue.

Enfin, poussé, tiré, Jack s'y met sans enthousiasme.

Il m'a d'abord proposé de repartir en Méditerranée. J'ai tenu ferme. L'attaché naval américain, Pilots-Charts[1] en main, a affirmé qu'aller à Casablanca, à plus forte raison aux Canaries, est impossible. Je *sais* que c'est possible. Pendant un an, j'ai étudié les courants au Musée Océanographique. La saison n'est pas trop tardive. Au contraire, je sais que dans un mois nos chances seront maxima.

De mauvaise grâce, après avoir objecté la marée, les vents, l'absence de cartes, Jack accepte d'essayer le lundi 11 août. Mais comme je sais qu'il n'est pas convaincu, le doute entre dans mon esprit : il lui suffirait de tourner le bateau pendant mon sommeil et je me réveillerais en Méditerranée. Passer son temps à se surveiller mutuellement, quel programme! Or, le vent d'est s'est levé. Nous en avons probablement pour trois jours. Admirable occasion de franchir le détroit de Gibraltar, ce fleuve qui s'engouffre dans la Méditerranée. Une barque espagnole nous remorque. Quelle surprise anxieuse quand, au lieu de nous faire conduire à l'ouest, vers l'Atlantique, Jack donne l'ordre :

— Vers le cap Malabata.

C'était la direction de l'est, de la Méditerranée. Il prétexte alors qu'il nous faut attendre à l'abri que le vent soit moins violent!

La mer est, en effet, assez forte, mais si nous ne profitons pas du vent favorable, il nous sera impossible d'entrer dans la « gueule du monstre ». Cette expression correspond bien à ce que je ressens : nous

---

1. Les Pilots-Charts sont des cartes spéciales, éditées régulièrement tous les deux ou trois ans, par la marine anglaise et américaine, qui portent notamment les indications des vents et des courants. En dehors, d'ailleurs, des régions où ces vents et ces courants possèdent une certaine constance, elles peuvent donner lieu à de multiples interprétations.

devons quitter la Méditerranée pour entrer dans quelque chose de beaucoup plus grand, qui me semble
démesuré. L'Atlantique, cet océan qui a englouti un

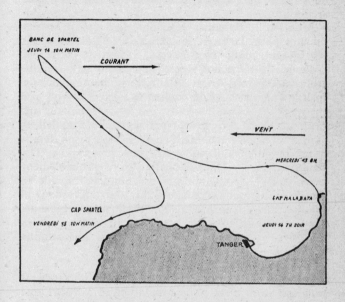

DÉTROIT DE GIBRALTAR - SEULE EST VISIBLE SUR LA CARTE
LA RÉGION DE TANGER.

continent pour lui prendre son nom, que serait-ce
pour lui de submerger notre frêle esquif!

La barque espagnole nous tire régulièrement vers
l'est et nous nous arrêtons sur une petite plage, au
pied de la maison d'un ami, le comte Ferreto Ferreti.
Toute la journée du mardi se passe dans l'oisiveté.
Dans la matinée du mercredi, le vent tient toujours.
Jack part pour Tanger vers neuf heures du matin.

pour faire quelques courses et revenir rapidement.
C'est le dernier jour de vent favorable, il faut partir
à dix-huit heures au plus tard. A dix-huit heures, pas
de Jack. Je suis à bout, je sens que je vais tout rater
si j'hésite.

Aidé par le douanier Jean Stodel, à qui je remets
un mot pour Jack : « Je prends la responsabilité de
partir seul, pour réussir cela il faut y croire; si
j'échoue, c'est un non-spécialiste qui en sera respon-
sable. Au revoir, frère. Alain », je pars, plein de
colère, d'ambition et de confiance.

CHAPITRE VIII

SEUL A BORD

Mon premier but était de franchir le détroit et de
gagner le plus possible au large pour rencontrer le
« courant des Canaries ». La côte m'effrayait, et je
m'en écartais le plus possible, naïf que j'étais. Je ne
pensais pas à ma solitude, car il fallait se battre. Il
ne s'agissait de rien de moins que de passer d'un
monde dans un autre. Quitter la Méditerranée pour
l'Atlantique n'est pas une simple affaire. En quelques
milles, c'est pénétrer dans un autre espace et dans
un autre temps. L'unité de référence allait, de la
journée, devenir la semaine, du mille, la centaine de
milles. Mais pour gagner l'Atlantique, il fallait,
comme les prétendants des contes d'Orient, satisfaire
à une épreuve presque impossible. Quiconque a vu,
en période d'inondation, l'eau déferler à six ou sept
nœuds, écrasant tout sur son passage, peut se faire
une idée de la force du torrent contre lequel je lut-
tais. Pour remonter de pareils courants, il faut aux
grands saumons du nord cette force nouvelle, exi-
geante, inlassable, que leur donne l'Amour. Pour
franchir le détroit, il me fallait, à moi, la force de
l'Aventure, le grand désir du champ libre, l'appel de
l'Océan qui déferlait contre moi comme pour m'empêcher d'y répondre. Heureusement, pour forcer ce
barrage, j'avais un allié, mais dont le temps était
compté : le vent d'est. Courant d'air contre courant

de mer : telle était la partie qui se jouait. Il me fut impossible de dormir cette première nuit. Toute inattention de ma part me rejetterait définitivement dans le déversoir méditerranéen. Toute la nuit le vent se maintint et je volai à la surface du courant. Ce n'était certes pas les lumières qui manquaient autour de moi tant les navires étaient nombreux. Le Spartel s'évanouissait. Cependant, au matin, dans la brume, au sud-est de ma position, il semblait franchi!

Le lendemain, le courant redouble ses efforts tandis que le vent s'essouffle. Je tente de mettre en travers. Hélas! je me rapproche bien du sud, mais je vois la terre s'avancer. Je suis épuisé. Mais « il faut que je passe ou que je meure ». Je sais qu'il est possible de passer. Le Spartel grandit pourtant à vue d'œil. Horreur! lorsque je jette un coup d'œil sur le compas, je m'aperçois qu'il indique la pointe du cap au sud-ouest. Ça y est, je suis revenu dans le détroit. Le fleuve de Gibraltar continue de couler avec de grands tourbillons que mon canot franchit. Tant pis! me souvenant de mon enfance de canoéiste, je me rappelle que, contre un courant, il est plus facile d'avancer près de la côte. Et le Spartel grandit, grandit. Surprise! il me semble que la grande villa blanche, à la hauteur de laquelle j'étais, est passée un peu sur mon arrière. Quelques minutes angoissantes. Mais oui! Le Spartel est là, je le franchis, et dans un éblouissement de soleil couchant, ce jeudi pour moi mémorable, j'entre dans l'océan promis! Le contre-courant qui m'a porté comme un fleuve secourable, taillant sa veine dans le grand fleuve hostile, m'y a conduit pour mon rendez-vous avec la grande expérience.

Après cette tension, arrivé enfin dans l'océan, je sens la première atteinte de la solitude. Elle n'attaque pas brusquement, mon ennemie déjà connue, mais sa présence peu à peu m'envahira au fil de mes jours atlantiques. Il lui faudra attendre que je sois vraiment dans « l'océan », alors que je suis encore dans la « côte » atlantique; d'ailleurs, les problèmes affluent, m'empêchant d'arrêter vraiment ma pensée sur « l'installation à bord de la solitude ». C'est seulement quand ces problèmes seront résolus qu'elle deviendra alors *le* problème.

Pour l'instant, tout d'abord, où aller? Casablanca ou les Canaries? Evidemment, je préférerais faire escale à Casablanca. Mais je me demande encore quel effet a produit mon départ solitaire. Ne va-t-on pas me prendre pour un fou dangereux et me confisquer mon matériel à la première escale? Ne vaut-il pas mieux l'éviter à tout prix? Non, il faut tout de même que je m'y arrête, car les miens doivent être mortellement inquiets de me savoir désormais seul. C'est alors que je prends conscience qu'en moi s'est glissé un sentiment trouble : après tout, si on m'arrête, ce ne sera plus ma faute. N'en éprouverais-je pas un certain soulagement? Je n'ose répondre par l'affirmative, mais je vois bien que la peur a gagné du terrain.

Le problème immédiat à résoudre est de ne pas échouer sur la première plage venue, ce que les « experts » doivent attendre depuis mon départ solitaire. Avec un vent de nord-nord-est, je prends un cap ouest-sud-ouest. Si je peux tenir le cap, je ferai la corde de l'arc Tanger-Casablanca.

*

APPRENONS d'abord à naviguer. Je sais me servir du compas et de la voile. Reste la règle Cras pour déterminer ma route. Après quelques tâtonnements, je trouve. Quelle merveilleuse simplicité! Il suffit de poser le centre plus au sud sur un méridien ou un parallèle et de lire le chiffre directement devant les yeux, la route théorique est ainsi donnée. La déclinaison est alors ajoutée avec son signe et la route vraie est connue.

Ceci m'occupe toute la journée du vendredi 15. Peu de bateaux autour de moi. Heureusement, les lignes fournies par M. Clemens se révèlent très efficaces. Je pêche surtout de grosses castagnoles (ou Brama Raii). J'ai à boire et à manger. Et abondamment. Pourquoi Jack n'est-il pas là! Il s'est découragé au moment même où cela devenait intéressant et utile. Je suis maintenant un vrai naufragé! Allons, je prendrai chaque jour ma tension, mon pouls...

Le samedi 16, un grand bateau vient me faire visite. C'est un chalutier d'Algésiras. Les pêcheurs sont étonnés de voir la quantité de poissons que je tire de l'eau. La distraction de la pêche m'a permis de passer le temps car le vent est franchement désespérant : il se lève régulièrement vers midi dans la bonne direction et m'abandonne régulièrement vers huit heures du soir. Je commence à travailler le sextant. Mesurer la hauteur du soleil à midi n'est pas difficile : il suffit de faire coïncider, dans la lunette de visée, le bord inférieur du soleil avec l'horizon. Une échelle donne alors la valeur de l'angle soleil-observateur-horizon, mais ce n'était pas tout; comment avec cette simple mesure pouvais-je obtenir ma latitude?[1]

Après quelques recherches, je savais déterminer ma latitude avec certitude. Je n'avais pas besoin d'avoir

[1]. Il y avait sur le cahier de navigation de Jack le schéma de calcul suivant :

Ang. :

90.00

Zen :

décl. :

Lat. :

Il me devient vite évident que Zen représente la hauteur zénithale du soleil, soit l'angle qu'il fait avec la verticale, que je pourrai obtenir l'heure exacte, il suffisait de calculer l'angle que faisait le soleil avec l'horizon au moment où il avait atteint le sommet de sa courbe. Cette mesure m'était suffisante car, descendant pratiquement sur le même méridien (Tanger était situé sur environ 8° 15', Casablanca sur 9° 50'; soit une différence négligeable de 1° de longitude environ), je n'avais pas besoin de chercher de longitude.

Je vérifie chaque jour mes points au sextant par des relèvements côtiers, ce qui me permet de confirmer ou, plus souvent au début, d'infirmer mon résultat instrumental. Par bonheur, vers 12 heures, la mer est en général très calme, d'où une ligne d'horizon assez nette et peu mouvante.

Ce samedi 16, je vois passer les avions de la ligne qui fait escale à Casablanca. Leur trajectoire m'est fort utile, elle me permet de vérifier ma route. C'est égal, je me sens terriblement seul. Je commence à me demander, vraiment, si je vais continuer ou abandonner à Casablanca. Pour ne rien cacher, la peur,

en retranchant l'angle avec l'horizon de 90°, étant donné que :

V = Verticale; S = Soleil; O = Observateur; H = Horizon :

VOH : 90°
SOH : angle soleil-horizon
VOS : zénith
VOS : 90° — SOH.

A l'angle VOS obtenu, il suffit d'ajouter ou de retrancher un chiffre quotidien donné par les éphémérides nautiques appelé la déclinaison donnée avec son signe + ou —.

Par exemple, le 15 décembre, le calcul était le suivant :

Angle 51° 18'.

Pour les calculs complexes, on remplace 90° par :

	89° 60'
Zen. :	38° 32'
Décl. :	23° 17'
Lat. :	15° 15'

ou tout au moins une angoisse continuelle ne me
quitte pas. Tant que je longerai cette côte, tout ira
bien; mais ensuite? Quand je regarde vers l'Atlantique, je suis effrayé de son immensité. Vraiment,
ici, plus rien n'est comparable à ce que je viens de
quitter.

Le dimanche 17 août, je suis gonflé à bloc, peut-
être parce que j'ai bien ri ce matin : quand je
m'éveillai, il faisait encore presque nuit, lorsque,
comme un éclair, loin dans le ciel, passa devant mes
yeux une soucoupe volante. Je me précipitai pour la
filmer lorsque je m'aperçus de ma méprise : c'était la
planète Jupiter qui, dans un coup de roulis, avait
traversé mon champ visuel. Cette méprise m'amusa
beaucoup et la bonne humeur aidant, ma confiance
revint. Comme il nous faut peu! De plus en plus, au
cours des mois suivants, mon esprit allait être en proie
aux jeux capricieux de la joie et des peines.

La journée se déroule avec sa monotonie habituelle : quelques bateaux, quelques avions. Je n'ai pas
vu la côte de la journée, mais je *sais* qu'elle est là,
et cette certitude me fait garder toute ma confiance.
Le soir, trois messages « personnels » sont envoyés
par les phares. C'est, je pense, Medehia, Port-Lyautey.
Je m'endors optimiste.

Toutes les nuits, je dors bien, ma barre et ma voile
fixées. Je m'éveille cependant assez régulièrement
deux ou trois fois par nuit, juste le temps nécessaire
pour jeter un coup d'œil au compas, à la voile et à
la côte, et voir si tout va bien, puis je me rendors
dans ce calme écrasant que pas un souffle ne vient
troubler. On croirait que le vent craint de gêner mon
sommeil paisible. Aussi, quelle désagréable surprise,
à l'aube du lundi 18, de me trouver entouré d'une
brume opaque. J'apprécie plus que jamais l'utilité du
compas.

J'essaie, profitant de la brume, d'apprendre la navigation astronomique pour déterminer ma position, afin de ne pas dépendre exclusivement du soleil à midi. Mais mon bouquin est en anglais, et les auteurs s'acharnent généralement à expliquer le pourquoi des choses au lieu de montrer la façon de procéder. Finalement, les résultats sont assez fâcheux, ce qui n'affecte pas trop mon moral. Cependant, dans la brume, des bruits de sirènes mettent mes nerfs à rude épreuve. Ce n'en est plus une seule, comme à Columbretes, mais, cette fois-ci, des échos se répercutent sans fin. On a l'impression d'animaux étranges qui se parlent et se répondent. Pour la première fois, peut-être, je réalise vraiment ce que peut être la solitude. Je pense à cette présence, à ce point de référence, à cette bouée de sauvetage que constituait mon compagnon. Si seulement il acceptait de me rejoindre soit à Casa, soit aux Canaries! Seul, seul, tout vous trompe, tout semble se moquer! Ne pas avoir près de soi quelqu'un qui puisse confirmer vos impressions ou les combattre... Là vraiment, j'ai l'impression que je pourrais être la proie d'un mirage, que rien ne me ferait plus discerner entre le faux et le réel. Oh! m'arrêter à Casa et n'en plus partir! J'ai besoin du contact humain. Enfin, je n'ai pas vu la terre aujourd'hui, mais j'apercevrai peut-être un feu? Non, je suis seul, seul, la terre se cache, les feux se dissimulent. Je vais me décourager, quand un pétrolier de Stanvanger me double, confirmant ma route :

— Casablanca?

— Toujours le même cap. « Bonne voyage »! me crie-t-on.

Mardi, c'est surtout un sentiment de rage qui m'anime : mon régime est huit heures de vent pour seize de calme... Quand donc rencontrerai-je ce fameux alizé! Heureusement, les avions qui passent plus nom-

breux, confirment ma direction. J'approche, il n'y a
pas de doute. Si ce vent se maintient, j'entrerai à
Casa ce soir ou demain matin. Je fais déjà des calculs
de moyenne pour savoir en combien de temps je pourrai aller des Canaries aux Antilles. Je compte environ
cinquante à soixante jours. Décidément, le moral est
meilleur. Le poisson continue à être abondant. Une
grosse castagnole tombe sur moi. Pour se dégager des
remous du canot dans lesquels elle s'était prise, elle
avait sauté, malheureusement pour elle, du mauvais
côté. Je commence à souhaiter un bon repas cuit.

A 14 h. 30 brillent dans le soleil les réservoirs de
Fedala; je note sur mon journal : « Eau fraîche ce
soir ou demain. »

A 20 h. 30, je suis à cent mètres de la digue de
Casa. J'ai raté l'entrée, et la houle m'empêche de voir
les bouées de signalisation. Tant pis, je passe la nuit
dehors. Le bruit des vagues se brisant sur la digue
n'est pas rassurant, mais enfin je dors tant bien que
mal. Au fond, l'on dort mieux en haute mer que
près des côtes. Pour qui navigue, la terre est bien
plus dangereuse que la mer.

Comme il règne un calme plat, le mercredi 20,
lorsque je m'éveille, je rame vigoureusement et entre
dans le port du Yacht-Club, où je fais sensation. On
me montre le journal du matin qui publie en titre :
« *L'Hérétique* en perdition dans le golfe de Cadix. »
Je devrais commencer à m'apitoyer sur mon sort!
Le commissaire spécial Auradoux arrange tout avec
la police et la douane (c'est difficile pour un ressuscité!). Le docteur Furnestin, directeur de l'Office des
Pêches du Maroc, me fait don d'un filet à plancton.
Je parlerai plus loin du merveilleux accueil que me
fit Casablanca. Je décide de partir, quelles que soient
les circonstances, le dimanche 24, à 10 heures du
matin.

CHAPITRE IX

CASABLANCA-LAS-PALMAS

Le débat recommence. Deux hommes qui m'avaient vraiment tourné et retourné sur le gril pour m'éprouver me disent : « Pars, tu es prêt. » C'est Furnestin et un ingénieur des mines, Pierre Elissague. Tous mes nouveaux amis sont autour de nous, inquiets, anxieux, mais sans opinion. Ils ne tâcheront pas d'influer sur ma décision. Trois hommes cependant se croisent les bras et pontifient : le Président du club, le capitaine du bateau de sauvetage et le propriétaire de la vedette qui doit me remorquer. Je suis seul dans la salle du club, quand j'entends deux journalistes :

— Nous pouvons partir, il ne s'en va pas.

— Comment, mais j'attends que le brouillard diminue pour avoir ma remorque.

— Mais non, la remorque vous abandonne.

Le président a prévenu que tout bateau qui me remorquerait devrait abandonner le pavillon du club, ce qui équivaut à une exclusion.

Je me dirige alors vers le président du club et lui dis :

— Je m'excuse, je vais chercher une remorque car je prends la mer. Si je me noie vous pourrez faire état de votre opposition à mon départ.

Laissant mes objets précieux et fragiles, couvant

ma colère, je pars à la recherche de qui voudra bien me remorquer. Il y a là deux yachts, dont un, le *Maeva*, appartenant à Jean-Michel Crolbois, qui accepte. Je me tourne alors vers une barque de journalistes qui évolue aussitôt autour de moi :

— Voulez-vous aller me chercher mes cartes?

Ils y vont et c'est la championne de natation Gisèle Vallerey qui me les rapporte. (Incident qui deviendra dans les journaux : « Vous voyez bien que c'est un fumiste, il oubliait ses cartes! »)

Nous quittons lentement le port de Casablanca. De nombreuses vedettes m'escortent. Je salue mes amis et nous nous enfonçons dans la brume. Je commence, dès maintenant, à écrire le journal de ma traversée solitaire.

Dimanche 24. — La remorque est lâchée au large d'El Hank, calme plat. Brume. L'estomac serré, je n'ai pas faim malgré tous les thons qui s'ébattent autour de moi. La brume et le vent retombent avec la nuit sous les clins d'œil impassibles et précis du phare d'El Hank.

Lundi 25. Matin. — Même place, le vent se lève, bonne direction N.-N.-E., mais quelle brume! Pas moyen d'apprécier ma distance à la côte.

14 heures. Une côte plein sud, mais qu'est-ce que c'est?

18 heures. Je crois bien que c'est Azemmour. Ce serait véritablement merveilleux. Je pêche à ne savoir qu'en faire. Je devrais voir le feu de Sidi-Bou-Afi dans quinze milles. Il devrait être au sud-ouest.

21 heures. Chic, voilà le feu prévu.

Mardi 26. Matin. — Par le travers de Mazagan. Le temps est très clair. C'est une chance pour doubler le cap Blanc du nord. Si je ne dérivais pas, il faudrait alors maintenir le cap au 240 et le tenir sept jours. Pourvu que j'en aie le courage! Mon sextant commence à me devenir familier. Je marque la carte. Ce soir je verrai le feu du cap Cantin. Ce devrait être ma dernière vue de la terre avant les Canaries.

Soir. — La côte semble venir à moi. Cependant, ma trajectoire lui est parallèle. La nuit, pas de cap Cantin. Comme son phare porte à trente milles, c'est que j'en suis encore loin. La pêche au crépuscule est vraiment miraculeuse. (Bonite, Bramraii.)

1 heure du matin. Feu du cap Cantin dans le sud-sud-ouest. Chic!

Mercredi 27. — La côte est très claire. Quelle visibilité! Je reconnais tout d'après les « vues de côte » des *Instructions Nautiques*[1]. Le cap Safi est visible. J'ai fait, sauf dimanche, soixante milles par jour environ. La pêche est merveilleuse et abondante. C'est maintenant que je vais perdre de vue la terre. Il va falloir tenir ouest-sud-ouest pendant six jours. Pas de faiblesse. Le premier danger est bien celui que me signalait Furnestin : difficulté de passer entre Juby et Fuerteventura. Je décide que le plus ouest sera le mieux. La côte vers Mogador est très visible. Heureusement les *Instructions Nautiques* les disent discernables très loin en mer, ce qui me rassure. Le sextant est plus dur à manier, et pour la longitude, hum! hum! J'ai l'air de dériver vers l'ouest, mais le vent tombe encore à la nuit. Ce n'est pas fait pour faciliter la navigation à l'estime.

1. Les *Instructions Nautiques* renseignent le navigateur sur les particularités de la côte dont il s'approche, quand il ne la connaît pas. Elles existent pour les côtes du monde entier et comprennent en plus des renseignements détaillés sur la météorologie et l'hydrographie (courants) de chaque endroit.

Je ne peux relire, sans un petit frisson rétrospectif, cette phrase de mon journal de bord :

« *Jeudi 28.* — Dernière vue très brève sur Mogador, puis tout s'estompe. Peu de vent, je semble dériver vers l'ouest. J'espère. »

3 heures. Le vent se lève nord-nord-ouest. Attention à la dérive, il ne faut pas que je descende au sud! Je suis horriblement seul. Rien en vue. Navigateur débutant, je ne sais pas où je suis, je *suppose* seulement que je le sais. Si je rate les Canaries, c'est l'Atlantique sud, c'est la route tragique du radeau de la *Méduse.* Le vent est merveilleux : pourvu qu'il tienne!

Vendredi 29. — Le vent a tenu, il a même fallu que je « prenne un tour de rouleau », c'est-à-dire que je réduise la surface de ma voile.

9 heures. Un gros cargo me croise, tenant en sens inverse le même cap que moi. Il doit venir des Canaries. Je suis donc sur le bon chemin. S'il n'y avait pas le problème de l'atterrissage...

Samedi 30. — Seigneur! quelle nuit je viens de passer! Je suis moulu, je n'ai pas fermé l'œil. Vers 16 heures, hier, fort « coup de tabac »; j'ai dû jeter mon ancre flottante. Vraiment je me demande : 1° comment une embarcation aussi frêle peut « tenir le coup » aux assauts de la mer; 2° comment mon cœur peut résister. Le moral s'en ressent; je crois que je m'arrêterai aux Canaries. Pourvu que cette nuit je puisse dormir, et puis toujours cette horrible peur de passer entre les deux terres sans les voir, ni à droite ni à gauche.

Dimanche 31. — Pendant la nuit, j'ai dérivé au sud plus que je ne l'espérais, et, à 15 heures, j'ai pu

arrêter un bateau portugais, qui me confirme ma
position. Il me propose à boire et à manger. Je refuse;
en fait, à ce point de vue, tout va bien. Je pêche quotidiennement de magnifiques maquereaux et, ma foi,
je commence à m'habituer au poisson cru. L'eau de
l'Atlantique semble délicieuse, par rapport à celle de
la Méditerranée. Elle est beaucoup moins salée et
me désaltère parfaitement. Est-ce que tout ira aussi
bien lorsqu'il faudra prolonger cette situation pendant plusieurs semaines? Ma route est bonne; je suis
à soixante-dix milles au nord-nord-est d'Allegranza.
Encore trente-six heures à me tenir sur mes gardes et
je serai à l'intérieur de l'archipel. Pourvu, mon Dieu,
que je n'en sorte pas! D'adorables petits oiseaux noirs
et blancs viennent me tenir compagnie tous les soirs,
à quatre heures exactement.

Lundi 1ᵉʳ. — J'ai passé une des nuits les plus dures
de tout mon voyage depuis Monaco, tant la mer est
mauvaise. Mais vraiment je suis bien payé. Hier soir,
en me couchant, à la grâce de Dieu (le soir, je fixe
la barre et je dors), je m'étais dit : « Si j'ai bien
navigué, je dois voir la première île demain dans la
matinée à ma gauche », et ce matin, en me levant,
j'aperçois, à une vingtaine de milles au sud, à ma
gauche, les deux îles aux noms charmants d'Allegranza et de Graciosa. Quel beau présage! A moi
maintenant de ne pas rater l'atterrissage. Mais j'ai
confiance. J'ai gagné une première fois, je gagnerai
bien la seconde.

Mardi 2. — Je suis affolé de voir quelle distance
sépare les îles les unes des autres et l'épouvantable
vide dans lequel je vais m'engouffrer si je manque
la côte. Car il m'est impossible de revenir sur mes
pas. Je dois le savoir pour l'avenir. Lorsque j'aurai

quitté les Canaries, ou si je les manque, tout espoir
de retour me sera interdit. La plus petite distance à
parcourir est de plus de six mille kilomètres. Evidemment, je crois que je pourrai tenir le coup, mais
quelle atroce inquiétude pour tous les miens et quel
triomphe pour ceux qui ont prédit que jamais je
n'atteindrai Las Palmas! Si je veux convaincre, il faut
que je prouve. J'ai dit que j'arriverai à la Grande
Canarie; je veux atterrir là, et non pas dériver. Il
m'eût été facile d'aborder les premières îles aperçues.
Je veux prouver que je peux aller là où je veux.
Cela est primordial pour le naufragé qui, comme moi,
doit pouvoir atteindre le point qu'il s'est désigné.

Après-midi. — Mon canot de sauvetage, dont les
possibilités de navigation avaient été niées par tous,
me stupéfie chaque jour de plus en plus. Je dois, tous
les matins, vers onze heures, le dégonfler légèrement,
pour éviter que l'air dilaté par le soleil ne le fasse
éclater. Je le regonfle chaque soir. Je n'embarque pratiquement pas d'eau et je dors tranquillement. Les
premières nuits ont été très difficiles. Je me réveillais
en sursaut à chaque instant avec la sensation qu'une
catastrophe était arrivée, mais j'ai pris confiance.
Puisque, le jour, le bateau ne s'est pas retourné,
pourquoi se retournerait-il la nuit? Il m'est impossible de rester jour et nuit la barre à la main. Or, je
me suis aperçu que mon bateau, lorsqu'il est vent
arrière, va tout droit, même si j'en ai fixé le gouvernail, et c'est très rapidement que je me suis confié à
la régularité du vent. Je peux donc dormir tranquillement quand je suis loin de la terre, mais que va-t-il
m'arriver quand il faudra que j'aborde? Je ne peux
pas remonter au vent; je peux faire seulement du
« vent de côté ».

Mercredi 3. — Mon Dieu, mon Dieu, que se passe-t-il? Toute la nuit j'ai guetté le feu de Las Palmas, je devrais y être et je ne vois rien. Que faire? Que faire? Dois-je m'arrêter en attendant que le brouillard se dissipe? Dois-je, au contraire, continuer vers le sud?

Midi. Enfin, un avion s'envole sur ma droite; il n'a pas eu le temps de s'élever encore; la terre est là, je vais gagner!

3 heures. C'est fini, jamais je n'atteindrai cette terre. Je croyais que l'avion s'était envolé de la partie nord, et maintenant que la côte m'apparaît, je m'aperçois que j'ai laissé défiler quarante kilomètres de terre et qu'il m'en reste à peine une dizaine pour atterrir. Le vent est au nord. Je dérive vers le sud avec un courant violent; je vais passer à trois milles de la terre, mais jamais je ne l'atteindrai.

6 heures. Peut-être! Peut-être ai-je encore une chance, un contre-courant compense ma dérive. La pointe sud de l'île, qui regarde sur l'immensité de l'Atlantique sud, est encore à ma gauche. Peut-être!...

J'ai eu raison d'espérer encore en écrivant ces lignes! Vers 20 heures je suis à cent mètres du bord, mais j'avoue avoir eu tellement peur que j'ai songé un instant à abandonner le bateau et à gagner la côte à la nage. Maintenant, le problème est de ne pas se déchirer sur les récifs. Les pêcheurs m'ont aperçu, et une foule dense m'indique l'endroit où je peux aborder sur le sable, entre deux avancées de rochers très aigus. Le danger est évité, j'aborde. C'est la première fois qu'un bateau de caoutchouc a montré qu'il pouvait naviguer pendant neuf heures avec un vent presque défavorable. J'ai eu si peur, si violemment peur, qu'il me faudra plusieurs heures pour pouvoir marcher. Mais enfin, j'ai touché l'île que je voulais atteindre.

J'avais prouvé non seulement que je savais naviguer, mais même que je naviguais vite : de Casablanca aux Canaries, j'avais mis exactement onze
jours (du 24 août au 3 septembre), ce qui était un
excellent temps. En effet, sur le même parcours, Ger-
bault a mis : quatorze jours, Le Toumelin : douze
jours et Ann Davidson : vingt-neuf jours.

Comment s'était exactement passée cette navigation?

Certes, et pour la première fois de ma vie, j'avais
effectué une navigation instrumentale loin des côtes.
Néanmoins, comme je ne me fiais pas à mes mesures
astronomiques, j'avais en plus effectué une navigation à l'estime : chaque jour, je notais le nombre de
milles que j'estimais avoir fait dans la direction
donnée par la route au compas. Cela me donnait une
route idéale au cas où je n'aurais absolument pas
dérivé. Sur cette route, je portais une « marge de
sécurité » due à ma dérive probable, étant donné la
direction et la force du courant, renseignements four-
nis par les instructions nautiques. Il ne fallait, en
effet, pas oublier ce torrent rapide, que l'on ressent
sans le constater physiquement. Traîtreusement, ce
mouvement invisible, mais aussi réel que le mouvement brownien, m'entraînait insensiblement vers le
sud, risquant de me faire passer entre les îles et la
côte africaine. Chaque jour, j'avais donc trois positions : celle qui était calculée, celle qui était estimée
et, la plus pessimiste, celle où je pouvais me trouver
si toutes les conditions défavorables avaient joué au
maximum. Me basant sur ce point, je travaillais à ne
pas tomber dans le piège ouvert devant moi.

« Mais puisque vous partiez pour traverser l'Atlantique, quelle importance cela aurait-il eu pour vous
de manquer les îles et de partir immédiatement pour
le grand saut? » Evidemment, mais trois raisons ren-

daient impossible ce départ immédiat pour la grande
aventure : tout d'abord l'inquiétude qui aurait été
celle des miens qui me croyaient parti pour un voyage
maximum de quinze jours. Deuxièmement le fait que
moralement je n'étais pas préparé à manquer le but;
il m'aurait semblé du plus mauvais augure de manquer ainsi au départ l'étape que je m'étais fixée. Enfin,
si après une quinzaine de jours personne n'avait de
mes nouvelles, une grande inquiétude se serait emparée des pouvoirs publics, des recherches auraient été
entreprises, qui m'auraient ou ne m'auraient pas
trouvé, mais dans l'affirmative, ç'en était fini de l'expérience; dans la négative, qui m'aurait cru de bonne
foi en me voyant arriver aux Antilles, soixante-dix ou
quatre-vingts jours après mon départ de Casablanca?

*

APRÈS onze jours de navigation, je retrouvais la terre.
Ce petit village de Castillo del Romeral, à une
dizaine de milles au sud de Las Palmas, m'avait fait
un accueil princier. Lorsque mon embarcation avait
été signalée, les habitants étaient accourus de tous
côtés, persuadés qu'il s'agissait d'un vrai naufragé et
c'est une véritable assemblée générale de toute la
population faite de gens simples et accueillants, vêtus
d'étoffes claires et de couleur voyante, qui m'attendait sur la plage.

Les côtes de la Grande Canarie sont extrêmement
rocheuses et, si j'avais pu atterrir sur une petite
plage où le sable dominait, il n'en restait pas moins
que de grandes avancées de lave continuaient à me-
nacer mon pneu flottant à droite et à gauche, pour
peu qu'il lui ait pris la fantaisie de se déplacer. Qu'à
cela ne tienne, après avoir été à la peine, mon canot
était à l'honneur, ainsi que le fier petit pavillon tri-

colore que j'avais hissé. En une seconde, *l'Hérétique*, tout chargé, est hissé sur les épaules vigoureuses de vingt hommes. Je suis à grand-peine soutenu par deux aimables autochtones. Manuel, le « chef » du pays, s'approche de moi et, éternelle question, me demande d'où je viens : je lui fais ma réponse habituelle :

— De Francia, de Nizza, después Baleares, Tanger, Casablanca, y onze dias de Casablanca aqui.

De toute évidence cela dépasse sa compréhension. Il regarde autour de lui pour voir si d'autres ont entendu l'invraisemblable réponse. « Aures habent, et non audient. » Je vois bien, malgré toute leur politesse innée envers l'hôte, un certain scepticisme. Il faudra plusieurs jours pour qu'ils réalisent que c'est vrai. En attendant, un œuf sur le plat m'est servi chez Manuel. Le « confrère » du lieu, « practicante », c'est-à-dire infirmier diplômé et maître d'école, est là. Malgré le sommeil et la fatigue qui m'écrasent, je dois passer la soirée à raconter mon histoire, dans un curieux espagnol formé de mots français « iberisés », mais que mes interlocuteurs arrivent à comprendre.

CHAPITRE X

TERRE, TENTATION, TERGIVERSATION

JE demande quand et comment il me sera possible
de gagner Las Palmas pour télégraphier mon arrivée
et me mettre en rapport avec les autorités françaises
et espagnoles. On me rassure; une voiture (délicieu-
sement surnommée « Pirata »), me conduira demain
à la capitale de l'île. Manuel est aussi désireux que
moi de ce contact avec les autorités. Il voudrait bien
se débarrasser de ce sujet encombrant, ou du moins
se mettre en règle avec la douane et la police. Il y a
eu sur ce même point de la côte un naufrage de
yacht, il y a un mois environ : *le Dandy,* venant de
Finlande *via* Casablanca. Il semble qu'avec l'inno-
cence commune aux pêcheurs de tous les pays, ceux
d'ici ont ramassé par la suite toutes les épaves qu'ils
ont pu trouver le long de la côte : « Tout ce qui est
dans le fossé est pour le soldat. » En vertu de cet
adage, il leur a semblé pouvoir garder ainsi quelques objets. Le bon Manuel semble avoir eu depuis
quelques ennuis sérieux avec l'inscription maritime
(lui aussi), et ne tient pas du tout à ce que cela recommence avec moi.

En attendant, je vais me coucher. Où cela? A
l'école. Mais comment? Il n'y a pas de lit en « rab »,
je dois dormir sur la table de pansements. Pas de
ressorts, mais je crois avoir passé peu de nuits aussi

bonnes sur un matelas moelleux et bien suspendu. La terre me paraît avoir un peu tendance à remuer. Je suis au bord du mal de mer!

Le 4 septembre, au matin, la « Pirata » est là, qui m'attend. Mon ami Manuel pousse des hauts cris quand je lui parle de payer. Un dernier adieu et s'élance la « Pirata ».

Quelle splendeur cette île, qui, ce matin, me révèle son aspect le plus sauvage! Des pics décharnés et menaçants dominent de grandes coulées de lave, dans lesquelles se nichent de ravissants petits villages aux églises blanches et aux toits plats. Des jeunes filles au teint frais font la corvée d'eau du matin (car l'eau est le grand problème des Isles Fortunées). La taille cambrée et le port noble, elles marchent sans gêne aucune, portant sur la tête les récipients les plus variés, qui vont du plus classique pot de terre au moderne baril de tôle ondulée.

Les bananiers couvrent les plaines de cette côte est de l'île et j'apprends à devenir familier avec ces arbustes verts, aux feuilles plates, que leur progéniture condamne à mort. Chaque arbuste vit une année et porte un régime, après quoi, place aux jeunes. Un impitoyable coup de serpe tranche cette existence éphémère et le rejeton qui pousse sous la protection maternelle commence une vie active, dont il ignore encore qu'elle sera si brève.

Peu d'arbres dans cette région, car il y a peu d'eau; de beaux palmiers dattiers, seulement, féeriques pour moi, habitué que j'étais aux horizons arides des plaines liquides.

Au loin, une cathédrale aux doubles tours m'annonce Las Palmas. Les *Instructions Nautiques* m'avaient décrit l'église, visible de la mer, avec tant de précision que mes guides étaient persuadés que je l'avais déjà vue.

Las Palmas, la capitale, est bordée d'un merveilleux port, le Puerto de la Luz, un des grands ports
de l'Atlantique. C'est là que je rencontre le commandant du port, frère d'un grand cardiologue. Il
s'attendait à ma venue. Mes amis du journal *le Petit
Marocain* avaient effectué quelques jours auparavant
le trajet Casa-Canaries sur *l'Armagnac,* grand avion
de commerce qui faisait son premier voyage. Ils
avaient essayé de me voir durant tout le parcours,
mais en vain, et à l'arrivée ils s'étaient enquis de
moi. Tout le monde ici était donc au courant.

Avant de m'engager dans le « grand saut », je
demande au commandant du port s'il veut bien faire
vérifier mon sextant pour éviter les erreurs instru-
mentales.

— Con mucho gusto[1].

Ceci deviendra dans certains journaux : « Il a
demandé des leçons de navigation. Le commandant
du port a refusé, ne voulant pas contribuer à son
suicide. » Ayant lu cela, un ingénieur me proposa de
m'enseigner la navigation, voyant là un meilleur
moyen d'empêcher mon suicide. Ayant perdu sa lettre,
je n'ai pu le remercier. Si ces lignes tombent sous ses
yeux, qu'il y trouve l'expression de ma reconnaissance.

J'étais encore chez le commandant du port quand
le secrétaire du consulat vint me chercher; et alors
commença le début d'une merveilleuse amitié. Qu'il
me suffise de dire que M. Farnoux fut véritablement
pour moi un second père, m'hébergeant au consulat
et goûtant avec moi les charmes de l'île. Il était en
effet nouveau venu à Las Palmas, et tandis que j'étais
dans son bureau, le plus important commerçant de
la colonie française de Las Palmas, M. Barchillon,

1. En espagnol : avec grand plaisir.

vint se présenter. Nous devînmes alors trio insépa-
rable. M. Barchillon s'était improvisé notre mentor et
sous sa fraternelle égide les milieux les plus variés s'ou-
vraient à moi et l'île déroulait son prodigieux enchantement. A ces frères de France étaient venus s'ajouter les merveilleux amis du Yacht-Club. Contrairement à la plupart des clubs, celui-ci comprend
75 % de navigants pour seulement environ 25 %
d'oisifs. Pardon, « hermanos », de ne pouvoir tous
vous nommer, mais toi, Collachio, toi Caliano et toi
Angelito, comment pourrais-je ne pas vous nommer,
lorsque je décris les délices de Capoue que vous avez
accumulés autour de moi, rendant ainsi plus difficile
la décision de mon départ?

J'avais décidé de ne pas rentrer en France, d'attendre une huitaine de jours pour réparer, tout
remettre au point, et repartir sans retourner me
battre en France pour pouvoir poursuivre dans de
meilleures conditions. Le consul approuvait cette
résolution. Mes amis Barchillon, et surtout le chef
pilote Angelito, me suppliaient de réfléchir :

— Je connais la mer, me disait Angelito, ce que
tu as fait est magnifique, ta démonstration est écla-
tante, mais crois-moi, tu ne pêcheras pas au milieu
de l'Atlantique.

Pauvre Angelito, tu ne savais pas que c'était la
seule objection qu'il ne fallait pas me faire. Les
marins, si j'arrêtais maintenant, allaient à mon retour
me l'objecter sûrement :

— Tout cela c'est très bien, mais en dehors du
plateau continental tu ne pêcheras pas.

La seconde partie de la démonstration était à faire :
j'avais prouvé qu'avec du poisson cru il était possible
de survivre; il fallait maintenant démontrer que l'on
pouvait pêcher, même aux endroits où les orthodoxes
affirmaient que c'était impossible.

Le consul et Barchillon avaient compris la raison de ma détermination et s'étaient mis à ma disposition pour m'aider, l'un par sa qualité, l'autre par sa fortune. Je n'attendais plus qu'un télégramme de Ginette pour me dire « au revoir ». Il tardait, au point que j'eus le temps de faire une longue sortie en yacht vers Fuerteventura. Rien ne venait. Enfin, un matin un télégramme m'attendait au consulat : « T'annonçons heureuse naissance Nathalie. Félicitations *Hérétique*. »

Ma fille, devançant l'appel, avait tenu à naître avant le grand départ! J'allais de nouveau subir la tentation de la terre en rentrant en France, car je ne pouvais partir sans voir mon enfant.

Lorsque j'annonçai au club mon intention d'aller en France, ceux qui étaient, par amitié, opposés à mon « grand saut » crurent bien avoir triomphé. Manuel, de Castillo del Romeral, fit un bond affolé au consulat :

— Est-il bien vrai que Bombard abandonne?

Le consul ne lui fit qu'une réponse évasive. Au fond d'eux-mêmes, ils pensaient tous : « Il est sincère quand il prétend continuer, mais je suis bien tranquille; sa femme saura l'arrêter et l'empêcher de commettre cette folie. »

Ma place fut prise dans l'avion direct Las Palmas-Paris, grâce à la caution consulaire, et le 12 septembre je m'envole vers la France. Au passage de Casablanca, la foule de mes amis m'attend sur l'aérodrome.

A Orly, surprise : deux journalistes m'attendent. Certains journaux commencent à affirmer que le voyage est terminé, à cause de la naissance de ma fille. C'est là que je vois le grand courage et l'admirable abnégation de ma femme. Elle a confiance, elle m'a vu travailler, elle sait que c'est possible, elle connaît les résultats que j'espère atteindre : sauver des vies, des quantités de vies. Dire qu'elle est heureuse de me voir partir, certes non, mais elle comprend la nécessité, elle sait que ma démonstration a besoin de mon voyage. Elle ne fera rien pour me retenir.

C'est alors que se passa la suite de ce que j'ai appelé l'intermède comique.

Le lendemain de mon arrivée, deux gendarmes frappent à la porte de l'internat d'Amiens :

— Nous voudrions vous parler en particulier, me disent-ils quand j'arrive.

— ?...

— Voilà : vous aviez 8.000 francs de frais de justice à régler, vous ne les avez pas payés, vous nous suivrez soit chez le percepteur, soit à la prison.

— Combien de jours de prison?

— Douze! Et ils m'exhibent un ordre d'appréhender!

Hélas! je n'avais pas le temps d'aller en prison! Je paye donc les 8.000 francs, grande aide pécuniaire pour la continuation de mon expédition.

•

LIBRE, je passe là dix jours charmants, amollissants, cependant que les journaux affirment : « Il ne repartira pas » et que Palmer déclare à Tanger : « Continuer au-delà des Canaries à cette saison, c'est une folie, un suicide! » Un scepticisme presque général entoure mon expédition. Il n'y a d'intérêt que pour la naissance de ma fille. Le temps de voir un ami malade aux environs de Poitiers, et je prends l'avion pour les Canaries, *via* Casablanca. Je dois y rester quelques jours pour parler plancton, avec l'Office scientifique des pêches du Maroc. Il s'agit, de plus, d'étudier les possibilités de pêche dans les régions que je vais traverser.

Je veux aussi essayer de me procurer un poste de radio récepteur. J'ai renoncé définitivement à un poste émetteur, même si on m'en propose un. Mon raisonnement est le suivant : tout d'abord je suis seul, car Jack ne me rejoindra plus maintenant et je suis absolument décidé à ne pas lui trouver de successeur. Il me serait donc vraiment difficile, sinon impossible, de faire fonctionner une génératrice en même temps que j'émettrais. De plus, je suis incapable de réparer la moindre avarie; il suffirait d'un mauvais contact pour que tout le monde me croit mort. Vous voyez l'effet sur le moral de ma famille! Donc pas d'émetteur, mais un récepteur serait d'une grande utilité. La longitude est en effet donnée par une différence entre l'heure solaire au lieu considéré et l'heure correspondante au méridien O choisi arbitrairement. Actuellement, un méridien O international a été choisi; c'est le méridien de Greenwich, par degré de longitude. Il y a quatre minutes de différence avec l'heure sur ce méridien. Quatre minutes de plus à l'est, quatre minutes de moins à l'ouest. Cela fait une heure pour quinze degrés[1].

Une radio réceptrice me permettrait de ne pas être asservi à mon chronomètre : je pourrais tous les jours savoir l'heure et vérifier ma montre, mais il me faut quelque chose de résistant. Or, les fonds sont bas :

« A Dieu vat », j'espère qu'à Casablanca, on me

---

1. Il existe un moyen mnémotechnique anglais pour se souvenir de ce signe plus ou moins :
Longitude West,
Greenwich Best,
Longitude East,
Greenwich Least.

dépannera. J'étais pourtant bien loin de prévoir cet accueil : sur l'aérodrome, une centaine de personnes m'attendaient! Il y avait même là une jolie femme avec un bouquet de fleurs aux couleurs de la Ville de Paris. Un représentant des anciens « cols bleus », connaisseur en sauvetage, qui avait énergiquement pris ma défense lorsqu'on avait déclaré : « Ce n'est pas de livres de navigation dont il a besoin, mais plutôt d'un livre de prières », était là lui aussi. Il m'annonça qu'indigné de l'anecdote des deux gendarmes, *le Petit Marocain* avait ouvert une souscription pour payer mon amende. Le premier souscripteur avait été l'amiral Sol, commandant la marine au Maroc. La souscription se poursuivait. J'allais enfin être un homme avec un casier judiciaire en règle, sinon vierge. Ainsi prenait fin l'intermède comique.

En route, le récidiviste!

*

Et les invitations commencent de pleuvoir. Ce sont les anciens « cols bleus » qui veulent me recevoir. Mon ami Pierrot (sans jeu de mot) m'abandonne son appartement. L'Office des pêches me reçoit en fils même pas prodigue, et je commence à chercher une radio. En attendant, je ne maigris pas. Certains de mes amis qui m'invitent à dîner à 11 heures du soir s'étonnent de mon peu d'appétit. Ils ignorent que pour ne froisser personne j'ai dû accepter un premier dîner à 19 heures et que, ma foi, l'appétit diminue. Enfin, une radio à l'horizon. Mon ami Elisague et son alter ego, Frayssines, m'offrent un admirable appareil à batteries que j'ai encore devant moi à l'heure où j'écris. Ils lui font faire une housse imperméable en nylon qui enrobe jusqu'en haut l'antenne télescopique. Ils me font cadeau de « petits engins d'hygiène en caoutchouc » destinés à conserver à l'abri de l'humidité le sel de silice dont je me servirai pour préserver les organes de mon poste de la condensation possible.

Enfin, suprême honneur, je reçois un beau matin une invitation provenant de l'Amirauté. Un petit homme vif, vêtu de blanc, m'y reçoit et, sous des dehors amicaux, commence à me retourner sérieusement sur le gril. Il me parle de mon but, de mes moyens, me pose des colles sur la navigation, bref essaie de se renseigner.

Si vous saviez, amiral, quelle joie vous m'avez faite ce jour-là; il y a longtemps que je demandais quelqu'un qui enfin cherche à savoir la vérité. A la fin de cet interrogatoire amical, mais serré, l'amiral me dit :

— Maintenant nous avons compris et nous allons vous aider.

Amiral, c'est un peu grâce à vous que je me suis senti, en mer, chaque fois que je rencontrais un pavillon étranger, espagnol, anglais ou hollandais, une unité de la marine française. Vous m'avez donné votre « routier » personnel de l'Atlantique et, surtout, vous avez été le seul marin à m'écrire, avant le succès : « Vous réussirez. » *Scripta manent,* amiral, vous le saviez, vous qui avez eu le geste de me dédicacer ma carte[1].

Cependant il était temps de partir. Casablanca me devenait chaque jour plus chère et un temps viendrait où le départ serait pour moi un déchirement. Le 5 octobre, je reprends l'avion pour Las Palmas. A bientôt, Casablanca!

L'avion me dépose à Ténérife d'où nous regagnons

1. En fait, deux autres marins, Jean Merrien, auteur des *Navigateurs solitaires*, et Jean Laurent, directeur du Laboratoire d'Hydraulique, m'ont aussi écrit : « Lorsque vous aurez réussi, car vous réussirez... »

Las Palmas. Là, j'allais attendre quinze longs jours pendant lesquels la musique, l'amitié, la nature et les sports allaient faire tous leurs efforts pour me retenir.

La musique, c'était les concerts au théâtre; l'amitié, c'était le club, les yachts amis, *Maeva* et *Nymph-Errant,* qui étaient arrivés durant mon absence (merveilleuse amitié de la mer : il me souvient qu'un soir onze yachtmen étaient réunis sur le *Nymph-Errant,* ils représentaient neuf nations : trois Anglais, un Américain, un Italien, un Espagnol, un Suisse, un Danois, un Hollandais et un Français).

La nature, c'était les admirables excursions à la Cruz de Tejeda, à Agaete en compagnie de guides charmants : Calmano et Collacchio.

Les sports, c'étaient ces réunions animées à la piscine où l'adorable championne d'Espagne faisait d'éblouissantes démonstrations et où je me faisais battre dans un deux cents mètres crawl par le dynamique M. Boiteux père.

« Attention, Alain, si tu restes trop longtemps, jamais plus tu ne pourras repartir! » Combien de fois cette exhortation m'a-t-elle tourmenté durant de longues nuits sans sommeil. Et pourtant rien à faire, le vent restait au sud. Tant qu'il n'aurait pas changé, il serait vain de tenter un départ. Qu'allait m'apporter la nouvelle lune?

Enfin, le 18 octobre, le vent changea, le départ fut fixé au lendemain.

CHAPITRE XI

HOMME D'EAU SALEE[1]

CE dimanche 19 octobre le vent semble favorable; il est établi nord-nord-est : C'est bien l'alizé que j'attendais avec impatience pour partir.

Un yacht français va me tirer hors du port. L'atmosphère de ce départ est telle que j'y trouve non seulement l'amitié dont, en ce moment j'ai besoin, mais aussi une compréhension qui me va au cœur. M. Farnoux, consul de Las Palmas, qui m'a emmené ce matin à la messe, me conduit au Yacht Club. Sa première intention était de monter à bord du remorqueur, de me faire escorte jusqu'en haute mer, et là seulement de me faire ses adieux. Mais nous sommes émus tous les deux et, sans doute par crainte de s'émouvoir davantage, il me dit tout d'un coup, d'un ton presque bourru :

— Eh bien! non, je ne viens pas. Je vous embrasse. Je ne serai pas là cet après-midi, ne m'en veuillez pas.

Comme si je pouvais lui en vouloir! Je l'embrasse aussi et la séparation a lieu. C'est avec le père de Boiteux que je me dirigeai vers *l'Hérétique*. Le matériel et les vivres, contrôlés auparavant par les autorités consulaires, étaient déjà embarqués ainsi que le

1. Nom donné aux indigènes Polynésiens qui vivent de la mer.

poste récepteur de radio que l'on venait de me donner.
Angelito, le chef pilote, procède à un dernier examen
et vérifie que mon sextant donne le point exact. Pendant ces préparatifs, une véritable foule commence à
se former autour de nous. On m'offre un fanion du
club, on me fait signer le livre d'or, tous mes amis
sont là, les inconnus mêmes sont amicaux. Je fus
surpris, étonné, après avoir pris la mer, de me trouver
à la tête d'une véritable procession de bateaux qui
m'accompagnaient à la sortie du port de Las Palmas,
tandis que toutes les sirènes des navires à quais hur-
lent, au départ. Des voiliers de toutes tailles et de
toutes formes viraient et virevoltaient autour de moi,
leurs voiles blanches semblables à des mouettes; leurs
occupants faisaient parfois le signe de la croix en
passant près de moi, pour me porter bonheur. Nous
sentions au fond du cœur que la grande épreuve
allait commencer.

Comme pour m'encourager dans mon voyage, un
grand trois-mâts goélette à voile, le bateau-école des
officiers de la marine espagnole, se trouvait par
hasard à l'endroit où j'avais décidé d'abandonner la
remorque. Il me sembla que le sort, en plaçant là ce
témoignage des anciens temps de la navigation, avait
voulu me donner quelque signe, m'adresser lui aussi
son adieu, car c'était là un des derniers représentants
des bateaux fantômes, des voyages à scorbut, des naufragés de la *Méduse*, de ceux qui n'ont pas trouvé
à manger sur la mer et sur lesquels la mer « man
eater[1] », s'est refermée. Je n'eus pas plus tôt laissé
filer la remorque que je vis le pavillon du navire-
école s'abaisser lentement pour me saluer : tous les
élèves officiers rangés sur la lisse se découvrirent
sur mon passage. Je pensai malgré moi que dans

1. Nom que les Anglais donnent aux requins, mangeurs d'hommes

toutes les marines du monde c'est ainsi que l'on salue les morts. Mais c'était pour témoigner de la vie que je hissai ma voile. Elle m'entraîna parmi ces voiliers légers qui évoluaient et saluaient, qui de leur pavillon, qui de leur grande voile, et qui bientôt furent loin.

Je n'apercevais plus que le navire-école et je me croyais déjà seul sur la mer, lorsque je reçus le dernier salut, le plus glorieux : les midships capelèrent les trois grands huniers et les lâchèrent de nouveau dans un bruit de vent et de voile qui empanne. Ce fut pour moi comme un coup de fouet, comme si l'on saluait déjà ma réussite et non mon départ.

*

La soirée était extrêmement calme, le vent se maintenant nord-nord-est et le canot progressait régulièrement à une vitesse moyenne de trois nœuds et demi[1] vers le sud de la Grande Canarie. Mes projets étaient les suivants : descendre tout d'abord au sud-sud-est avant de m'orienter directement vers l'ouest. Je me trouvais exactement à 28° de latitude nord et 15° de longitude ouest. Je devais me rendre sur le 60e degré environ de longitude ouest, et quelque part entre le 12e et le 18e de latitude nord. J'avais décidé de ne pas mettre le cap aussitôt plein ouest, pour éviter la mer des Sargasses qui, avec le Pot au Noir, était le plus redoutable des pièges qu'il me fallait esquiver.

Au nord de la route que je devais prendre, le courant équatorial du nord et le Gulf-Stream forment, à eux deux, un tourbillon gigantesque qui brasse, dans une circonférence de quinze mille kilomètres, d'immenses masses d'algues dont la provenance est

1. Entre six et sept kilomètres à l'heure.

restée de tous temps mystérieuse : la mer des Sargasses, dont toute vie s'est retirée. On prétend que nul n'y a jamais pêché un poisson comestible. Toujours est-il que cette région reste des plus dangereuses pour la navigation car elle constitue un véritable piège, une sorte de filet végétal où les algues vous enserrent plus sûrement que des mailles. La mer était donc redoutable au nord. Au sud, les vents ne l'étaient pas moins, car s'y trouvait le Pot au Noir : Les deux alizés aussi puissants l'un que l'autre, l'un venant de l'est, du Portugal, l'autre du sud-est, du Congo, se précipitent, se livrent une gigantesque lutte d'influence dans ce no man's land d'averses violentes, de tourbillons imprévisibles, de calmes inquiétants, véritable Etat tampon entre l'hémisphère nord et l'hémisphère sud. Cette violence anarchique des éléments faillit être fatale à Mermoz, et je savais que si j'y étais pris, je ne pourrais m'en dégager. A ma droite un tourbillon de courants, à ma gauche un tourbillon de vents.

Hélas! le bon vent que j'avais au départ n'allait pas durer longtemps : dès la soirée, il m'abandonna; contemplant ma voile inutile, je me demandais combien de temps le calme devait durer, mais rien ne me permettait de le prévoir; lent et invincible, le courant poussait *l'Hérétique* vers le sud. Au mât, le fanal était attaché de façon à me faire repérer par les nombreux navires qui croisent entre les grandes Canaries et Fuerte Ventura. L'aviron-gouvernail fixé, la toile de tente tirée jusqu'au cou comme une couverture, la tête sur des ceintures de sauvetage, je m'endormis vers huit heures et demie. Sans vent, *l'Hérétique* dérivait lentement. Il faisait frais et la nuit était très lumineuse.

Le lendemain et le surlendemain, le vent ne s'était toujours pas levé et je me trouvais exactement dans

la même position que le jour de mon arrivée où le
brouillard m'avait caché l'île. J'étais complètement
isolé et savais seulement qu'il y avait une île à droite,
une autre à gauche, et qu'on n'y voyait rien. Je pensais avec impatience au moment où, parvenu en
plein Atlantique, il serait inutile que je m'éclaire la
nuit, car aucun navire ne croiserait ma route.

Dès lundi apparurent les premiers signes de vie
autour de moi. Malheureusement, ce n'était encore
que des petits poissons qui nageaient devant l'embarcation, comme pour me piloter. Il était difficile de les
prendre et d'ailleurs ils ne m'auraient guère nourri.
Je commençais à craindre que le calme ne se prolon-
geât lorsque, dans l'après-midi, le vent se leva et me
permit enfin de mettre le cap sur le 21°. Je garderais
cette direction pendant une dizaine de jours environ
pour gagner une centaine de milles à l'ouest des îles
du Cap-Vert, et pouvoir de là faire route directement
vers les Antilles. Ce jour-là, j'écris dans mon journal :

« Moral excellent, mais soleil chaud. J'ai très soif,
j'ai bu un petit peu d'eau de mer, car le poisson
boude; tout ce que j'ai pu pêcher atteint à peine un
kilo et demi, soit une quantité d'eau parfaitement
insuffisante. Mais enfin cela ira. L'eau me paraît peu
salée par rapport à celle de la Méditerranée. »

Cette nuit-là, mon expérience m'apparut sous son
vrai jour, un jour entièrement nouveau par rapport
à ce banc d'essai qu'avait été la Méditerranée, ce lac
fréquenté, civilisé, sillonné par les navires. Maintenant j'entrais dans l'Océan sans mesure, sans rencontre, l'Océan qui allait véritablement juger de ma
tentative. Depuis le début, tout contribuait à rendre
sensible cette effrayante disproportion.

L'alizé fraîchit de plus en plus. Ce fut bientôt la
tempête. Me portant, tantôt sur leurs crêtes, tantôt

dans leurs replis, les lames, tour à tour, me proté-
geaient ou m'exposaient au vent. Autour de moi, des
vagues déferlaient. Qu'arriverait-il si je me trouvais
juste sous le point de rupture d'une masse liquide?

Impuissant mais confiant dans la stabilité de mon
canot, je m'endormis, espérant une nuit sans rêves.
Ce fut une nuit de cauchemars. Il me sembla que
l'eau montait autour de moi, qu'elle avait tout envahi.
Je me mis à me débattre. Y avait-il encore un bateau
sous moi? Etais-je dedans? Etais-je dehors? Je nage.
Je nage plus fort. Mort d'angoisse, je me réveille,
l'Hérétique est entièrement submergé. Je réalise
qu'une vague vient de déferler juste sur nous. A tout
prix il faut écoper. Seuls les puissants flotteurs de
caoutchouc surnagent encore et, de part et d'autre,
c'est une seule mer; *l'Hérétique* continue impertur-
bablement sa route, comme une épave. Mais je n'ai
pas le droit, je n'ai pas le temps de me laisser décourager. Presque instinctivement, j'écope d'abord des
deux mains, puis avec mon chapeau : instrument
absurde de ce travail impossible. Il fallait écoper
assez vite entre les plus grosses vagues pour que *l'Hérétique,* allégé, émergeât suffisamment. Même muni
d'une véritable écope, il eût été nécessaire que je
soutienne une cadence déjà exténuante : chaque
vague importante qui nous atteignait donnait un
grand choc sur le tableau arrière et aussitôt, l'océan
déferlait de nouveau, rendant inutile, dérisoire, désespérant, le travail des dix minutes ou du quart d'heure
précédents. J'ai grand-peine à comprendre moi-
même comment, transi, j'ai pu tenir deux heures de
la sorte car il m'a fallu deux heures de travail avant
d'avoir définitivement remis le bateau à flot. Naufragé, sois toujours plus têtu que la mer : tu gagneras.

J'étais sauvé, mais l'eau avait tout imprégné, et
lorsque le soleil aurait tout séché, *l'Hérétique* ris-

quait d'être couvert d'une mince pellicule de sel qui se retremperait tous les soirs avec l'humidité de la nuit. Le canot était devenu un véritable marais salant. Le matériel emporté se trouvait dans des sacs étanches, la radio notamment n'avait pas été atteinte. Les allumettes, par contre, sont trempées. Je les étale autour de moi pour les sécher au soleil. Je ne sais ce que cela donnera, mais il faut toujours tout essayer. J'en ai une centaine de boîtes, heureusement, car il me faudra maintenant une boîte entière pour trouver une allumette qui s'enflamme.

J'aperçois encore la terre; je pense que c'est la dernière fois. En tout cas, j'étais désormais assuré que l'*Hérétique* ne pourrait jamais se retourner. Il s'était comporté comme je l'espérais, comme un aquaplane, une plate-forme, sur la crête de la vague où il avait glissé sans offrir de résistance. Il y avait déjà de fortes chances que, tout au moins, le bateau arrive entier de l'autre côté.

La nuit suivante, craignant qu'une pareille mésaventure ne se reproduisît, et voyant le vent augmenter, je baissai la voile; pour éviter qu'une lame s'abattant sur le canot n'envahît l'intérieur, je jetai l'ancre flottante, exposant ainsi l'avant à la vague. Mais quel dommage de perdre une bonne vitesse. Je n'ai encore rien pêché, mais autour de moi des cercles concentriques semblent prouver que les animaux affluent. Comme je l'avais prévu, dans deux jours j'aurai du poisson.

Le jeudi 23, je n'ai rien marqué sur mon journal, car je n'ai pas eu le temps, ayant été occupé toute la journée à des travaux de couture. Le vent s'était levé dans la bonne direction : c'était bien l'alizé du nord-est qui devait me porter jusqu'aux Antilles. Le sort, comme on sait, est ironique; à peine le vent s'était-il établi que la voile se déchire dans sa plus

grande largeur, cette voile fidèle qui m'avait poussé
de Monaco aux Canaries. J'avais décidé au départ de
m'en servir le plus longtemps possible, quitte à la
remplacer par la voile neuve que je possédais le jour
où elle ne remplirait plus son office. Mais je ne pensais pas hélas! que ce serait si tôt. Je jette donc l'ancre
flottante, baisse la voile et fixe la neuve à la vergue.
Une demi-heure après, un coup de vent violent l'ar-
rache comme un cerf-volant, dans un mouvement
d'aile; je la vois qui s'envole et s'abat plus loin
dans les flots. Elle avait arraché avec elle tous les
filino qui la retenaient, y compris l'écoute et la drisse.

Il va falloir donc que je recoure à ma vieille voile
déchirée, et résigné, je commence à la recoudre. Mon
matériel consiste en tout et pour tout en une bobine
de fil noir ordinaire et des aiguilles non moins ordi-
naires; aussi dois-je recoudre au point le point
(comme on dit au jour le jour). Je ne puis étaler
devant moi tout l'ouvrage, tant la place me manque.
Il faut gagner peu à peu sur la déchirure, comme j'ai
gagné sur la vague, comme je gagnerai sur le temps.
Le soir, le travail est à peine terminé; bien fatigué et
ne voulant pas mettre mon ouvrage à trop rude
épreuve, car enfin c'est tout de même la dernière voile
qui me reste et je ne veux pas qu'elle me soit arrachée,
je dors avec l'ancre flottante; il faut aussi savoir perdre
parfois de précieuses heures.

Tout le reste du voyage, j'aurai un peu peur de
regarder devant moi cette voile avec ce morceau de
tissu qui la traverse pareil à une blessure qui menace
de se rouvrir, mais j'ai surtout peur de cette peur
même, car je sais que la fatigue de la mer rend supers-
titieux et la superstition rend faible et lâche. De là,
date le début d'une longue lutte morale, à coup sûr
aussi vitale que celle qu'il me fallait mener contre les
éléments. Je remarquais que, lorsque tout allait mal,

je n'y pensais pas, mais qu'après toute amélioration,
je recommençais à avoir des craintes. Je me posais
alors des questions sur mon matériel. Irait-il jusqu'au
bout? Mon angoisse s'explique peut-être par le fait
que toute cette nuit-là je fus gelé. Je commençais à
grelotter, tout humide, la peau imprégnée de sel.
Jamais je n'ai tant aimé le soleil; je guettais son lever,
je l'implorais, je croyais que ce serait mon sauveur.
C'était mal le connaître, ou c'était oublier, comme on
le verra plus tard, qu'il existe des amis perfides.

J'avais très peu progressé jusqu'alors et, fait plus
grave, je ne savais pas de combien de milles j'avais
avancé. Ainsi vont commencer mes erreurs de calcul
sur l'établissement de ma longitude, erreurs qui faill-
lirent m'être funestes; j'en reparlerai plus tard. Il est
vrai que je suis dans la zone des alizés forts, là où il
prend naissance, où il est jeune, vigoureux, et souffle
encore avec la violence primitive. Ce n'est que plus
tard qu'il va s'apaiser et que, répandu sur une plus
grande surface, sa force en sera d'autant diminuée.

Pour l'instant les vagues sont hautes et blanches sur
le dessus; c'est la mer qui montre les dents en riant,
comme un enfant terrible. Et de même qu'aux enfants,
on cache sa crainte, je hisse ma voile rafistolée. A
peine ai-je pris quelque vitesse que la pêche commence : autour de moi de grandes taches vertes et
bleues apparaissent. Ce sont des poissons qui ne s'approchent guère, d'abord, et ne se montrent qu'avec
méfiance. En effet, à mon premier geste, ils s'écartent
rapidement, plongeant et disparaissant dans la profondeur des eaux. Il faut pourtant parvenir à pêcher.
Toute cette journée du 24 octobre, je travaille à
tordre la pointe de mon couteau, lentement, sans la
briser, sur mon aviron plat, comme sur une enclume.
Je fixe alors avec une ficelle le manche de mon couteau sur le bout de l'aviron pour essayer de harponner

le premier poisson qui approchera suffisamment. Tout à bord peut servir de ficelle, une cravate, des lacets, une ceinture, des cordes... Un naufragé en possédera toujours. Je tenais à ne pas me servir de « l'emergency fishing kits[1] », car dans la plupart des cas, même cette trousse manquerait aux naufragés. Il me fallait pêcher avec les moyens du bord. Durant ce travail, quelques oiseaux, à mon grand étonnement, passent encore au-dessus de ma tête. J'étais persuadé que, dès que j'aurais quitté la terre, il n'y en aurait plus. Encore un préjugé de terrien. Jamais je ne suis resté une seule journée sans apercevoir des oiseaux. L'un d'eux, notamment, semblait s'être attaché à moi : tous les jours du voyage, jusqu'à mon arrivée, il venait vers quatre heures faire quelques ronds au-dessus de *l'Hérétique*.

Mais c'était surtout les poissons qui m'intéressaient.

Le samedi 25 octobre, après avoir touché et blessé de nombreux poissons et avoir eu l'espoir, en les voyant frétiller au bout de mon crochet de fortune, de pouvoir enfin manger quelque chose, je sortis une première daurade de l'eau. J'étais sauvé : je possédais à la fois la nourriture, la boisson, l'appât et les hameçons, car derrière l'opercule en forme de crochet, il y avait un merveilleux hameçon naturel, que l'on trouve déjà dans les tombes des hommes préhistoriques et dont je réinventais l'usage.

Ma première ligne était créée. Maintenant, j'allais avoir largement à boire et à manger tous les jours; jamais plus je ne saurais ce qu'est la faim et la soif. C'est bien là ce qui fut le plus hérétique dans ma condition de naufragé.

1. Trousse de pêche, en boîte scellée, qui se trouve, en principe, dans les bateaux de sauvetage américains.

*

Les premiers jours, je ne fus pas encore complètement seul sur la mer. De gros bateaux, qui semblaient
se diriger vers les Canaries, me croisaient; pas un seul
cependant ne se dérangea. Je ne saurai jamais si l'on
m'a vu, mais il est très probable qu'un naufragé aura
beaucoup de mal à se faire repérer. J'en avais une
fois de plus la preuve. Par contre les poissons affluaient
maintenant autour de *l'Hérétique* et ne devaient plus
me quitter. Les pêcheurs et les spécialistes avaient
formellement déclaré avant mon départ : « Dès que
vous aurez quitté les îles, vous ne pêcherez plus rien. »
Or, les taches vertes et bleues s'étaient précisées en
silhouettes de gros poissons qui, maintenant familiers,
s'ébattaient autour du canot. Durant tout le voyage,
j'allais me familiariser avec ces échines multicolores
dont je recherchais chaque matin la présence, comme
celle d'amis. De temps à autre, un claquement semblable à une détonation me faisait tourner la tête,
juste à temps pour voir l'éclair argenté d'un corps
retombant dans les flots.

Le vent soufflait maintenant régulièrement. Je
laissais la voile jour et nuit, car n'ayant plus les îles
à éviter, j'étais beaucoup plus docile au souffle qui
me poussait et, naviguant plein vent arrière, je filais
devant les vagues qui me dépassaient lentement.
Comme la vitesse donne son équilibre au cycliste, elles
m'apportaient la sécurité, car si je m'arrêtais, la vague
heurtait violemment le tableau arrière et se brisait,
en m'inondant. Je fus alors pris de ce qu'on pourrait
nommer « l'angoisse du matériel », l'angoisse et la
crainte que le matériel ne tienne pas, surtout ma
voile blessée. J'écris dans mon journal :

« Je croyais, avant de partir, que le plus dur serait

de boire et de manger, mais non : c'est « l'angoisse du matériel », et celle de l'humidité, qui n'est pas moins atroce. Il faut tout de même que je me couvre des habits trempés que je possède, sans cela c'est le froid qui me tuera. »

Et je note, dès ce jour, comme conclusion :

« Le naufragé ne devra pas enlever ses vêtements même humides. »

Je réalisais, dès que je fus mouillé le surlendemain du départ, que des vêtements, même humides, entre-tiennent la chaleur du corps. J'étais vêtu normale-ment, comme un naufragé, d'un pantalon, d'une che-mise, d'un pull-over et d'une veste.

Instruit par l'expérience, je ne riais plus de la tenue des pêcheuses de moules et de crevettes boulonnaises qui s'habillent de la robe la plus chaude, des bas de laine les plus épais, des chaussures les plus étanches, pour entrer dans la mer avec tout cet attirail.

*

Le dimanche 26 octobre, j'inscris déjà dans mon jour-nal :

« Je n'arrive pas à déterminer ma longitude. L'heure de la culmination devrait suffire. »

Cette question est grave : le principe était que la hauteur du soleil sur l'horizon à midi devait me donner la latitude, le fait que midi changeait d'heure devant me donner la longitude. Or, j'étais parti du 15°; je devais donc normalement trouver à midi le soleil au sommet de sa courbe (à 1 heure de l'après-midi selon ma montre). En réalité, j'avais eu le soleil au sommet de sa courbe à midi un quart. J'estimais donc qu'il fallait faire une correction d'environ 45 min. On verra plus tard l'erreur que ce calcul me fit faire.

Je trouvai, ce jour-là, dans ma poche, un mot de

mon ami John Staniland, le capitaine du yacht
Nymph-Errant, qui devait quitter les Canaries trois
semaines plus tard. C'était son adresse qu'il m'avait
donnée avant mon départ en me demandant de lui
télégraphier dès que je serais arrivé, quelque part, sur
une des îles qui forment l'archipel des Antilles :
« John Staniland, care of King Harbour master
Bridgetown Barbados », et il avait ajouté : « To
awaite arrival of british yacht », ce qui voulait dire :
« Tu arriveras avant nous. » Il savait évidemment
qu'il arriverait très longtemps avant moi, mais enfin
il voulait me prouver, il voulait me faire croire que
je parviendrais le premier de l'autre côté.

J'étais, cependant, bien optimiste quand j'écrivais :
« Si j'étais au point que je pensais, j'aurais atteint le
21e degré nord mercredi et, changeant de route jeudi,
pour aller plus à l'ouest et mettrais dix jours pour
sept cents milles; or, il m'en reste mille huit cents,
soit vingt-cinq à la même vitesse. Cependant, ne soyons
pas trop optimiste. »

Mais l'espoir est toujours permis, et l'espoir était
vif en moi, comme il le restera jusqu'au bout. J'avais
l'impression de n'être parti que la veille. J'étais pourtant depuis déjà huit jours en mer. On m'a souvent
demandé si je m'étais ennuyé. On ne peut pas s'en-
nuyer avec la mer. Cette aventure était une coupure
absolue dans ma vie. Bien que chaque jour parût
extrêmement long, le temps ne comptait plus, car
j'avais perdu toute base de référence : heures de rendez-
vous, choses à faire à un instant précis; et les jours
se déroulaient sans que j'en eusse conscience. Plus
tard seulement, lorsque cette vie deviendrait ma vie
normale, le temps recommencerait à peser et à devenir long, car je pourrais comparer les jours à d'autres
jours exactement semblables.

*

La seconde semaine commença par un jour de fête
qui m'a donné un peu le cafard. C'était mon anniversaire. Après mon arrivée à la Barbade, quand on
me demandait mon âge, j'avais l'habitude de répondre :
— « J'ai eu vingt-huit ans en mer. »

Cependant, le sort devait se montrer clément et
m'offrir ce jour-là mon cadeau de fête. L'hameçon,
fixé par un bout de corde, traînait derrière le bateau,
quand brusquement un gros oiseau que les Anglais
appellent shearwater et dont je n'ai pas réussi encore
à trouver le nom français se précipite sur l'appât
qui était un poisson volant sans tête. Je le tire vers
le bord, un peu inquiet des coups que son bec risquait
de donner sur les cylindres de caoutchouc. A peine
arrivé à bord, heureusement, il est pris d'un violent
mal de mer, vomissant et souillant mon bateau de ses
déjections. Il était hors de combat et, malgré ma répu-
gnance, je lui tords le cou.

C'était certes la première fois de ma vie que je
mangeais un oiseau cru, mais enfin on mange bien
de la viande hachée crue, pourquoi pas un oiseau ?
Je conseille fortement à ceux qui pêchent un oiseau
de mer de ne pas le plumer, mais de le dépiauter,
car sa peau est extrêmement riche en graisse. Je divi-
sai mon oiseau en deux parts; une pour aujourd'hui,
l'autre que je mis au soleil afin de la faire sécher
pour le lendemain. Mais il ne fallait pas croire que
j'allais pouvoir enfin manger quelque chose qui n'ait
pas le goût de poisson. Sur ce point, je fus horriblement déçu. La chair était excellente, mais avait un
arrière-goût de « fruit de mer ».

Au cours de la nuit, j'eus une violente émotion :
au-dessus de la tente, j'aperçus une curieuse lumière.

Je crus tout d'abord au feu. En fait, c'était mon
oiseau qui répandait de très fortes phosphorescences
autour de lui, au point que cette lumière étrange, se
projetant sur la voile, lui donnait une allure fanto-
matique.

Le 28 octobre, se produisit un événement qui devait
avoir par la suite une grande importance et, sur le
moment, je ne m'en suis pas rendu compte. Je cassai
le bracelet de ma montre qui se remontait automati-
quement par les mouvements du poignet. Je la fixai
avec une épingle sur le devant de mon chandail,
pensant qu'elle se remonterait aussi bien ainsi, mais
les mouvements que je pouvais faire à l'intérieur
de mon esquif n'étaient pas suffisants. Elle s'arrêta
peu après et il fut alors trop tard pour la remonter.
Il devenait absolument impossible de savoir avec
certitude à quel endroit je me trouvais par rapport
à l'ouest, c'est-à-dire dans la direction qui m'impor-
tait le plus : celle des îles que je voulais atteindre.
C'est cet incident qui me révéla combien le fait de
vivre au hasard, de faire ce qu'il me plaisait, de ne
pas connaître à l'avance le travail à faire, commençait à me peser singulièrement. Je décidai aussitôt
d'établir un emploi du temps. Il est, je crois, extrêmement important que l'homme reste maître de ses
actions et que ce ne soient pas les événements qui le
dirigent.

D'abord, afin de rompre avec la présence unique
et constante de la mer, j'avais décidé de mener une
vie « paysanne », c'est-à-dire de me lever et de me
coucher avec le soleil.

Au petit matin je ramasse les poissons volants qui,
durant la nuit, ne voyant pas ce piège, venaient se
cogner contre ma voile et retombaient à la surface
de la tente. Il y en eut, dès le troisième jour et pendant tout le voyage, une moyenne de cinq à quinze

tous les matins. Je choisis les deux plus beaux pour
mon petit déjeuner. Après quoi je pêche pendant
environ une heure, ce qui suffit à l'acquisition de ma
nourriture quotidienne. Je divise alors ma provision
en deux parts, une pour le déjeuner, l'autre pour
le dîner. Pourquoi n'avais-je pas changé mes heures de
repas? Pourquoi attendre comme à terre le matin, le
milieu du jour et le soir pour manger? C'est qu'ayant
déjà modifié la nature de mon alimentation, je jugeais
inutile d'introduire un nouveau bouleversement dans
mon régime en changeant les heures de travail de
mon estomac. Celui-ci a l'habitude de sécréter des
sucs gastriques à l'heure habituelle des repas, pour
être prêt à les assimiler ensuite. Il était donc inutile
de lui imposer un travail supplémentaire.

Après la pêche vient l'heure d'inspection systéma-
tique de mon bateau; le moindre frottement peut
m'être fatal; il suffit que le dos d'un livre, une petite
planche, ma radio même, frottent toujours à la même
place pour entamer et percer le caoutchouc, en peu
de jours. Ceux qui verront *l'Hérétique* exposé, à Paris,
au Musée de la Marine pourront constater que, malgré
toutes mes précautions, une surface d'usure est visible
sur la partie droite, à l'endroit où mon dos était
appuyé. Au bout de quarante-huit heures, en effet,
je fus affolé de constater que le seul fait de maintenir
mon dos contre la paroi avait déjà supprimé la peinture. Il fallait donc que j'interpose entre elle et moi
quelque chose qui supprime le frottement car, après
la peinture, ce serait la trame du tissu, et alors adieu
l'imperméabilité. J'ausculte à ce moment le bateau,
collant mon oreille le long des parois, pour savoir à
quel endroit il pouvait y avoir un frottement, exactement comme on ausculte un cœur pour savoir s'il y a
un « souffle ». J'auscultais donc les « souffles » de mon
bateau, cherchant ainsi à quel endroit pouvait se

trouver le frottement qui m'eût été mortel. Comme un poumon, le boudin rempli d'air me transmettait les bruits à travers une masse sonore; le moindre sifflement m'aurait servi à déceler une fuite quelconque. J'usais de plus de la précaution suivante : quoi qu'il arrive, mon bateau n'allait pas se dégonfler régulièrement sur toute sa superficie; je ferme donc pendant la nuit les cloisons étanches, qui, pendant le jour, étaient en général ouvertes; lorsque je les rouvre, le lendemain matin, si l'un des caissons avait diminué de pression, un sifflement se serait fait entendre au moment où la pression se rétablirait entre les différents compartiments. Jamais ce phénomène ne s'est produit, grâce à Dieu. Cette inspection, cette palpation et cette auscultation m'ont plusieurs fois évité la catastrophe. Une semblable vigilance doit être un impératif catégorique pour tous les naufragés.

Vient ensuite une demi-heure de gymnastique pour aider à conserver la souplesse de mes muscles et de mes articulations. Enfin, la pêche des deux cuillerées à café de plancton nécessaire à la lutte contre le scorbut, ce qui me prenait d'une dizaine à une vingtaine de minutes. Mais tout filet jeté à la mer étant un frein, je me trouvais placé devant ce dilemme : ou bien recueillir peu de plancton et aller vite, ou bien beaucoup de plancton pour me nourrir, mais ne plus avancer. J'avais donc décidé que, tant que le poisson serait abondant, je ne prendrais le plancton que comme médicament (Vitamine C).

A midi, l'heure du point arrive. Pour obtenir un résultat satisfaisant, une demi-heure auparavant, je fais plusieurs mesures car mon bateau s'agite toujours beaucoup. Peu à peu, le soleil monte quand la progression de l'angle devient nulle; à ce moment-là, il est au méridien. Malgré les terribles difficultés dues à mon peu d'élévation au-dessus de l'horizon, je

deviens rapidement habile à ce petit sport; le grand
danger était de prendre la crête d'une vague pour
l'horizon réel. Les vagues étaient extrêmement fortes
mais régulières car nulle côte voisine ne les modifiait;
j'avais découvert leur périodicité et savais qu'au bout
de la sixième ou septième, j'allais me trouver sur une
haute crête d'où je dominerais l'horizon; je les comptais donc, sans les regarder, l'œil à l'oculaire du sextant et à la septième, je « jetais le coup d'œil ». Il
fallait à ce moment-là faire coïncider rapidement le
bord inférieur du soleil avec l'horizon, en imprimant
un mouvement circulaire au sextant pour que le
soleil fût exactement sur la tangente. Si mes lati-
tudes au départ étaient affectées d'une erreur d'une
dizaine de milles, après une semaine environ, elles
atteignaient la précision d'un mille.

L'après-midi est le moment le plus long et le plus
pénible de la journée, heures difficiles, sans aucun
moyen d'éviter le soleil implacable. Je les consacre
au travail médical et intellectuel. A 2 heures, observation médicale complète: tension artérielle, température, état de la peau, état des phanères[1], état des
muqueuses, température de l'eau, température de
l'atmosphère, état de l'atmosphère, observations mé-
téorologiques. Puis, vient l'examen « subjectif »,
psychique et moral, exercice de mémoire. Enfin, les
distractions : musique, lecture, traductions.

Lorsque le soleil passe derrière la voile, me
donnant ainsi du répit, je refais l'examen médical
du soir : la quantité des urines, la force musculaire, le nombre de selles, puis le résumé des observations de la journée : la pêche du jour, la quantité
et la qualité du poisson, et la façon dont je l'avais
utilisé, les prises de plancton, sa nature, son goût,

1. Tout le système corné : ongles, poils, cheveux.

sa quantité et quels oiseaux j'avais rencontrés.

La nuit tombante m'apporte enfin le repos et je m'accorde une à deux heures de radio après le repas du soir.

Pendant tout le cours de la journée, se pose un problème constant : savoir comment me placer, car je commence à souffrir de la position assise. Je suis, soit assis sur le bord du bateau, les jambes pendantes, mais alors je risquais d'avoir les jambes lourdes et des œdèmes aux chevilles; soit assis au fond de mon bateau, le dos appuyé sur le boudin, les jambes par-dessus le boudin d'en face, mais très rapidement la douleur des jambes surélevées, que les avirons meurtrissent, me force à changer encore de position; parfois étendu sur le bateau, mais comme je commence à maigrir, mes os me font souffrir à travers ma peau, et la position devenait vite intenable. Me tenir debout est pratiquement impossible; la position la plus rapprochée de la station verticale était genoux demi-fléchis, appuyés contre le boudin, dans la contemplation perpétuelle de la mer. Je me suis d'autre part tranquillisé en accrochant une corde à ma ceinture, longue de vingt-cinq mètres, qui s'attache à l'implantation du mât. Le bateau garde certes une stabilité parfaite, cependant il suffit que je change de place pour qu'une oscillation rende ma position impossible : il faut toujours que je sois appuyé à quelque chose. Heureusement, je ne devais subir ni tangage, ni roulis, mais une simple oscillation. Malgré tout, j'ai le sentiment qu'il suffirait d'une vague pour que tout fût terminé. Autour de moi s'écrasent avec des bruits de tonnerre des vagues énormes qui tombent sur place dès qu'elles sont déséquilibrées par leur propre force. Une seule d'entre elles en s'abattant sur moi peut toujours mettre fin à l'expérience et à ma vie.

Cette journée du 28 octobre, je note :

« Bon signe : je ne fais pas de « rêves alimentaires », et c'est la meilleure preuve que je n'avais
pas faim, car la faim est avant tout une obsession. En
fait, je ne désirai rien.

Le 29 octobre, je suis frappé pour la première fois
par le tragique de ma situation. Ce qui tranche, par
rapport aux précédentes étapes, outre sa longueur,
c'est le caractère inéluctable de cette traversée. Impossible de s'arrêter, impossible de revenir en arrière;
il est même impossible de demander un secours. Je
ne suis qu'un élément dans cet immense brassage. Je
fais partie d'un monde sans mesure humaine. J'en
ai souvent froid dans le dos, et maintenant, depuis
déjà plusieurs jours, plus aucun bateau ne se montre.
J'ai vu hier mon premier requin depuis les Canaries.
Il est vite passé. Quant aux daurades, elles me sont
déjà devenues familières; j'en reparlerai fréquemment,
car elles sont la seule présence amicale autour de moi.
Dans la nuit, lorsque je me réveille, je suis frappé par
la beauté de ces animaux qui tracent des sillages parallèles au mien que la phosphorescence de la mer trans-
forme en traînées lumineuses.

Pris par je ne sais quelle curiosité, je veux voir
quel effet produira sur ces animaux le faisceau d'une
lampe électrique que je projetterai sur eux. J'allume
ma torche et la surface de la mer s'illumine; immédiatement, les poissons se concentrent autour du jet
lumineux. Je suis encore plongé dans le ravissement
de ces évolutions que je dirige comme je le veux,
lorsque brutalement, un choc me force à m'appuyer
sur le rebord du bateau. C'est un requin, un grand
requin dont la partie supérieure de la queue est
beaucoup plus grande que la partie inférieure. Il s'est
retourné sur le dos pour venir vers moi. Toutes ses
dents luisent sous la lumière électrique; son ventre
est blanc. A coups de museau répétés il vient mainte-

nant heurter le canot. A-t-il voulu mordre à ce moment-là? Je ne sais : On m'a toujours dit que les
requins se retournaient pour prendre une proie. Ce
que je puis affirmer c'est que ma peur fut grande; je
n'étais pas encore habitué à ces façons brutales. Le
seul requin que j'avais vu jusqu'alors, entre Casablanca et les Canaries, m'avait suivi à distance res-
pectueuse, mais celui-ci est sans doute né trop loin de
toute côte pour se montrer aussi civilisé. Ayant éteint
ma lumière, j'espère qu'il va s'éloigner. Pendant un
long moment, les battements de sa queue claquent
autour de moi comme des coups de fouet et m'asper-
gent régulièrement de la tête aux pieds. Son ventre
apparaît de temps en temps, tache blanche au milieu
d'un feu d'artifice de phosphorescence. Enfin, lassé
sans doute de ma passivité, il s'éloigne. Il est probable qu'il a voulu me mordre, mais avez-vous déjà
essayé de mordre dans un ballon de football? Je sais
que c'est pratiquement impossible, et peu à peu je
me rassure, tout en souhaitant que des hôtes aussi
indésirables ne s'approchent plus de moi. Aussi je me
jure bien de ne jamais plus éclairer la surface de la
mer. A dater de ce jour, encouragé par l'absence
totale de bateaux autour de moi, et pour ménager
également le pétrole, je décide de supprimer mon
fanal nocturne. Le moral est encore bon, quoique je
commence déjà à souffrir du froid de la nuit, de l'immobilité et de l'humidité qui est véritablement atroce.
Les premiers effets de l'expérience commencent à se
manifester sur mon corps. Je note dans mon journal :

« J'ai perdu l'ongle du petit orteil droit; de plus,
une bizarre éruption, probablement due au sel, a
paru sur le dos de mes mains; j'ai une peur terrible
de la furonculose qui serait pour moi une douleur
épouvantable et que je voudrais essayer de ne pas
soigner, pour ne pas fausser les données de l'expé-

rience. J'ai bien à bord des antibiotiques, mais si je m'en sers, les naufragés futurs m'objecteront qu'en cas de naufrage, ils n'auront pas, eux, de médicaments. Je suis décidé à ne m'en servir qu'à la toute dernière extrémité. »

Premières atteintes de la solitude et de la fatigue, je me laisse aller à comparer ma situation avec ma vie normale :

« Ah! vraiment, quelle dure rançon je paye pour les journées de douce vie que j'ai menées à terre » et, toujours optimiste, je compte qu'il ne me reste plus que 25 à 40 jours!

C'est amusant (sur le moment, c'était plutôt tragique) de voir comme la route sur la carte prend une signification terrestre; j'écris encore dans mon journal :

« Quand j'aurai atteint le 21e degré nord, *je tourne à droite* et je prends 255 au lieu de 230″ » (jusqu'aux chiffres qui prennent des allures de routes nationales), et j'ai alors vraiment l'impression que je prendrais la première à droite. Cet océan sans borne est pour moi orienté comme une ville, par le seul fait que je vais quelque part.

« En écrivant mon journal, j'ai raté ma latitude; tant pis, ce sera pour demain, j'ai le temps. Enfin, sur ce parcours, Colomb a mis, à la même saison, 22 jours : je compte que j'en mettrai bien 35 à 40. Il faut apprendre à vivre contemplativement et végétativement, car depuis que je réfléchis, tout paraît plus long. »

Je me pose alors la question :

« Si je n'étais pas seul, serait-ce plus facile? Je le crois. Oh! Jack, pourquoi? pourquoi? Enfin, épiloguer ne sert de rien. Dieu, que cet alizé est fort. Si ma voile le supporte, tant mieux, j'arriverai plus vite, mais je suis trempé. »

Le jeudi 30, un véritable délire d'optimisme s'empare de moi : j'écris mot à mot :

« Encore vingt-trois jours » (ce qui me faisait arriver environ le 23 novembre); j'ajoute tout de même : « Si tout se passe bien. »

Beaucoup s'étonneront de cet optimisme, et le croiront postérieur au voyage, invoquant notamment les délais que j'avais moi-même fixés à mon entreprise. Mais c'est qu'il était nécessaire d'octroyer une large marge à l'inquiétude des miens. Si j'avais dit : « Je mettrai trente-cinq jours », et non soixante, j'avais pensé qu'ils se seraient mis en campagne le vingtième jour, alors qu'ils ne le feraient que le trentième ou le quarantième jour.

« Quelle belle journée, calme et sans incident; comme fut la nuit. J'ai rêvé de ma discothèque; un avion est passé juste au-dessus de moi. Il ne m'a certainement pas vu. Je suis toujours menacé par le moindre frottement. »

Cette dernière remarque faisait allusion à l'esquif de secours que j'avais placé sur l'avant de mon bateau afin de pouvoir le gonfler rapidement en cas d'accident et le mettre à la mer. Pendant la nuit, le gui de ma voile a frotté sans arrêt sur le caoutchouc, jusqu'à faire un beau trou rond. Il suffit donc d'une nuit de frottement d'un corps extrêmement léger pour qu'un trou complet se fasse dans le tissu caoutchouté. Quelle leçon, quelle merveilleuse leçon. A vrai dire, la première de ces conclusions était assez terrible : en cas d'accident à *l'Hérétique,* je n'avais plus rien pour me mettre sur l'eau. Il est vrai que, dans cet esquif, les chances de survivre auraient été de toute façon extrêmement faibles. Ce canot de caoutchouc était un petit dingy individuel, fait pour repêcher les gens qui tombent à la mer tout près des côtes; je ne crois pas qu'il m'aurait permis de traverser l'Atlantique. Ce trou,

néanmoins, me prive du plaisir de mettre le petit
canot à la remorque et de photographier *l'Hérétique*
au milieu de l'Atlantique, nageant, avec la voile
hissée. Je me rapprochais de plus en plus, par la force
des choses, de la condition réelle du naufragé. Comme
pour lui, mon embarcation devenait ma dernière
chance.

« Attention, attention, il m'arrive trop souvent de
compter les jours et c'est ce qui fait paraître le temps
plus long. La pêche a diminué nettement en nombre
de prises, mais elle augmente en poids; je peux maintenant boire quotidiennement mon poisson en faisant
des fentes dedans, sans plus même avoir besoin de le
presser, de le découper en petits morceaux, comme je
le faisais autrefois, petits morceaux que je disposais
dans ma chemise pour l'essorer par la suite. Vraiment,
ce jeudi 30, le temps est magnifique. Le jeune alizé
commence à vieillir; c'est devenu une bonne brise,
qui me pousse dans la direction voulue. Je suis, à ce
moment-là, à peu près dans les temps prévus, sur
21° 28 N. »

Je saurai beaucoup plus tard qu'en réalité je me
trouvais aux environs de la longitude 18 ou 19. Je
pensais à ce moment-là qu'il me restait à parcourir
35° sur l'ouest et 4 au sud, soit environ 1.800 à
1.900 milles, et je comptais avoir fait environ le quart
du trajet. On verra plus loin ce qu'il en était. Le vendredi 31 octobre je relève dans mon journal de bord :

« Le vent s'est heureusement levé un peu pendant
la nuit et maintenant je file de nouveau; je suis
survolé par un magnifique shearwater et j'essaie de le
pêcher car je me souviens avec nostalgie de l'oiseau
de mon anniversaire. Hélas! celui-ci est parfaitement
récalcitrant. »

La soirée était délicieuse hier, j'ai eu de la belle
musique : la 7e *Symphonie* de Schubert. Ce voyage

sera sous le signe de cette symphonie, chose curieuse car on ne l'interprète pas fréquemment et pourtant je l'entendrai six fois pendant les soixante-cinq jours que je serai en mer.

Optimisme invraisemblable, j'écrivais encore ce jour : « A partir de samedi 22 novembre, j'ai une chance de voir la terre. » Je devais la toucher, la voir et la toucher le 23 décembre seulement, c'est-à-dire un mois plus tard. Mais déjà mes premiers doutes sur ma navigation commençaient à se faire jour puisque j'écris à 4 heures :

« La navigation n'est décidément pas une petite affaire. Il y a toujours cette fameuse déclinaison; or ma carte, mon « routier de l'Atlantique » ne la porte pas. Tout le problème est donc de savoir si je fais bien la route que me donne le compas, et si j'ai vraiment incliné vers l'ouest, ou si c'est la variation ouest qui a augmenté. Dans ce cas, je maintiens beaucoup plus vers le sud que je ne pense. Mon changement en latitude aurait dû me renseigner là-dessus, mais ma vitesse est si difficile à mesurer qu'il est impossible de faire une réelle navigation à l'estime. Je me base sur 80 milles par jour (j'apprendrai par la suite que c'était une estimation absolument délirante), mais je dois faire mieux (j'étais encore plus délirant!), enfin l'important sera de demeurer entre le 17° et le 18° degré nord. Demain, si ma route est bonne, je devrais être sur 20°20 nord. Quelle merveille que l'alizé! Ma longitude approchée est de 26°40 (ceci en réalité était une erreur, et je me trouvais aux environs de 18°), soit encore 33° à parcourir dans l'ouest, environ 1.700 milles, à 80 milles par jour, c'est-à-dire vingt-deux ou vingt-trois jours. »

Et j'ajoute : « Si le vent tient, cela devrait aller ainsi; au fond je suis un aussi bon navigateur que Christophe Colomb. » Oh! solitude, tu commences à m'inquiéter sérieusement, le jour où j'écris cette chose typique! Je comprends la différence entre solitude et isolement. De l'isolement dans la vie normale, je sais comment je peux sortir : tout simplement par la porte pour descendre dans la rue ou par le téléphone afin d'entendre la voix d'un ami. L'isolement n'existe que si l'on s'isole. Mais la solitude, quand elle est totale, nous écrase. Malheur à l'homme seul... De chaque point de l'horizon il me semble que la solitude immense, absolue, que tout un océan de solitude se ramasse au-dessus de moi, comme si mon cœur donnait enfin à ce tout qui n'était pourtant rien son centre de gravité. Le jour où j'avais lâché la remorque à Las Palmas, je croyais te maîtriser, solitude, et qu'il faudrait seulement m'accoutumer à ta présence à bord. Mais je ne t'ai pas emportée, présomptueux que j'étais, comme si mon bateau ou moi pouvions te contenir; c'est toi qui m'as envahi. Rien ne peut te rompre, pas plus que rien ne pourrait rapprocher l'horizon. Et si pour entendre ma voix je me mets à parler haut, je suis encore plus seul, naufragé dans le silence.

« Ce 1er novembre j'ai atteint le 20° nord et je tourne à droite. Je file vers l'ouest, avec très peu de sud mais toujours un peu. Je vais tâcher de gagner quelques degrés en longitude; j'ai changé d'amures, c'est-à-dire que ma voile est passée du côté droit sur le côté gauche, et normalement je devrais rester dans cette position jusqu'à l'arrivée sans y toucher. » Je dois dire qu'en fait je ne dirigeais plus mon bateau; j'avais fixé mon aviron de telle sorte que la direction restât celle du compas, et je ne le touchais ni jour ni nuit.

Seulement de temps en temps, toutes les deux heures environ, il fallait que je donne un petit coup pour redresser la direction qui s'était légèrement mo-

difiée. La nuit je dormais au milieu d'une humidité
constante, même lorsqu'il avait fait beau pendant le
jour. Je dormais ainsi douze heures. Comment pouvais-
je prendre autant de sommeil dans de telles conditions? C'est d'abord parce que j'avais confiance; je
savais maintenant que mon esquif résistait aux lames
qui l'assaillaient de toutes parts, je savais que si une
vague catastrophique s'abattait sur lui, il pouvait bien
survenir un accident grave, mais qu'il ne se renverse-
rait pas. Je tenais ce raisonnement un peu simpliste
mais combien réconfortant : puisqu'il ne m'est rien
arrivé dans la journée, pourquoi devrais-je craindre
quelque chose la nuit?

Je ne me protégeais jamais la tête, étendant la
tente jusque sur mon cou, comme une couverture, le
visage toujours à l'extérieur, dominé par un ciel
étoilé comme je n'en ai jamais vu depuis. J'étais
éclairé de temps en temps par une veilleuse, je veux
dire par la lune.

L'alizé est régulier et calme. Je n'ose pas trop lire,
de peur un jour, mes piles étant épuisées, de ne plus
avoir rien à faire pour m'occuper; et elles donnent
déjà des signes de faiblesse. A part quelques rares
embarquements ces jours-ci, je commence tout de
même à être un peu plus au sec. J'en profite pour
refaire mes calculs tous les jours, et chaque fois les
résultats optimistes semblent me dire : vers le 23 tu
seras à terre, vers le 23 tu seras à terre, vers le 23
tu seras à terre. Ma longitude estimée dit 27°30; le
nombre des oiseaux commence à diminuer nettement,
le poisson un petit peu. Il faut maintenant que je
pêche plus longtemps dans la journée, environ deux
heures à deux heures et demie. Je n'ai pas encore rencontré de touffes de sargasses; il est vrai que je vais
passer au sud pour tâcher de les éviter. Je m'aperçois
que je gagne en latitude, car maintenant c'est Dakar

le poste français que j'entends le mieux, et en longitude parce que les postes américains font leur apparition. Néanmoins les ondes sur l'Atlantique appartiennent à deux nations : l'Angleterre (BBC) et la Russie.

Ce dimanche 2 novembre n'est pas près de quitter
mon souvenir car je viens de faire une belle impru-
dence; « pouvais-je faire autrement? » notai-je dans
mon journal. Oui, très certainement.

Depuis plusieurs jours ma santé était moins bonne.
Le changement de nourriture et l'humidité perma-
nente avaient fait apparaître sur mon corps une éruption douloureuse de petits boutons. J'espérais éviter
les escarres grâce à un petit coussin pneumatique,
seul exemplaire que je possédais. Un faux mouvement
avait dû le faire tomber à la mer et lorsque je m'en
aperçus, il flottait déjà à quelques centaines de mètres de moi. Je baissai la voile et jetai l'ancre flottante puis, plongeant, je partis à sa recherche. Bon
nageur, je l'atteignis en quelques minutes. Quelle ne
fut pas ma terreur lorsque, voulant revenir à bord,
je m'aperçus que mon embarcation fuyait devant moi,
sans que je puisse raccourcir la distance qui nous séparait. L'ancre flottante, comme un parachute, s'était
mise en drapeau. Plus rien ne freinait la dérive. La
fatigue allait certainement m'envahir avant que je
puisse rattraper le fugitif... C'est à ce moment-là que
l'Hérétique faillit continuer son voyage sans moi.

Lors de mon entraînement pour la traversée de la
Manche, en 1951, en bonne condition physique, j'avais
nagé vingt et une heures. Affaibli maintenant par les
privations et par une vie sans exercice, combien de
temps allais-je pouvoir tenir? J'avais immédiatement
abandonné le coussin à son sort et m'étais mis à
crawler de toutes mes forces. Je crois que jamais,
même pendant ma course à Las Palmas avec M. Boiteux père, je n'ai été si vite! J'arrivai d'abord à di-

minuer la distance qui me séparait de mon embarcation, mais ne parvins ensuite qu'à maintenir ma position. Alors, je vis soudain *l'Hérétique* ralentir, je le
rattrapai et m'y hissai péniblement. Les cordes de
l'ancre flottante s'étaient dénouées, comme par miracle. J'étais épuisé moralement et physiquement et
me jurai que ce serait le dernier bain de la traversée.

Mes rapports avec mes voisins marins commencent
à s'organiser. Je suis entouré d'une famille qui me
devient vite sympathique. Elle se compose de cinq
ou six daurades et d'un pétrel qui, tous les jours, à
quatre heures, vient me faire une petite visite. C'est
un tout petit oiseau noir, avec des points blancs sur
la queue, gros comme un moineau de Paris. Je me
demande comment il a pu parcourir de pareilles dis-
tances pour venir pêcher sa vie au milieu de la mer.
Tous les jours, il m'aborde par l'arrière; il fait quatre
petits pas, car il marche sur l'eau, et disparaît au
moment où le soleil se couche. Les daurades, elles,
sont beaucoup plus fidèles, et demeurent avec moi
vingt-quatre heures sur vingt-quatre. Je les reconnais
d'ailleurs fort bien : en essayant de les pêcher, le premier jour, je leur ai fait des blessures qui sont toujours ouvertes. Je m'aperçois à ce sujet que les poissons, comme les êtres humains, cicatrisent mal dans
l'eau de mer. L'une de mes daurades possède une
grosse plaie ovalaire de la taille d'une pièce de cent
sous, au tiers postérieur de son dos; une autre est
blessée sous la nageoire latérale. Il y en a cinq ou six
que je reconnais de la même façon et à qui, bientôt, je
donne des noms; la plus grosse s'appelle Dora : elle me
suit régulièrement, prenant d'ailleurs toutes ses précautions pour que je ne puisse pas la toucher une seconde fois, mais reste à proximité, me jetant de temps
en temps un coup d'œil quand elle regagne l'abri du

bateau, ou se tournant sur le côté pour regarder en l'air.
Lorsque le vent se calme et que je ne vais pas assez
vite, rapidement toutes viennent donner des coups de
queue au boudin de caoutchouc, semblant me demander ce que je fais à traîner ainsi. Régulièrement il en
arrive de nouvelles, et ce sont celles-ci que je peux
pêcher; il suffit de se servir du hameçon-arête, de le
fixer à un fil ou à un cordonnet, d'appâter avec des
poissons volants, ramassés tous les matins sur ma tente.
Je lui fais effleurer rapidement l'eau, comme s'il
s'agissait d'un poisson volant qui gratte la surface
avant de replonger; les daurades se précipitent immédiatement dessus, « comme la misère sur le pauvre
monde », et hop, l'une est attrapée! Toutes les nouvelles venues se laissent prendre à ce stratagème,
mais les anciennes, qui me connaissent très bien, ne
se dérangent même plus.

Dans la nuit du 3 novembre, dans un éclat de feu
d'artifice, je pêche un horrible poisson à l'aspect ser-
pentin, armé de terribles crocs qui, la nuit, distille un
venin blanchâtre; chose curieuse, bien qu'il se soit
débattu tant qu'il était sous l'eau, à peine sorti hors
de son élément, il paraît être mort, et ne fait plus
une seule contorsion, alors que les poissons s'agitent
en général longtemps après leur capture. Je crois que
c'est parce qu'il s'agissait d'un animal des grands
fonds : il possède un œil immense par rapport à sa
tête et des crocs énormes; je ne le reconnais pas sur
le moment, et il est pour moi un parfait étranger;
devant son aspect cuivré, l'apparence vénéneuse de la
bave qu'il répandait sur le sac de couchage dans
lequel il avait *croché*, je le reprends précautionneusement par la queue et le rejette dans l'eau.

J'appris plus tard qu'il s'agissait du gempylus, ce
maquereau-serpent qui avait fait irruption dans le
sac de couchage d'un des membres de l'équipage du

Kon-Tiki; il faut croire que cet animal est spécialement attiré par les sacs de couchage, car c'est également le mien qui fut mordu au cours de la nuit.
Je m'en servirai avec méfiance dans l'avenir, me
souvenant avec effroi des poisons organiques dont
usent les Indiens d'Amérique du Sud pour empoison-
ner leurs flèches.

Le même jour à 11 heures, un navire croise ma
route à une dizaine de milles. Il ne me voit pas :

« Pauvre vrai naufragé! Ne compte que sur toi pour
sauver ta vie; j'étais entre lui et le soleil, il ne m'a
pas vu. Il s'est pourtant arrêté une bonne dizaine de
minutes pour faire sa longitude, quel dommage! Les
miens auraient pu être rassurés; ce navire va dans
le nord-est, probablement d'Amérique aux Açores[1]. »

Si, à ce moment-là, je savais ce que me réserve
l'avenir! Un nouvel élément d'erreur s'introduit dans
mes calculs : la table nautique donne l'heure de coucher du soleil pour ma latitude et la longitude zéro.
Je dois normalement avoir 4′ de décalage par degré.
Il en va de même pour les heures de lever et de coucher de la lune. Or, si ma longitude estimée ne correspond pas du tout à la longitude qui m'est donnée
par l'heure de la culmination solaire et l'heure du
coucher du soleil, il se trouve qu'elle coïncide exactement avec l'heure qui m'est indiquée par le coucher
de la lune. Je ne vois donc pas du tout à quoi tout
cela correspond. L'explication m'a été donnée depuis
par un officier de la marine nationale; il s'agissait, en
fait, d'un phénomène de réfraction.

Je commence à passer mon temps en divers petits
jeux, en particulier des petits jeux mnémotechniques.
Moi qui n'ai jamais aimé les calculs, je passe mon

1. Il ne faut pas oublier que je me crois beaucoup plus à l'ouest
que je ne l'étais en réalité, et que probablement ce navire allait des
îles du Cap-Vert aux Canaries.

temps à des minuscules calculs de moyenne, à diviser mentalement les 2.700 milles que j'ai à faire par le nombre de milles que j'abats chaque jour pour savoir le nombre de jours qu'il me reste à passer, et je refais six, sept, huit, neuf fois ce calcul avec une moyenne chaque fois différente.

Pour ajouter à ce désarroi, diverses frayeurs superstitieuses commencent à s'emparer de moi, cortège habituel de la solitude. Si je n'avais pas ma pipe sous la main au moment où je la cherche, je verrais là un mauvais présage. Ma petite poupée, qui m'a été donnée par des amis au départ des Canaries, est véritablement une présence pour moi. Je la regarde et m'adresse à elle de temps en temps, commençant à lui parler par monosyllabes; puis je me mets à parler tout haut, j'exprime tout haut l'acte que je vais effectuer la minute suivante. Je n'attends pas de réponse, ce n'est pas encore un dialogue, ce le deviendra plus tard; pour l'instant c'est simplement le besoin de s'affirmer, d'affirmer quelque chose. Une superstition amusante est celle des allumettes. J'ai encore quelques cigarettes et j'en allume une de temps en temps; à mes yeux le nombre d'allumettes qu'il faut gratter pour arriver à allumer ma cigarette correspond au nombre de jours qu'il faut pour terminer mon voyage. Je calcule ainsi : prenons comme base de référence que je ne peux arriver avant le 23 novembre; si je réussis à la première allumette, j'arrive le 23, si j'allume à la seconde allumette, j'arrive entre le 23 ou le 25; vous voyez jusqu'où cela peut mener; en réalité, si cela me mène trop loin, je m'en tiens au compte, car je suis un optimiste, — je veux dire que je retiens tout ce qui me semble bon et oublie tout ce qui me semble mauvais. Ce parti pris absolu est des plus salutaires.

Je commence à connaître très bien mon bateau

quand il marche aux vitesses normales et j'arrive
aussi, lorsque le vent est modéré, à estimer ma vitesse
en mesurant la tension de l'écoute sur la voile.

Le vent qui était tombé depuis deux jours reprend
bien : 4 nœuds environ, parfait! Il faudrait que cela
continue, et alors dans vingt jours!...

Mardi 4 novembre. — La lune me donne 9° de différence avec le soleil et 3 avec mon estime. Je n'y
comprends plus rien; ma radio commence à ne plus
marcher, je ne l'entends plus que quelques heures
le soir, au moment où l'écoute est la plus favorable.
Je continue sur mon estime en prenant la lune
comme optimum. Hier bonne course à l'ouest, je suis
sur 18°58′ nord; il y a cinq mois, nous étions en vue
de Minorque, et nous allions y faire le lendemain
notre première étape. Que de chemin parcouru
depuis! A 18 heures, rien pêché de la journée. C'est
d'autant plus rageant que je suis entouré de poissons
pilotes. A 19 heures enfin, voici mon dîner attrapé,
je ne serai pas à jeun pour la nuit. Un magnifique
goéland blanc et des marsouins s'ébattent autour de
moi. Temps idéal, vent moyen donnant à *l'Hérétique*
toute son efficacité, et ne laissant pas déferler les
vagues : pourvu que ça dure!

Mes urines sont absolument parfaites. Rémini-
cence de la dernière semaine à terre, la comparaison
est dure, et dire qu'il y aura des jours où je regretterai ce jour-là.

Pourtant c'est difficile, et surtout plus long que je
ne le croyais. Enfin, normalement, dans douze jours
je devrais changer de carte et prendre la carte plus
spéciale de la mer des Antilles; il resterait alors environ 600 milles. Casablanca-Las Palmas, quoi! J'ai
cessé de mettre un fanal la nuit depuis longtemps.
Peut-être manquai-je ainsi l'occasion de donner de

mes nouvelles et cela commence à me peser car je ne
peux plus lire; j'avais dû résoudre avant de partir le
vieux problème : si vous étiez isolé pendant plusieurs
mois, quels livres emporteriez-vous? Dosant les genres,
j'avais emporté un Molière et un Rabelais complet,
un Cervantès, un Nietzsche et le *Théâtre* d'Eschyle
en bilingue, Spinoza, des extraits de Montaigne, et
comme partitions musicales, les deux *Passions* de Bach
et les *Quatuors* de Beethoven.

« Quant à une collision, j'avoue que je n'y crois
pas, la mer est vide, vide, il n'y a personne. Je mettrai un feu vers le 50° degré, c'est-à-dire dans une
douzaine de jours (*sic*), à moins que le trafic n'augmente avant. »

*

LE mercredi 5 novembre, nouvelle superstition :
j'entre dans de profondes considérations sur les mercredis de mon voyage.

Dix-huitième jour. — C'est curieux l'importance
des mercredis au cours de mon voyage (je le crois au
moins). A ce moment-là je suis sûr que j'arriverai à
terre un mercredi.

Le mercredi 11 juin, première étage à Ciudadela.

Le mercredi 18 juin, après le naufrage, retour à
Ciudadela.

Le mercredi 9 juillet, débarquement sur la plage
d'Ibiza.

Le mercredi 16 juillet, entrée dans le port d'Ibiza.

Le mercredi 23 juillet, entrée dans le port de Mo-
tril.

Le mercredi 13 août, départ solitaire de Tanger.

Le mercredi 20 août, arrivée à Casablanca.

Le mercredi 3 septembre, arrivée aux Canaries.

Le mercredi 10 septembre, annonce de la naissance de Nathalie.

Le mercredi 24 septembre, arrivée à Casablanca, venant de Paris.

Le mercredi 1er octobre, on me donne ma radio.

Et le mercredi 5 novembre, moitié du parcours Casablanca-Antilles.

Les requins viennent encore fréquemment me faire des visites, mais je m'y suis accoutumé, et j'ai le plus profond mépris pour eux. Quels peureux, quels froussards! Il suffit de leur donner un tout petit coup sur le nez et ils se sauvent. Voilà comment se passe la scène : un requin s'approche qui donne du museau, quelque part, dans mon bateau; je prends alors l'aviron et avec violence je lui assène un coup sur la tête; il se sauve alors le plus rapidement qu'il peut, et, sans demander son reste, plonge dans les profondeurs. Mes daurades doivent bien s'amuser, car, tout de même, quand un requin de cette taille s'approche elles s'en vont prudemment. Elles doivent acquérir une sérieuse estime pour moi, puisqu'elles restent de plus en plus nombreuses autour de l'*Hérétique*.

Mais je dois dire que si les daurades resteront toujours fidèles, les poissons pilotes m'abandonneront presque tous lorsque je rencontrerai plus tard l'*Arakaka*. Au fond ce sont des lâches, des opportunistes qui vont avec celui qu'ils croient le plus fort.

Ce même mercredi 5 novembre eut lieu un spectacle féerique : j'avais déjà rencontré de nombreuses escadrilles de poissons volants. La plupart du temps ils s'envolaient simplement en planeurs, mais quand ils étaient attaqués par mes daurades, ils reprenaient de temps en temps leur élan sur une crête de vague; et tandis que leur queue effleurait la surface, ils battaient véritablement des ailes pour s'envoler dans un nouvel élan contre le vent, déroutant ainsi leurs agresseurs.

Ceux-ci sont pourtant très habiles; la nageoire dorsale à la surface de l'eau, ils attendent presque toujours les poissons volants au moment où ceux-ci replongent, et, croyant trouver la mer libre, ils trouvent une gueule largement ouverte.

Mais aujourd'hui le spectacle est spécialement féerique : des bancs énormes de poissons volants attaqués par une bande de shearwaters. Je me demande comment, à une telle distance de la côte, il pouvait y avoir onze shearwaters autour de moi (je suis à ce moment-là tout à fait à proximité des îles du Cap-Vert, mais je l'ignore).

•

Tout irait bien si mon postérieur ne m'inquiétait un peu. Est-ce la furonculose qui approche? J'ai de plus une petite poussée de parotidite[1], mais enfin je suis plein d'espoir, dans quatre jours je pourrai dire :

« Peut-être la semaine prochaine!... Allons, ça pourrait être pire. Je commence tout de même à être hanté par la pensée de la nourriture. Je me promets à l'arrivée une véritable débauche de fruits. J'en ai assez des poissons et des oiseaux. » A propos d'oiseaux, je veux faire ici une petite réflexion. On dit au naufragé :

« Si tu vois des oiseaux en grand nombre, la terre est là. »

En l'occurrence c'était bien vrai : la terre se trouvait à une soixantaine de milles. Seulement il m'était

---

1. Inflammation des deux grandes glandes salivaires, les parotides : le type de la parotide infectieuse est les oreillons.

impossible de la joindre car le vent et le courant s'y
opposaient. Mais l'on dit aussi au naufragé :

« La terre est dans la direction où volent les
oiseaux. »

Or, ils volent vers l'ouest où la terre est à 1.500
milles environ et non vers le sud-est où se trouvent
les îles du Cap-Vert. Pourquoi donner ces espoirs qui,
en fait, ne nous aident qu'à mourir, puisqu'ils s'éva-
nouissent comme autant de mirages?

Mon journal dit alors :

« Il fait chaud : un demi de bonne bière! Ce qui
me fait le plus souffrir c'est de n'avoir toujours pas
d'eau douce.

J'en ai assez de manger du poisson, mais plus
encore de le boire. Vivement autre chose! Si seulement il pouvait pleuvoir! Car le soleil se couvre fréquemment, la mer est encore souvent très forte, mais
il ne pleut pourtant pas, il n'a encore jamais plu.
Quand va-t-il pleuvoir? »

En fait, je n'ai pas soif, j'ai simplement envie de
bonnes choses, comme cet homme qui, n'ayant plus
faim pour des macaronis, mangerait volontiers du
poulet. Le besoin d'eau douce me poursuit, plus qu'il
ne me fait souffrir.

*

DANS la nuit de ce jeudi 6 novembre, je suis de nouveau attaqué par un requin, qui cette fois ne me
lâche pas; celui-là est spécialement coriace : il a déjà
dû manger de l'homme. Je fixe mon couteau à l'extrémité de mon aviron pendant qu'il cogne sur mon
bateau. Je suis prêt à me défendre, et quand il se
retourne de nouveau sur le ventre pour m'attaquer de
trois quarts, je lui plante mon arme dans le corps et
lui fends le ventre de la queue presque jusqu'à la

gueule. La mer se teinte d'une couleur noirâtre, ses tripes s'échappent et je vois mes daurades se précipiter sur le blessé et lui déchiqueter les entrailles. Ces braves bêtes sont bien voraces. Enfin, pour une fois, c'est le chasseur qui se fait manger par le chassé.

Le canot doit être une compagnie bien originale et utile, car je suis maintenant entouré d'un véritable aquarium; je n'ai jamais vu autant de poissons de ma vie, même à l'aquarium de Monaco. Ceux qui m'avaient prédit que je ne devais rien pêcher ont véritablement bonne mine! Malheureusement, ce régime commence à me donner un peu la diarrhée; les selles deviennent plus nombreuses. Ce n'est pourtant certainement pas l'eau de mer, car il y a belle lurette que je n'en bois plus du tout.

Un peu plus tard, je suis en train d'écrire quand brusquement un nouveau requin survient, et celui-là est un peu plus gros : il mesure de quatre à cinq mètres; enfin je vais pouvoir le filmer et je bondis sur ma camera[1]. Quel terrible aspect il a! Le museau aplati, la gueule large, il a vraiment l'air féroce : je prépare mon dispositif d'alarme en fermant les cloisons étanches des flotteurs. Il faut tout de même être prudent, car s'il perçait un compartiment, je ne pourrais plus compter que sur les quatre autres. Mais ces animaux, toujours lâches, sont beaucoup moins agressifs le jour que la nuit. Celui-là, après être venu flairer mon aviron-gouvernail, se tient à distance; il se borne à quelques virevoltes autour de moi.

Je pense à ma petite séance de natation de l'autre jour, et je me donnerais des gifles; cela aurait pu vraiment très mal tourner; si un requin de même envergure m'avait attaqué!...

---

1. Le lecteur est invité à se reporter à la note de M. Budker en fin de volume.

J'entends encore la radio la nuit, mais cela devient de plus en plus faible, un véritable souffle. Je suis obligé de coller mon oreille contre le poste. Il m'est absolument impossible de conserver l'heure pour pouvoir faire mon point. Je ne sais pas me servir de l'étoile polaire, et d'ailleurs les miroirs de mon sextant sont attaqués par l'eau de mer, au point que l'étoile polaire n'est pas assez lumineuse pour m'aider. Je n'ai plus la moindre attache avec la terre, je n'ai même plus les nouvelles, et la notion de la voix humaine elle-même s'estompe. Je ne possède plus qu'une voix, je n'ai plus qu'une présence, c'est la mienne; je ne suis plus qu'un animal semblable aux animaux qui m'entourent. De plus en plus mes sensations, mes réactions vont être les leurs. Nous mangeons la même chose, nous cherchons chacun nos poissons volants. Le pétrel vient chaque jour régulièrement au rendez-vous de quatre heures. Les daurades sont mes protégées. Nous souffrons du même soleil. Elles restent à l'ombre de mon bateau, comme le soir je le suis à celle de la voile. Comme pour le poisson, ma base de référence est la vague, tandis que pour les hommes à terre c'est le passage clouté ou la rangée d'arbres et leurs semblables.

Quand je pense qu'il y a des gens qui attachent de l'importance à leur habillement à terre... quand je pense qu'il y a des gens ayant une vie régulière... moi, je vis maintenant au fil des jours, je suis mené par le soleil, je suis retourné à la vie primitive. Je reste encore ému, maintenant, en relisant mon journal des jours où je commençais à m'épuiser, car je vois progressivement mon écriture changer. La solitude y apparaît de plus en plus douloureuse, de plus en plus obsédante, et ce journal était devenu mon interlocuteur unique : alors que, dans les premiers temps, j'écrivais une page, une page et demie, maintenant je noircissais chaque jour de deux à trois pages et demie. J'écrivais peu à la fois, mais souvent. Je craignais pourtant de ne pas avoir assez de papier[1].

*

Vendredi 7 novembre : vingtième jour. — Les allumettes canariennes refusent absolument de prendre. Heureusement, j'ai quelques boîtes d'allumettes marocaines qui sont bonnes; on peut les mettre tremper dans l'eau de mer et les faire sécher au soleil, et elles marchent quand même ensuite; mais il faudra les ménager.

Nuit favorable, bon vent régulier, j'ai bien dormi. Comme je veille pour prendre l'heure du lever de la lune, j'ai l'impression que la mer est un élément bizarre, formidable, au sens étymologique du mot. Il me semble qu'un système aussi irréductiblement différent du nôtre que celui d'une autre planète, se trouve là, à mes pieds, vivant, mais impénétrable.

Les lueurs s'allument çà et là dans les profondeurs, signes d'une vie qu'on ne peut que deviner mais qui paraît intense; on dirait des éclairs prolongés dans un ciel d'orage. Tous les poissons des alentours se mettent à sauter en tous sens, acteurs d'un drame dont nous n'avons aucune idée et dont nous ne voyons rien, parce que cette lame mince qu'on appelle la surface nous sépare d'une vie absolument insaisissable.

*

Vingt et unième jour. — Le matin, une goutte d'eau sur mon caoutchouc me révèle un petit suintement

---

1. Ayant à sacrifier un livre pour mes besoins naturels, j'hésite, et ayant longuement hésité, je finis par utiliser le Rabelais, apportant ainsi une conclusion au chapitre des meilleurs torche... nez.

d'air; j'ai des pièces, mais ma colle ne tient pas suffisamment. Je les fixe donc avec une colle physiolo-
gique[1]. Je préfère ne pas donner de détails! Pourvu
que cela tienne bien!

Bonne pêche matinale, je pêche tout ce que je veux
au petit matin et à la nuit tombante. Oh! les experts!
D'ailleurs, je me pose une question : comment peut-
on être expert en une chose qui n'a jamais été expéri-
mentée? Par extrapolation sans doute; c'est peu scientifique.

Enfin quelques nuages apparaissent : qu'il est bon
de se mettre tout nu à l'ombre! J'en profite pour examiner les petites éruptions, dues, je pense, à la transpiration, mais mes extrémités sont intactes et les
fonctions physiologiques ne sont pas altérées. J'ai une
barbe à faire peur. « Ginette chérie, j'ai hâte que
cela soit fini; toujours pas un bateau en vue. »

Ce jour-là, je lis à l'article Espadon, dans la *Petite
Encyclopédie de la Pêche* : « Adversaire redoutable
et redouté des cétacés; il se sert de son arme en fau-
chant et non d'estoc, comme on pourrait le croire; il
en est autrement quand, dans une rage aussi aveugle
qu'incompréhensible, il s'attaque aux embarcations;
il se sert alors de son épée en pointant, lancée en
catapulte. » Pas rassurant du tout! Enfin, espérons
que la chance d'en rencontrer est faible.

Je crois que mon compas me joue des tours, car
je marche au 290/280 et ma route est légèrement
inférieure au 260, à moins que je fasse beaucoup plus
de chemin que je ne pense, mais n'y comptons pas; je
compte aller ainsi jusqu'au 17e degré (je suis au
17,30), après quoi j'essaierai de me maintenir sur cette
latitude. Je ne tiens pas à atterrir dans le Pot au Noir,
aux environs d'une centaine de milles de la côte. La

1. Il ne m'était pas nécessaire d'avoir emporté Rabelais à bord!

mer est une curieuse chose; en général elle est bien
organisée, grande houle, uniforme en direction, déferlant lentement. Puis tout à coup, brusquement, sans
augmentation notable de vent, clapotis désordonné
sans cause apparente. C'est curieux, mais fort désagréable. Je suis toujours suivi par mes daurades et
je pêche bien.

Cependant le temps me paraît terriblement long;
je commence à miser complètement, totalement et
sans hésitation, sur une arrivée entre la semaine du
23 au 30 novembre. Je ne pense pas une seconde que
je serai encore en mer un jour de décembre.

*

LE samedi 8 novembre, je note au réveil : « grand
banc d'oiseaux », et pourtant je suis à 1.000 milles de
la terre la plus proche. Des quantités de poissons
volants de la taille d'une grosse sardine atterrissent
sur mon bateau; quelle délicieuse friture cela ferait!
Mais enfin, cru, ça n'est pas mauvais, on dirait absolument des anchois. Mes chères daurades ne me quittent plus, et surtout Daura qui est énorme et qui ne
veut absolument pas se laisser pêcher.

Beaucoup de soleil aujourd'hui... Les nuits sont
fraîches et c'est vraiment agréable. J'entends encore
très faiblement la radio, environ dix minutes chaque
nuit, suffisamment pour apprendre qu'il y a eu une
tempête sur Boulogne et Dunkerque. Pauvre Ginette!
quel mauvais sang elle doit se faire. Comme je souhaite que tout cela soit fini, encore plus pour elle
que pour moi! Maintenant, je voudrais bien ne plus
perdre en latitude.

Hélas! ce sera la dernière fois que j'entendrai la
radio; à partir de ce jour elle sera silencieuse pour
moi. Je suis à ce moment-là sur 17°14', c'est-à-dire au

nord de la Guadeloupe, entre Antigoa et Barbude.
Puis j'écris :

« J'ai toujours hâte que la nuit vienne, d'abord
parce que ça fait un jour de passé, ensuite parce que
je m'endors, m'en remettant de tout à la Providence,
enfin parce que je ne vois pas les événements inquiétants. »

Cette espèce de passivité est assez typique de
l'homme qui est resté longtemps tout seul; il finit par
ne plus dominer, mais par courber le dos en se demand-
dant ce qui va bien lui arriver. Ainsi toute journée
où rien ne m'est arrivé est une journée favorable.

Je viens, ce jour-là, d'être suivi d'un gros boudin
vert de deux ou trois mètres de long et de vingt
centimètres de diamètre. Ce n'est pas une algue, car
ça remue et ça s'agite; je n'ai plus la moindre envie
de me baigner!

*

Le 9 novembre, le vent qui était toujours resté assez
fort devient beaucoup plus violent.

C'est parfait, car je file cinq nœuds; pourvu que
ma voile rafistolée tienne seulement le coup!

J'ai été pourtant très mouillé cette nuit, mais est-ce
que je ne risque pas de payer cher cet accroissement
de vitesse par une immobilité forcée si jamais j'y
laisse ma voile?

C'est aujourd'hui, avec le jour du départ, mon quatrième dimanche en mer; j'espère ne plus en avoir
que deux à passer sur l'eau; enfin, à partir de demain
peut-être, pourrai-je dire « la semaine prochaine ».

Je ne mange plus de poissons volants; c'est un merveilleux appât pour les daurades qui m'entourent,
et puis j'en ai vraiment assez.

Dans la nuit du 9 au 10 novembre, et la journée du

10 encore, j'ai essuyé un assez fort coup de vent. Cela accélère ma marche, mais toujours je suis hanté par la peur de voir craquer ma voile. Il y a aujourd'hui huit jours que je n'ai pas vu un bateau. Pour la première fois je pêche véritablement un gros poisson volant, de la taille d'un gros maquereau; c'est délicieux.

« Ce sera demain très difficile de prendre ma latitude car il y a de nombreux nuages. »

De nouveau, le terrible danger qui me menaçait se produit : une vague remplit à moitié le bateau, manquant de le retourner. Si cet accident se produisait, je crois que ce serait la mort certaine. Je l'avoue maintenant pour la première fois : ayant prévu cette catastrophe, j'avais dans la poche de ma chemise des barbituriques en quantité suffisante pour que, si je tombais à l'eau, je n'eus pas à me débattre une trentaine d'heures en nageant désespérément. Je n'avais aucune chance de rencontrer qui que ce soit. Le mieux eût été alors de m'endormir tout de suite.

Contrairement à ce qu'on pourrait croire, j'ai de plus en plus peur; car j'ai beau avoir passé une vingtaine de jours, il est terrible qu'il suffise toujours d'une vague et d'une seule. Le fait que rien ne se soit produit pendant vingt jours n'y change rien. Je suis à la merci d'une vague, toujours, toujours, même le dernier jour! Si c'est dans dix jours, je serai sur le passage des navires, mais maintenant il n'y a rien à espérer.

CHAPITRE XII

ENTRE DEUX EAUX

« *11 novembre*. — Je sais bien que le naufragé lorsqu'il aperçoit, enfin, une côte, crie : terre! terre! Moi, dans la journée du 11 novembre, c'est   pluie! pluie! que j'allais crier. »

J'avais aperçu depuis très longtemps, à la surface de la mer, qu'il se faisait un calme étrange, exactement comme lorsqu'on laisse filer de l'huile, et brusquement je m'écriais : la pluie, c'est la pluie, elle arrive!

Je m'étais préparé longtemps à l'avance, nu, de façon à pouvoir enfin laver mon corps de tout le sel qui le couvrait; je m'assis sur le bord du canot. La tente étendue sur mes genoux, prenant entre mes jambes un gros siège de caoutchouc gonflable qui pouvait me servir de réservoir de soixante-dix litres, j'attendis. L'arrivée de la pluie fut annoncée par le bruit qu'elle faisait. A l'avance, j'entendais exactement comme du sel qui crépite, le bruit de l'eau qui tombait contre l'eau. Pendant vingt bonnes minutes j'attendais et je voyais toujours s'approcher lentement ce qui pour moi était une manne céleste. Les vagues cessèrent de déferler, écrasées par l'eau du ciel. Le vent se mit à souffler violemment au moment où le nuage m'atteignit. Le nuage avançait lentement, poussé par le haut tourbillon vertical en forme de roue que faisait ce petit cyclone. La véritable pluie tropicale se mit à me couvrir et à remplir rapidement ma tente qui pliait sous le poids, entre mes genoux. Je goûtai à la première eau. Horreur! Je la rejetai à la mer, car elle était salée du sel de la tente. Celle-ci, une fois lavée, le liquide, même s'il sentait épouvantablement le caoutchouc, me parut être une véritable aubaine. Je lavai mon corps avec volupté. Cette pluie tropicale fût de courte durée, mais extrêmement abondante; elle me permit non seulement de boire ce jour-là, mais de mettre de côté dans mon siège-réservoir une bonne quinzaine de litres d'eau. Enfin, j'allais avoir sous la main un oreiller bruissant : ma réserve d'eau qui, toutes les nuits, allait me donner le sentiment que ma vie du lendemain était assurée. Car même si je n'avais pas à manger, même si je ne pêchais pas, j'aurais là de quoi boire.

Pendant vingt et un jours, j'avais été sans boire une goutte d'eau douce, sinon celle du poisson pressé. Or, j'étais en parfait état de réceptivité : j'avais simplement éprouvé cette sensation merveilleuse que donne un liquide qui passe entre les lèvres. Ma peau était en parfait état de conservation, bien qu'abîmée par le sel. Mes muqueuses ne s'étaient jamais desséchées, mes urines étaient restées toujours normales, en quantité, en odeur et en couleur; par conséquent il était absolument certain que vingt, vingt et un jours durant (et même plus longtemps, car je pouvais continuer) des naufragés peuvent vivre sans eau douce. Cependant, la Providence allait m'épargner la dure épreuve de devoir recommencer à boire ce fade jus de poisson; à partir de ce jour jusqu'à la fin, j'allais avoir suffisamment de cette eau du ciel pour boire à ma soif. Je craignis plusieurs fois que ma provision ne s'épuisât, mais juste à temps la pluie revint.

Vainement, j'avais essayé de laver de leur sel mes vêtements et mon matériel de couchage; hélas! je devais rester jusqu'à la fin « l'homme d'eau salée », comme disent les Polynésiens, car le sel, toujours le sel, devait m'imprégner jusqu'à la fin du voyage.

Ce jour-là allait m'apporter une joie et une terreur. La joie fut de rencontrer une nouvelle sorte d'oiseau, un très joli oiseau que les Anglais appellent « white Tailet Tropic bird », ce que l'on traduirait mot à mot par « blanche-queue des tropiques », et que nous appelons en France un « paille-cul ». Imaginez-vous une colombe blanche au bec noir, à la queue prolongée d'une aigrette. L'air impertinent, elle se sert de cette aigrette comme gouvernail de profondeur. Je me précipitai sur *the raft book,* le livre à l'usage des naufragés que je possédais, et lus que la rencontre de cet oiseau ne prouvait pas que l'on était forcément près de la terre; mais comme il ne pourrait venir que de la côte américaine, car il est absolument inconnu sur le vieux continent, c'était bon signe. Pour la première fois, j'avais la certitude de rencontrer un oiseau qui venait du continent vers lequel je me dirigeais.

J'allais être pris d'une terreur sans nom vers deux heures de l'après-midi. Tout à coup, alors que je lisais paisiblement mon Eschyle, un violent choc se produisit sur mon aviron-gouvernail :

« Tiens, encore un requin », pensai-je, et je me retournai. J'aperçus alors un espadon de grande taille qui paraissait d'humeur méchante. A six mètres environ, en colère, la nageoire dorsale hérissée, il me suivait, et c'est en faisant des feintes autour de mon bateau qu'il avait cogné mon gouvernail. Vraiment, je connus alors un combattant. Si je l'avais seulement blessé, il prendrait du large, reviendrait m'attaquer, et c'en serait fini de *l'Hérétique!* De plus, comme je préparais mon harpon, un peu précipitamment, un faux mouvement le fit tomber à la mer. C'était le dernier. Me voilà désarmé. Fixant alors mon couteau de poche sur mon fusil sous-marin, je me fais une baïonnette de fortune, décidé à défendre chèrement ma vie, si l'attaque se produit.

Cette angoisse intolérable devait durer douze heures. La nuit tombée, la position de l'espadon m'était donnée par les éclairs lumineux laissés dans son sillage et par le bruit que fait sa nageoire dorsale en divisant la vague. Plusieurs fois, son dos heurta le fond du bateau, mais il semblait tout de même me craindre. Jamais il n'osa m'approcher par l'avant. Il fonçait sur moi, et déviait brutalement sa course au moment de m'atteindre. Je m'aperçus qu'il avait peur... Peut-être autant que moi.

Tout être vivant possède une défense et, ce qui effraye l'assaillant, c'est d'en ignorer la nature. Les éclairs de son sillage disparurent vers minuit, mais je passai quand même une nuit blanche.

Ce jour-là, j'avais fait une autre rencontre, qui me parut être un lointain message de la terre. C'était une de ces boules de verre qui servent à fixer les filets des marins. Toute incrustée de petits crustacés cyripèdes, de pousse-pieds et d'anatifes, elle était certainement depuis très longtemps dans l'eau, mais enfin c'était un signe des hommes.

Est-ce dû aux émotions de la fatigue? Toujours est-il qu'à la fin de cette journée du 11 novembre j'ai véritablement le cafard. Dans la nuit la pluie devint telle que je crus que j'allais avoir trop d'eau douce après en avoir si cruellement manqué, et j'écris :

« Ce serait vraiment paradoxal d'être noyé dans l'eau douce : c'est pourtant ce qui va m'arriver s'il continue de pleuvoir comme il a plu. J'ai de l'eau au moins pour un mois. Quelles averses, Seigneur! Et de plus, une mer déchaînée! Le matin, un soleil bien pâle, mais il pleut encore. »

J'ai vu ma première « sargasse », ou du moins je

le croyais (en réalité il s'agissait d'une magnifique méduse, au flotteur bleu et violet, nommée *Portuguese man of war*, ce qui signifie homme de guerre portugais. Ses traîtres filaments qui s'enfoncent dans les profondeurs risquent d'occasionner des piqûres dont l'effet durable, extrêmement dangereux, pouvait aller jusqu'à provoquer des ulcérations).

Je m'aperçois, après ces quelques nuits d'insomnie ou de veille forcée, à quel point il est important de bien dormir : « Quarante-huit heures sans sommeil et j'ai le cafard; je commence à me ressentir terriblement de toutes ces épreuves. De plus, la région est infestée de thons et d'espadons; je les vois sauter de tous côtés autour de moi. Les oiseaux, les thons, passe encore, mais les espadons, je n'aime pas ça du tout. Enfin j'avance bien, pourtant j'accepterais volontiers de mettre cinq ou six jours de plus pour me reposer en ayant un peu de calme. Rien n'est plus impressionnant que cette mer plombée et déferlante. » En effet, autour de moi, la mer semble avoir pris le deuil; elle est noire, noire comme de l'encre, marquée de temps en temps d'une crête blanche que la phosphorescence du plancton fait luire dans la nuit. On dirait une robe du soir marquée de temps en temps de fleurs blanches, un deuil pour Japonaises. Plus une étoile, plus moyen de voir le ciel, qui est bas, qui essaie de m'écraser. Je comprends maintenant ce que signifie « le temps est lourd »; il me pèse en effet sur les épaules.

A dix-sept heures, le 12 novembre, je note : « De la pluie, toujours de la pluie, assez, assez! Je me demande tout de même si je ne suis pas plus près de la côte que ne le dit mon estime, car le nombre des oiseaux va croissant; il y en a dix ensemble autour de moi, et mon livre d'oiseaux dit que si l'on en voit plus de six c'est que l'on est environ à 100 ou 200

milles de la côte. » Je ne me doute pas que je me
suis à peine éloigné de 100 milles des îles du Cap
Vert.

*

DANS la nuit du 12 au 13 novembre un requin (ou
du moins je pense que c'est un requin) vient me faire
une visite. Comment savoir s'il s'agit d'un requin
ou d'un espadon? Chaque fois que je rencontre un
requin de jour, je suis très tranquille : je lui donne
le coup de rame rituel sur le-nez, après quoi il se
sauve. Mais la nuit, craignant que l'un de ces poissons du diable me perce avec son épée, je ne peux
plus intervenir; je suis obligé de rester dans l'expec-
tative jusqu'à ce que j'aie identifié l'intrus et j'attends,
éveillé, qu'il se soit éloigné. Finie ma tranquillité de
la nuit. Et souvent des requins ou d'autres animaux
vont s'amuser impunément à jouer au ballon avec
mon bateau sans que j'ose intervenir.

Il ne cesse plus de pleuvoir maintenant à torrents.
Sous ce déluge, je suis obligé de tendre la tente complètement par-dessus ma tête et l'eau s'accumule, en
s'infiltrant tout de même par les interstices que j'ai
laissés. Au bout d'un certain temps, l'eau risque de
crever mon abri en tirant fort sur les piquets. Je suis
obligé de la faire passer par-dessus bord. Peu de gens
peuvent se rendre compte du déchirement que ce
peut être pour un naufragé de devoir se débarrasser
de sa réserve d'eau douce. Maintenant, même sans
requins ni espadons, le sommeil n'est pratiquement
plus possible. L'eau tombe sans arrêt. Tous les quarts
d'heure, je suis obligé de la faire passer par-dessus bord.
On imagine difficilement combien l'eau qui tombe
sur la tente et suinte de toutes parts est malveillante :
elle s'insinue par les moindres trous.

Peu à peu s'introduisit en moi une croyance confuse à l'hostilité de certains objets inanimés. Ainsi, lorsque je voulais faire le point, je m'asseyais après avoir mesuré mon angle et je commençais à faire mes calculs, mon crayon à côté de moi. Il suffisait que dix secondes après je me retourne pour essayer de le reprendre, il avait encore trouvé le moyen de disparaître. La manie de la persécution me menaçait, alors qu'auparavant je prenais ces petites contrariétés en riant, en pensant par exemple à l'histoire de la cordelle ou à celle de la bouilloire dans *Trois Hommes dans un bateau.*

*

« *Vendredi 14 novembre.* — J'ai plus souffert de ces dernières quarante-huit heures que tout le reste du voyage. Je suis couvert de petits boutons et ma langue est sale; je n'aime pas ça du tout. La tempête a été courte et violente, je suis obligé de m'interrompre et de jeter l'ancre flottante quelques heures, mais j'ai remis ma voile vers 9 h. 30; il continue cependant de pleuvoir à verse et tout est trempé. Le moral tient bon, mais je commence à être physiquement fatigué de cette humidité perpétuelle, car faute de soleil rien ne sèche. Enfin, je ne crois pas avoir perdu trop de temps. Impossible de faire une latitude, je n'ai ni soleil ni étoiles, et encore une de ces sacrées averses mijote à l'horizon. Le soleil est fort, le vent moins pénible. La mer s'est assez bien calmée, mais qu'est-ce que j'ai pris hier! On dit : « Après la pluie le beau temps »; je l'attends avec impatience. »

Dans la nuit, une vague gigantesque, me prenant par l'arrière et m'entraînant à une vitesse impressionnante, avait rempli de nouveau *l'Hérétique,* et brisé d'un coup sec mon aviron-gouvernail. Le bateau se met immédiatement en travers et ma voile claque

violemment avec un bruit sinistre, étirant dangereusement ses coutures de fortune. Je me jette à l'avant
pour abattre toute la toile, mais mon poids tombant
brusquement sur la tente y fait une large déchirure
à la hauteur d'un piquet. C'était un accroc irrépa-
rable qui survenait au moment où j'allais avoir à
subir l'assaut des vagues. Je jetai à la mer les deux
ancres flottantes. Docilement *l'Hérétique* tourne le dos
à sa direction habituelle et fait front aux forces enne-
mies qui l'assaillent sans arrêt. Je suis alors physiquement épuisé et, risquant le tout pour le tout, je décide
de prendre un repos qui m'est absolument nécessaire.
Je ferme donc hermétiquement la tente et décide de
dormir vingt-quatre heures, quelle que soit l'évolution
du temps ou la violence des événements.

Les rafales durèrent une dizaine d'heures, pendant
lesquelles ma coque de noix fut admirable, mais le
grand danger n'était pas passé. Il ne se révéla qu'au
moment où le vent, décroissant, laissa la mer, seule,
déchaînée. Lorsque le vent et la mer déploient ensemble leurs forces, la vague maintenue comme par une
poigne de fer court et ne tombe pas, mais dès qu'elle
est livrée à elle-même, il semble qu'elle soit beaucoup
plus lente à calmer sa colère : elle retombe alors de
tout son poids en écrasant tout sur son passage.

*

« *Samedi 15 novembre, 13 h. 30.* — Je profite de la
pluie pour écrire un peu. Il ne me reste plus que
deux avirons-gouvernails; espérons qu'ils tiendront.
Il pleut à torrents depuis 10 heures hier soir, pas le
moindre soleil, je suis trempé. Tout est trempé, et
pas moyen de sécher quoi que ce soit; mon sac de
couchage a l'air d'une serpillière. Impossible de faire
le point; il a fait cette nuit un tel temps que je me

suis demandé un moment si je n'étais pas dans le
Pot au Noir; heureusement, le vent qui souffle est
bien l'alizé; je marche bien, trop vite de temps en
temps; est-ce que ce n'est pas dangereux pour ma
voile? Quand le temps s'éclairera-t-il? Aujourd'hui le
bleu a fait une tentative, mais dans l'ouest, et le vent
vient d'est. Enfin, demain peut-être! Encore une
joyeuse nuit en perspective! Vers 7 heures du matin
un avion m'a survolé assez bas; j'ai tenté de signaler
ma présence, en vain : ma lampe n'a pas marché;
enfin, c'est le premier signe d'humanité depuis le
3 novembre. Espérons que d'autres vont succéder.
L'ouest est maintenant bien dégagé, on se demande
comment. »

Au cours de cette journée se déroula une lutte que
j'ai appelée la lutte du bleu et du noir et qui m'apparut comme une véritable bataille cosmique entre
le beau et le mauvais temps. Elle avait commencé à
l'ouest par un point de bleu, grand comme un chapeau de gendarme, comme dit la chanson, et je ne
pensais véritablement pas que cela pouvait tirer à
conséquence. Les nuages noirs, d'un noir d'encre
dense et sans une fissure, semblaient conscients de leur
force et marcher régulièrement à l'assaut de ce malheureux petit bout de bleu. Mais le bleu avait
débordé par les ailes, et en quelques heures, au sud
et au nord, c'est-à-dire à ma droite et à ma gauche,
on apercevait des petits points de bleu perdus qui
semblaient devoir être engloutis par cette gigantesque
tache d'encre qui continuait à avancer, mais si le
noir procédait par poussées massives, le bleu, lui, procédait par infiltration, et peu à peu le noir diminua,
le beau temps domina. Enfin, comme par enchantement, vers 4 heures de l'après-midi, c'est le bleu qui
avait gagné. « Dieu que c'est bon le soleil! Je suis
couvert de boutons, mais le soleil est là. » En réalité.

j'allais commencer à vivre la période la plus pénible de tout le voyage.

Je ne savais plus du tout où je me trouvais; le soleil, absent depuis trois jours, m'avait laissé dans une ignorance absolue, et ce n'est pas sans appréhension, ce dimanche 16, que je pris mon sextant pour faire le point. Merveille! Je n'étais pas descendu; j'étais resté sur une latitude qui passait au nord de la Guadeloupe, exactement 16°59′. C'était l'essentiel. Pour le reste, mon bateau avait l'air d'un véritable champ de bataille. Mon chapeau avait été arraché par la tempête et je ne possédais plus, comme protection contre le soleil des tropiques, qu'un mince bonnet de toile cirée imperméable, parfaitement insuffisant sous un tel climat. Ma tente était déchirée en deux endroits et, si le bateau lui-même n'avait pas souffert, à l'intérieur tout était totalement imbibé d'eau salée. Même après les longues journées de soleil que j'allais passer, l'humidité de la nuit continuerait à imprégner tous mes vêtements chauds et mes ustensiles de couchage. Je ne devais plus savoir ce qu'était une nuit sèche avant de toucher terre.

Un événement des plus inquiétants me montra qu'il fallait, plus que jamais, rester vigilant.

Au cours de la tempête, j'avais dû protéger la partie arrière de l'*Hérétique* contre le ressac des vagues qui risquaient à tout moment de remplir le frêle esquif. J'avais donc tendu de gros morceaux de toile caoutchoutée fixés solidement aux deux pointes de mes flotteurs, et qui empêchaient les vagues d'écumer. La tempête calmée, je n'avais pas cru utile de supprimer cette protection. La nuit suivante, un bruit épouvantable me fit bondir hors de mon sac de couchage. Mes protections de caoutchouc n'étaient plus là. Elles avaient été arrachées. Je vérifiai aussitôt que les flotteurs de mon bateau n'avaient pas été entamés et qu'ils restaient toujours parfaitement gonflés. Un animal que je ne vis jamais, attiré probablement par la couleur jaune très voyante de la toile qui pendait entre les flotteurs, l'avait arrachée en sautant hors de l'eau. Cela avait été fait avec une telle précision que je ne vis ailleurs aucune autre trace de cette mutilation.

Comme mon bateau, j'avais beaucoup souffert : j'étais extrêmement affaibli et chaque mouvement me causait, comme après mon long jeûne méditerranéen, une fatigue extrême. J'avais beaucoup maigri, mais le plus grave était l'état de ma peau. Mon corps était couvert de petits boutons qui évoluaient, en quelques jours, de la macule[1] à la papule[2] et à la pustule[3]. Je vivais dans la crainte perpétuelle d'une furonculose qui, dans les conditions où je me trouvais, aurait été catastrophique. La douleur qu'elle eût provoquée pouvait, en effet, devenir épuisante. De plus, je n'aurais pu ni m'asseoir ni me coucher.

Pour éviter ces risques, le seul médicament dont je disposais était du mercurochrome, qui me donnait un aspect tragique et sanglant. La nuit, la douleur devenait très violente et le contact d'un tissu quelconque insupportable. A la moindre petite blessure, il se manifestait une tendance générale à la suppuration, et je devais soigneusement désinfecter toutes mes plaies. Mes ongles des mains s'étaient tous incarnés et de petites poches de pus, très douloureuses, s'étaient formées sous la moitié d'entre eux. Je dus les ouvrir sans anesthésie. Certes, j'aurais pu employer la pénicilline que je possédais, mais je tenais à faire

1. *Macule* : petit bouton caractérisé par une différence de coloration, à la surface de la peau, sans perceptibilité de sensation tactile.

2. *Papule* : petit bouton qui présente les mêmes caractéristiques que la macule et qui est, de plus, perceptible au doigt.

3. *Pustule* : petite tuméfaction inflammatoire de la peau, se terminant par la suppuration.

une observation médicale complète sans modification médicamenteuse, aussi longtemps du moins que je pourrais tenir. Enfin, la peau de mes pieds s'en allait en lambeaux. En trois jours, j'avais perdu les ongles de quatre orteils.

Jamais je n'aurais pu tenir sans la présence du plancher en bois; c'est pourquoi j'estime que ce plancher doit être installé dans tout bateau de sauvetage. Sans lui, c'eût été la gangrène ou, en tout cas, de graves troubles artéritiques.

Pour le moment, je n'étais atteint que de troubles locaux. La tension restait bonne, la transpiration régulière. Malgré tout, c'est avec reconnaissance que je saluai le soleil victorieux qui apparut le 16, et devait mettre fin à tous les maux qu'une humidité constante m'avait fait subir. Je ne savais pas alors que c'était lui qui allait me faire endurer les pires épreuves au long des atroces vingt-sept jours qui suivirent.

Tu vois donc, naufragé, qu'il ne faut jamais te laisser aller au désespoir. Tu dois savoir que, lorsqu'il te semble toucher le fond de la misère humaine, des circonstances surviennent qui peuvent tout transformer. Mais, malgré tout, ne te hâte pas trop d'espérer; n'oublie pas que lorsque certaines épreuves paraissent insupportables, d'autres peuvent surgir qui effaceront le souvenir des premières. Lorsque tu as mal aux dents, cela te semble terrible et tu souhaites en être débarrassé, même au prix d'un horrible mal d'oreilles. Lorsque celui-ci survient, le mal de dents te semble un charmant souvenir. Dans ce qui te semble le pire comme le meilleur, je ne puis que te donner un conseil : garde ton détachement.

Il est certain que l'épreuve de la pluie avait été extrêmement pénible. Pourtant, l'avenir, cet avenir qui me semblait plus rose lorsque le soleil reparut, devait se révéler encore plus terrible.

A cette date du 16 novembre, après vingt-neuf jours de voyage, j'avais tout lieu de me montrer optimiste. Certes, ma santé était plus mauvaise qu'au départ, mais j'avais effectué, du point de vue de la navigation, la partie la plus difficile du voyage. Jusqu'alors j'avais dû prendre une position oblique par rapport au vent, maintenant je suivais exactement sa direction. Je possédais une provision d'eau douce à peu près suffisante pour un mois, et les poissons qui avaient afflué autour de moi dès le départ se montraient étonnamment fidèles. Les vétérans, ceux que j'avais blessés les premiers jours, rendus méfiants par leur mésaventure, se tenaient toujours hors de ma portée. Tous les matins, je les voyais remonter des profondeurs et, après m'avoir jeté un coup d'œil méfiant, reparaître plus loin dans une course parallèle à la mienne. Leur présence m'était devenue de plus en plus chère. D'abord parce que je les connaissais, et surtout parce qu'ils servaient de caution aux autres poissons qui arrivaient. Par bancs entiers, les nouveaux venus, mis en confiance par leurs congénères narquois, s'ébattaient autour de moi. C'était autant de proies qu'il était extrêmement facile de saisir.

Des « spécialistes » m'avaient conseillé d'aménager, au fond de mon bateau, un vivier dans lequel j'aurais conservé mon poisson. Vous voyez d'ici comme une telle recette eût été pratique! Au reste, je n'en avais aucun besoin puisque mon garde-manger me suivait. Ces fidèles compagnons qui m'entouraient de toutes parts rabattaient aussi vers moi les poissons volants. Ceux-ci, lorsqu'ils arrivaient dans notre coin, étaient effarouchés par mes daurades et, prenant leur vol, allaient se heurter au piège toujours tendu de ma voile. J'en recueillais ainsi tous les matins une moyenne de cinq à dix dans mon canot.

Cela ne se produisait jamais de jour, sans doute

parce qu'ils me voyaient. Mais il ne se passait jamais plus de cinq minutes sans que l'on vît une ou deux escadrilles bondir au-dessus des flots. L'adresse et l'habileté que mettaient les daurades à les poursuivre, après les avoir guettés, la gueule grande ouverte, juste à leur amerrissage, constituaient un spectacle extraordinaire. Certains, sans doute plus expérimentés, changeaient leur courbe en rebondissant de crête en crête et parvenaient à dépister leurs poursuivants.

*

Après la tempête, je fis une inspection sous-marine de mon bateau, restant attaché à la corde qui m'y fixait. Presque toutes les réparations que j'avais faites à Las Palmas avaient cédé à l'assaut des vagues. La colle n'ayant pas résisté, des fragments de caoutchouc pendaient lamentablement. De nombreux crustacés, cirripèdes, appelés vulgairement « pousse-pied », s'étaient fixés tout au long des coutures. Seul de tous les techniciens du *Rubber Life Boat* que j'avais rencontrés, M. Debroutelle, le constructeur chevronné de mon canot pneumatique, vieux spécialiste en dirigeable, m'avait dit : « Les anatifes se fixeront sur votre bateau. »

Aussi les points qui m'inquiétaient plus particulièrement dans la construction de *l'Hérétique* étaient les coutures des parois pneumatiques. Les flotteurs eux-mêmes ne risquaient pas de s'ouvrir. Chaque couture avait beau être recouverte d'une enveloppe de sécurité, les coquillages, lorsqu'ils étaient petits, pouvaient s'y insérer et, en augmentant de taille, décoller les bandes de sûreté. Dès Tanger, j'avais constaté que, même lorsque le bateau reposait sur l'eau dans des baies profondes, de nombreux coquillages venaient se fixer sous lui, et plus particulièrement le long de ces fameuses coutures. Or celles-ci assuraient la fixation de la planche arrière au plancher de caoutchouc et aux flotteurs, et celles des flotteurs au plancher de caoutchouc.

Durant le trajet Casablanca-les Canaries, la grande profondeur et la vitesse empêchèrent la faune parasite de se manifester. Mais pendant mon séjour dans le port de Las Palmas, le fond du canot avait été recouvert d'une véritable forêt d'algues et de coquillages. Après l'avoir nettoyé, j'avais vu avec déplaisir de petits soulèvements qui risquaient de s'étendre tout le long des bandes collées sur les coutures. Des coquillages s'étaient incrustés. Je doublai alors les bandes de sécurité.

C'était précisément ces réparations qui, comme me le prouva après la tempête mon inspection sous-marine, avaient cédé. Devant l'impossibilité de réparer sous l'eau le fond du bateau, je décidai de m'en remettre à la confiance que j'avais en M. Debroutelle, mon expert, et je remontai à bord sans trop de difficultés.

CHAPITRE XIII

LONGITUDE?

Dimanche 16 novembre. — Voilà quatre semaines que je suis parti, un mois; pour la première fois depuis quatre jours, j'ai pu faire ma latitude; j'avais un peu peur; mais non, je suis resté sur le 17ᵉ parallèle (16°59′ exactement). C'est parfait : c'est un atterrissage entre la Guadeloupe, Monserrat et Antigua. Quant à ma date d'arrivée, elle doit se situer raisonnablement entre le samedi 22 et le samedi 29 novembre; telles sont à peu près les deux limites extrêmes, à moins d'une surprise. Encore un choc cette nuit; je ne sais pas ce que c'était, mais les bouts de caoutchouc que je traînais pour empêcher les embruns d'entrer dans le bateau ont été arrachés; c'est bien mal fréquenté par ici! Bon soleil très chaud, nombreux embruns.

16 heures. — Zut, encore un espadon! Mais celui-ci est plus petit. Il s'est contenté d'ailleurs de faire une fois le tour puis s'est sauvé, mais je n'aime pas ça.

Lundi 17 novembre. — Cette nuit j'avais été étonné de ce que, malgré le peu de vent, la mer fût si mauvaise; hélas! ce matin je comprends mieux : une belle averse vient sur moi, tout l'Est est bouché; encore un joli coup de tabac en perspective. Oiseaux nombreux.

16 heures. — J'ai tout de même pu faire approximativement mon point, mais quel travail avec le soleil qui disparaît dans une mer agitée!

Maintenant le vent souffle fort, je file. J'entre dans les jours difficiles, je ne sais plus si mon estimation est bonne ou mauvaise. Si seulement je rencontrais un bateau pour vérifier ma position! En principe il me reste environ 500 milles à parcourir. Ce serait trop bête d'échouer maintenant. J'ai hâte et pas hâte de finir la semaine. Ciel toujours douteux. Enfin, pourvu que j'avance. En théorie, dans six jours je devrais voir la terre. Je suis fatigué et voudrais bien : 1° un bain chaud; 2° des chaussures étanches; 3° un lit sec; 4° un poulet rôti; 5° un litre de bière.

Heureusement qu'il y a les poissons volants; je n'ose plus pêcher, de peur de prendre un espadon, et qu'il ne se mette en colère; je recule aussi le moment de mettre une lampe nocturne : le danger de l'espadon me semble pour l'instant plus grand que les risques d'abordage.

La mer n'est pas bonne! J'ai peur, plus qu'au début. Une chose est curieuse : la mer n'est pas tellement dangereuse quand elle est forte, elle est dangereuse quand elle n'est pas réglée par le vent. Au début d'un coup de vent parce qu'elle « n'y est pas encore », et à la fin parce que le vent ne la soutient plus. Je vais encore passer une sale nuit, je sens ça.

Mardi 18 novembre. — Aujourd'hui le moral est meilleur, c'est tout de même bien long; je commence à me poser le problème de l'atterrissage; si je garde ma latitude je peux ou atterrir à Port-Louis ou atterrir à Pointe-à-Pitre (Guadeloupe). Tous les ports sont protégés du vent, donc difficiles à atteindre pour moi, mais si je manque Pointe-à-Pitre, j'entre dans la mer des Antilles. Si je suis au nord de 16°30', j'essaie la côte nord, sinon la Désirade ou Marie-Galante. Ce serait consternant d'avoir un accident à l'atterrissage, si bête que je ne puis y croire, mais ne vendons pas la peau de l'ours! Tant pis, aujourd'hui j'envoie un message : on verra toujours ce que ça donnera.

Mercredi 19 novembre. — J'ai eu une émotion, en faisant ma latitude : je me trouvais déporté de plus de 20 milles au sud par rapport à hier. Vérification faite, il s'agissait d'une erreur de lecture. Ouf! Après le point de midi, j'entre dans les longues heures de l'après-midi. Ma pêche est pratiquement suffisante tous les matins, et je n'ai rien à faire que supputer mes chances d'arriver tel ou tel jour; c'est long. Soleil chaud, mais temps incertain; heureusement que j'ai mes observations médicales et mes bouquins à lire. Ce matin encore de la pluie.

Jeudi 20 novembre. — Ma route est parfaitement ouest sur 16°48', ce qui me fait pointer juste entre la Guadeloupe et Antigua. Si je continue ainsi je tâcherai de toucher la Guadeloupe, territoire français. J'ai passé une des meilleures nuits de mon voyage; beaucoup d'oiseaux. Une chose me fait penser que j'approche de la terre : la disparition du vent qui se lève de 8 heures à 11 h. 30, tombe à 11 h. 30 et repart à 15 heures. Cela me rappelle le régime des vents côtiers. Enfin, « tiens bon » : c'est tout ce que je dois me mettre dans la tête. Il me reste peut-être encore huit jours d'attente difficile. Je jure de ne pas désespérer avant. La pauvre Ginette doit se faire un souci affreux! C'est aussi pour ça que j'aimerais accoster le plus tôt possible.

Vendredi 21 novembre. — Evidemment plus je me rapproche, plus j'ai de doute sur l'exactitude de mon

estime, et pourtant ça devrait être ça! Toujours pas
de bateau, mais je ne dois pas oublier qu'en allant
sur les Canaries je n'en ai vu que deux, et à quelques
milles de la côte. Pour les oiseaux, une chose inté-
ressante : je ne les vois plus que le matin allant vers
l'est, et le soir revenant vers l'ouest, ils vont et viennent probablement vers la terre, c'est un bon signe.
Le temps est variable mais assez beau. Vent inégal.
J'ai hâte d'arriver. J'ai remis un fanal nocturne,
quelle pluie de poissons volants! Enfin, je dois arriver
entre le samedi 22 et le samedi 29 : mes grandes
chances sont lundi, mardi, mercredi. Je garde bien
ma latitude : 16° 48′.

Samedi 22 novembre. — Très peu de vent, je
marche comme une tortue; à ce train-là, il me faudra
au moins huit jours encore. Ces jours sont, comme
je le pensais, très durs pour le moral; malgré moi
je scrute l'horizon, et c'est fou ce que des nuages
peuvent ressembler à une terre! Pourtant je sais que
je ne peux voir la terre avant lundi. La voir, la voir
enfin, même si je dois rester huit jours devant! Les
oiseaux des îles se multiplient en grand nombre; si
cela pouvait vouloir dire quelque chose! Toujours pas
de bateau. Un peu de vent, de grâce!

13 heures. — Il fait une chaleur torride; je pense
à cette pauvre Ginette qui doit être transie de corps
et d'âme. « Pauvre chérie, encore quatre à cinq jours
d'inquiétude et ce sera fini. » Si seulement l'alizé
voulait souffler!

17 h. 30. — Si ce vent-là subsiste, toujours aussi
faible, je ne suis pas à terre avant dix jours.

Dimanche 23 novembre. — Sixième dimanche en
mer; je pense que ce sera le dernier. Le vent a repris
et est bien régulier; si ça continue, j'arriverai mardi
ou mercredi, mais je ne sais où, car je remonte au

nord. Je rencontre de curieux poissons qui ressemblent aux balistes[1], mais avec deux ailerons comme les requins : j'essaie d'en prendre, mais en vain; pourtant je commence à en avoir vraiment assez du poisson volant.

17 heures. — Un de ces petits orages mijote au sud-est de moi. Curieux pays, où il n'y a pas de milieu : ou un soleil radieux sans un nuage ou, au contraire, très mauvais temps. Ces diables de poissons, en mangeant mes anatifes, donnent des coups au bateau; c'est extrêmement désagréable. L'orage approche, qu'est-ce que je vais devenir? Mais enfin je ne m'inquiète pas outre mesure, même s'il s'agit d'une tempête, je ne peux pas être très loin. J'ai vu ce matin trois « paille-en-cul » ensemble, et mon livre pour naufragés dit : « Trois paille-en-cul ensemble, tu es à un maximum de 80 milles. » De plus, juste au moment où la tempête arrive du sud, je suis survolé par un oiseau frégate. Le même livre disait : « L'oiseau frégate ne passe jamais la nuit en mer, il ne se trouve guère plus à 100 milles de la côte; l'un d'eux a été rencontré exceptionnellement à 300 milles de l'île la plus proche. » Et à 2 heures de l'après-midi, j'avais vu un *Northern Gannet* qui passait à ma portée, oiseau qui, en principe, n'est pas à plus de 90 milles de la terre. Ceci donc me confirmait dans la pensée que je n'étais pas loin.

Bien avant que n'apparaissent les signes de tempête dans le lointain, j'avais senti au fond de moi une inquiétude, mais inquiétude est un terme assez impropre. Je pourrais plutôt comparer cela à la sensation qu'il fallait que je me sauve, que je fuie, — quoi? je ne le sais, — mais que je me sauve sans perdre de temps.

1. Voir l'article de M. Budker en fin de volume.

J'étais alors dans une situation semblable aux animaux qui m'entouraient, et je partageais presque leur
instinct; je sortis mon livre d'instructions nautiques
pour relire les signes des typhons; je scrutai le ciel
pailleté d'or que quelques points noirs commençaient
cependant à consteller à l'horizon, et bien que ne
trouvant aucun signe qui dût spécialement m'inquiéter,
je sentais en moi que quelque chose allait se produire.
Si j'avais pu, je me serais sauvé devant la catastrophe,
qui sans aucun doute arrivait droit sur moi. Je devais
apprendre après mon débarquement à la Barbade que
divers bateaux qui se trouvaient à une certaine distance de là, à quelques centaines de milles au nord,
avaient été pris par la même perturbation, et que les
marins avaient ressenti exactement le même effet. Il
y a une grande et pourtant très subtile communion
entre tous les gens de mer.

   A perte de vue à l'horizon, de gauche à droite, derrière moi, une ligne d'encre, comme tirée au cordeau,
empêchait le soleil d'apparaître. Le temps se refroi-
dissait lentement et, comme un rideau de fer, le noir
semblait de nouveau devoir envahir le ciel entier.
Cette évolution, qui avait commencé vers 6 heures du
matin, ne finit en fait qu'à 7 heures du soir. Avant
l'arrivée des nuages, je ne ressentais pas la moindre
augmentation de vent. La mer restait calme et je
croyais pouvoir maintenir ma voile et étaler la tempête qui approchait. Mais un bruit caractéristique
que je connaissais bien, un bruit de crépitement et de
mitrailleuse recommençait : il pleuvait à torrents sous
le nuage, comme un millier de pommes de pin qui
grésillent dans un incendie. Enfin, l'ouragan se jeta
sur moi et, effet curieux que j'ai déjà signalé, il cou-
vait sous lui un vent dont il ne dépendait pas qui
se mit à souffler avec violence; j'étais absolument
décidé à en profiter pour avancer, et, pour maintenir

ma voile le plus possible, je fixe la corde à mon poignet, quitte à la lâcher dès que je m'apercevrai que le vent devient trop violent. Là-dessus la nuit survient brutalement en plein jour, et au milieu des éclats brillants que les gouttes d'eau forment à la surface, ma voile s'enfle à craquer; ce fut bref, mais terrible. Une heure durant, l'écoute de grand-voile attachée à mon poignet, je filai au milieu des éléments déchaînés[1]; au bout d'une heure l'orage m'avait dépassé, mais la corde m'avait mis le poignet en sang. Sans transition, dès que l'extrémité postérieure du nuage se fut éloignée, le vent s'arrêta, tomba totalement, et pour la première fois depuis mon départ des Canaries, la voile se mit à fesseyer, puis à flotter, inerte. Je croyais jusqu'à présent avoir passé la période la plus difficile, c'est-à-dire une longue période de mauvais temps, un interminable mois de vent trop fort et d'humidité; mais le grand ennemi du voilier des temps passés devait encore m'atteindre : j'entrais dans une période de calme plat prolongé. Je crois que mon journal exprime mieux que tout commentaire l'angoisse dans laquelle cet état désespérant allait progressivement me plonger.

Lundi 24 novembre. — Comme quoi il ne faut pas vendre la peau de l'ours : cet orage a fait tourner le vent plein sud, et avec une dérive j'ai le plus grand mal du monde à me maintenir dans le 320 de mon compas, ce qui me mène sérieusement au nord; j'ai extrêmement peur d'être pris dans le Gulf-Stream et ramené au nord (il ne faut pas oublier qu'à ce moment-là je me croyais arrivé à la jonction du courant équatorial du nord et du Gulf-Stream). Il me faudrait alors encore au moins un mois. J'ai extrêmement mal

---

1. Le canot devait faire 5 nœuds, soit 9 kilomètres à l'heure environ

au cœur. Si je monte au nord du 23/24ᵉ degré, je vais
de plus être gelé, car il commence à faire froid. C'est
l'hiver. Si seulement je rencontrais un bateau! Il faut
que le vent change. Et dire que je suis à 90 milles
environ de la Désirade! Il n'y a qu'à moi que de
telles choses arrivent. L'alizé n'est plus là où il devrait
être! J'ai peur, une peur horrible que ça dure encore
des jours et des jours. Oh! j'étais si près!

15 heures. — Toujours la même situation atmo-
sphérique, mais le moral est meilleur; en effet les
Instructions Nautiques disent que des événements
de ce genre ne sont qu'épisodiques et que l'alizé se rétablit très vite; pourtant cela me retarde beaucoup, car
maintenant la Guadeloupe est à 100 milles; je crois que
c'est fini, la plus proche terre atteignable est Barbude[1]
à 120 milles, au loin Porto-Rico à 400 milles. Enfin,
encore une bonne semaine, si le vent se rétablit, mais
sinon encore six mois! Mon point est en effet remonté
de 19′ au nord, cela me met entre Barbude et Antigua.
Vivement que ce temps change! Ce n'est pas de veine,
juste à l'arrivée; et si encore je voyais un bateau,
mais rien, rien, rien.

Mardi 25 novembre. — Le vent a repris un petit
peu, dans une bonne position à l'est-sud-est, et j'ai
pu gagner 11 milles dans le sud. Je suis maintenant
sur 17° 5′ avec un bon cap. Ça va, mais j'entre dans
des jours extrêmement difficiles et déprimants, retardé
comme je suis par le coup de tabac. Suis-je vraiment
sur la longitude que je pense, qui me met à 60 milles
environ de la terre la plus proche? Je verrai sûrement la terre demain, sinon je ne sais vraiment pas
à quelle distance je suis, perdu sur une route dont

1. Barbude 17°40 nord, 61°50 ouest : Barbade 13°10 nord, 59°30
ouest.

je connais la direction mais sans savoir à quel point
du chemin je me trouve. La plus pessimiste des esti-
mations me mettrait à 7° plus à l'est, soit à 406 milles
environ; six jours encore à la même vitesse. Il ne faut
pas désespérer avant mardi 2 décembre; là si je ne
suis pas arrivé je ne comprends plus. Que les jours
sont longs! Même mon pétrel de tempête de 4 heures
est disparu; il est encore venu avant-hier, mais il n'est
pas venu hier; j'en avais vu tous les jours jusqu'à
présent. Alors, sont-ils à terre ou plus loin en mer?
Quant à la navigation, je crois que tous les bateaux
ont été retirés de la mer, ainsi que les avions du ciel.

Mercredi 26 novembre. — Ce matin au lever : deux
oiseaux-frégate de nouveau, ceux que l'on ne voit
jamais à plus de 100 milles d'une côte. C'est toujours
une confirmation! Comme pour les Canaries, très
mauvaise visibilité, sûrement limitée à 15 milles; je
ne vois rien, et il y a 30 milles entre les îles. Pourvu
que je n'aille pas faire ce que j'ai failli subir aux
Canaries : passer à travers sans rien voir. Encore si
je le sais, je me rabattrai au nord-ouest sur Porto-
Rico, mais si je les passe sans savoir, quel drame!
Dire qu'avant-hier j'avais une visibilité au moins à
40 milles! Sacrée tempête! Je tâche de descendre sur
le parallèle de la Guadeloupe et d'y rester entre 16°
et 16°30'.

15 heures. — Je marche comme une tortue, je ne
suis pas à plus de 60 milles d'Antigua et pourtant je
n'avance pas. Si je fais 30 milles par jour c'est le bout
du monde! Ces deux dernières centaines de milles
auront été faites au compte-gouttes. Enfin c'est une
question d'heures, quarante-huit ou soixante-douze (!).
C'est long, surtout maintenant que je crois que c'est
tout près; je ne puis absolument pas réaliser qu'il est
possible, même probable, que mardi prochain, à la

même heure, je serai sur la terre ferme. C'est une image qui m'est totalement étrangère.

Jeudi 27 novembre. — Quelle lenteur! Si depuis dimanche j'ai fait 20 milles, c'est le maximum. À ce train-là, j'y serai mardi ou mercredi prochain; dix jours de torture! J'en ai franchement assez, et avec ça la visibilité me fait craindre en permanence de passer au travers. Il est harassant de scruter l'horizon de cette façon. Toute la journée j'ouvre de grands yeux, et je n'ai plus de lunettes noires pour me protéger du soleil. Pas de bateaux, pas d'avions, pas d'oiseaux, *j'en ai assez* (souligné dans mon journal), quarante jours, c'est plus que suffisant.

18 heures. — Un bon signe : une mouche dans mon bateau. Vraiment la terre approche.

Vendredi 28 novembre, 9 heures. — Encore rien ce matin, je commence à être sérieusement inquiet. Et la pauvre Ginette! Quarante et unième jour aujourd'hui. Pourtant le coucher de la lune me confirme la proximité de la terre, 60 milles environ, peut-être? Je suis sur une bonne latitude, mais j'avance à peine. Je rencontre une ampoule électrique qui flotte. Vraiment, on fait de curieuses rencontres à la surface de la mer! J'en ai plus que par-dessus la tête.

19 heures. — Un bon petit vent se lève, comme je n'en ai pas vu depuis huit jours. Pourvu que ça dure, je devrais alors voir la côte dans les dix-huit heures. Pas vu un bateau depuis le lundi 3 novembre.

Samedi 29 novembre. — Le vent a duré exactement dix minutes; actuellement soleil de plomb, 38-39° sous ma tente, pas de vent, pas de terre, pas de bateau, pas d'avion, pas d'oiseau : désespoir.

Je n'avance guère maintenant. Je fais un demi-mille à l'heure, pas plus. Il va me falloir encore dix à vingt jours; on m'avait pourtant dit que l'alizé allait jusqu'à la côte. Je suis effrayé à la pensée de la mortelle inquiétude des miens. Si au moins un bateau pouvait donner de mes nouvelles, mais rien, rien, rien. Pêché aujourd'hui au couteau, au bout de mon aviron, un baliste; j'hésite à le manger puisqu'un livre me le donne comme comestible, mais un autre pour toxique. Je préfère m'abstenir; il faudrait tout de même que les spécialistes pour naufragés se mettent d'accord!

19 heures. — Le vent se lève comme hier. Si ça pouvait durer. J'ai lancé de nouveau un flacon avec un message. Une nouvelle espèce de poisson s'approche de moi, donc la terre est là. Je suis suivi par un gros barraccuda! J'aimerais bien le pêcher, mais il me regarde d'un drôle d'œil; je crois que lui aussi aimerait assez me manger.

Dimanche 30 novembre. — Et voici une semaine d'immobilité. Maudits sont ceux qui m'ont dit que l'alizé allait jusqu'à terre. Huit jours de calme, rien en vue. Je commence à souffrir beaucoup d'une diarrhée qui me force à m'asseoir par-dessus bord, au moins vingt fois dans la journée. L'alizé est un leurre; il vous conduit au trois quarts du chemin, et là il vous abandonne. Encore est-ce la période où il est le meilleur, paraît-il. Résignons-nous. Si par compensation je fais 30 milles par jour environ, ce qui ferait une moyenne d'environ 55 milles par jour depuis le départ, j'arriverais le dimanche 7 décembre. Patience. Encore une semaine. Mais là, j'abandonne.

Lundi 1er décembre. — Et voilà! Novembre est fini et je n'ai pas vu la terre. Je passe par des émotions variées; le lever de la lune me mettait vers le 50e de

gré, et son coucher me met sur le 60ᵉ, je n'y comprends absolument rien. Ce soir, pleine lune. On
verra. J'avançais un peu, un bon petit vent s'étant
levé, mais toute la nuit j'ai eu calme plat. Alors,
suis-je à 40 ou à 1.200 milles? Il fait une chaleur torride. L'horizon est vide et brumeux. Oh! savoir faire
une longitude certaine et précise, avoir de nouveau
une batterie, avoir de nouveau un chronomètre!

Je viens d'avoir la visite matinale d'un « blanche-
queue des tropiques », qui a failli se poser sur ma
vergue. J'ai pu le photographier, mais quand j'ai
voulu le filmer, il a eu peur et s'est sauvé, juste dans
le soleil.

11 heures. — Telle que je la connais, je suis affolé
pour Ginette; elle doit être désespérée, et il se peut
que ça dure encore une dizaine de jours. Fatigué et
anxieux, cette diarrhée commence à m'épuiser; je
suis plus inquiet, car un peu de sang commence à
apparaître dans mes selles.

15 heures. — Ma latitude est restée parfaite; le vent
souffle encore un petit peu, et un oiseau-frégate, le
quatrième depuis cinq jours, est venu me réconforter.
Puisqu'on le voit au grand maximum à 300 milles,
étant donné que j'en ai vu il y a cinq jours, il me
reste tout de même à peine 100 milles à faire. Espoir!
Espoir!

18 heures. — J'ai eu le grand tort de regarder mes
photos de France, de Casa et de Las Palmas; ça m'a
fichu le cafard. L'épreuve est vraiment trop longue
et cette incertitude est terrible de ne pas savoir où
je suis. Je crois le prévoir à 200 milles près, mais arriverai-je après-demain ou dans dix, vingt ou trente
jours? Je ne sais pas. Il y a des moments où je voudrais m'être arrêté aux Canaries. Alors mon damné
orgueil me fait de sanglants reproches. Si seulement je

voyais un bateau! Si j'entendais la radio, je serais moins seul au monde. Quant à celui qui prétendait que le vent restait nord-est et est jusqu'au bout, je lui en veux. Ou il n'y a pas de vent ou il est sud-est-nord-est depuis mon orage de l'autre jour.

Mardi 2 décembre. — (Mon moral est à ce moment bien bas et le journal est difficilement lisible.) Toujours rien en vue; ce matin encore un nouveau genre d'oiseau qui m'est également donné comme fréquentant à 100 milles de la terre, le *maux shearwater*.

Résumons les signes favorables et défavorables à la proximité de la terre :

Contre : lever du soleil, coucher du soleil, heure de la méridienne, du lever de lune. Mais les trois premiers me fournissent déjà une erreur d'environ une heure au départ, quand je connaissais ma longitude. Donc, le lever de lune qui me donne environ sur 50° est compensé par le coucher.

Pour : coucher de lune, qui me met sur 60° 2′, irrégularité du vent qui tombe la nuit, oiseau-frégate, en général peu d'oiseaux, mais de nouveaux types, pas un seul albatros. De plus, j'ai parcouru 50 milles et 60 milles par jour, ce qui est ma moyenne sur les Canaries, soit entre 2.320 et 2.520 milles; il reste de 180 à 380 milles à parcourir.

La meilleure hypothèse me mettait sur 59 ou 60° méridien, la plus mauvaise sur 50°.

Si j'avais eu du vent jusqu'à la fin comme au début, je serais à terre depuis huit jours; mais il y en a extrêmement peu, cinq à six heures par jour, moins que vers Casablanca; alors, je n'arriverai jamais à faire les 200 ou 300 milles qui restent? C'est vexant d'en avoir fait 2.500 en un mois et de mettre trente jours pour les 300 suivants. Plus un souffle de nouveau, c'est désolant. Je deviens franchement pessimiste. Mon expérience a marché pendant quarante-quatre jours, quelle bêtise si elle échoue si près du but.

Si seulement je pouvais donner de mes nouvelles! Mais rien! ni avions, ni bateaux! Quant au bouquin, le « Raft Book », quelle belle fichaise ces oiseaux qu'il signale. C'est tout juste bon à abattre le moral.

15 heures. — Encore une chose que je ne comprends pas; je devrais lutter pour ne pas descendre au sud, or, depuis dix jours le malheureux souffle de vent que j'ai vient résolument du secteur sud. Alors? et l'alizé du nord-est? il est obstinément sud-est. 45° jour aujourd'hui, un mois et demi, et la pauvre Ginette ne sait toujours rien. Encore une journée perdue. Heureusement qu'il y a peu de jours comme ça, sans nuages, sans cela j'aurais vite le cerveau en ébullition. Encore un bel orage en vue.

Mercredi 3 décembre[1]. — Absolument dégoûté. Le vent est revenu au nord-est (après être passé par l'ouest, d'ailleurs charmant!), mais il n'y en a pas beaucoup.

11 heures : brusquement, il s'est enfin levé et souffle comme je l'ai pas eu depuis huit jours. Pourvu que ça dure!

15 heures : ma provision d'eau commence à diminuer sérieusement. Pourvu qu'il se remette à pleuvoir, mais pas trop!

18 heures : encore un oiseau-frégate, je ne les compte plus depuis huit jours, et le « Raft Book » dit qu'on ne les rencontre au plus qu'à 100 milles de la côte; j'espère que pour celui-là c'est vrai, car si c'avait été la réalité pour les autres, je serais déjà

---

1. Même pour ces passages, rédigés dans des circonstances dramatiques, l'auteur s'est borné à copier fidèlement son journal de bord. (Note de l'éditeur.)

arrivé. J'ai une épouvantable diarrhée et une soif de tous les diables. Oh! boire un litre de lait, sans respirer.

Jeudi 4 décembre. — Rien en vue, toujours rien en vue. Je commence à être physiquement épuisé.

Aujourd'hui, j'ai eu la visite d'un papillon. Présence ce matin d'un fil de la Vierge. Enfin, tout de même, avec tout cela, la terre ne peut guère être loin. Mais bateaux + avions = zéro.

Vendredi 5 décembre. — Peut-être la terre est-elle à quelques dizaines de milles, et je ne peux l'atteindre; je n'ai pas de vent. Je suis claqué par cette diarrhée terrible et cette hémorragie qui m'accablent. Je n'ose plus manger; si ça continue, le bateau arrivera mais je serai mort à l'intérieur. Soleil de plomb, pas un nuage. Je ne comprends plus et je ne sais plus où je suis. Une chose que je demande, si le bateau arrive avec moi mort, c'est que quelqu'un aille de ma part souffleter l'auteur du livre pour naufragés, c'est tout juste bon à tuer le moral du malheureux qui aura la malchance de le posséder. Il a écrit : « Un nombre notable d'oiseaux-frégate veut dire que la terre est à environ 100 milles. » J'en ai vu un certain nombre depuis huit jours et fait environ 300 milles. Moralité : l'auteur est malhonnête d'affirmer des choses fausses et qu'il sait fausses; ou bien s'il ne les sait pas qu'il ne les dise pas. Il en est de même pour ceux qui ont décrit l'alizé, on voit bien qu'ils n'y sont jamais allés eux-mêmes. Au voisinage des Antilles, en novembre-décembre, il y a deux jours de vent pour dix jours de calme plat.

Petit problème : étant donné que je fais 100 mètres à l'heure environ, dans combien de temps aurai-je parcouru les 150 km qui me séparent de la terre, s'il y en a encore une.

Je serai mort auparavant, cuit, assoiffé, affamé, vraiment tout est ligué contre moi; depuis ce matin je bous dans mon jus avec un soleil terrible, et pas un nuage, et à peine à 800 mètres de moi le ciel est couvert de nuages épais. Il est frappant de constater à quel point l'impression de persécution vous suit lorsqu'on est à la surface de la mer; on a l'impression que tout se ligue contre vous, que rien ne va plus. Les petits nuages avançaient lentement, poussés par un vent léger, et j'avais l'impression qu'ils préféraient contourner le soleil plutôt que de passer devant lui pour me protéger.

Je suis épuisé. Si j'échoue, c'est vraiment parce que tout s'est mis contre moi : pas de vent, un soleil torride. Hier il a plu à torrents tout autour de moi, pas une goutte sur moi, c'est atroce. Ma voile bat de droite à gauche, c'est sans doute l'alizé. Définition de la zone des alizés : zone où il n'y a pratiquement jamais de vent. Je n'ai même pas la ressource de me savoir dans le Pot au Noir; à cette époque de l'année, il est à 5° nord et, à cette latitude, j'aurais déjà touché terre. Cette horrible diarrhée en plus... J'ai compris maintenant : s'il y avait une tempête, je ne jetterais certainement pas l'ancre flottante, à Dieu vat! Qu'est-ce que j'ai fait? Comme si je n'aurais pas pu m'arrêter aux Canaries!

Jean-Luc, si je suis mort en arrivant, publie un livre avec ces notes qui constitueront un témoignage à Ginette. J'avais bien dit qu'il est de mauvais présage que les marins croient la chose possible. La Méditerranée, Casa, les Canaries, je les ai réussies : ils disaient que c'était impossible, et, là, j'échoue lamentablement. Combien vont triompher! Le bruit de cette voile qui bat devant vous... pas de pire journée depuis le début, je préfère la tempête, j'ai jeté derrière moi un sachet de fluorescéine pour voir combien de temps je le

verrais. On ne sait jamais! Ce qui m'inquiète, c'est
que, jusqu'à présent, quand je n'avais pas de vent il
en restait tout de même en hauteur, aujourd'hui rien.
Pourvu que ça ne dure pas 8 jours! Ça fait maintenant
32 jours que je n'ai pas vu un bateau, et 21 jours un
avion; je suis absolument désespéré, d'autant que Jack
disait : nous échouerons parce qu'il y aura trop de
vent, des tempêtes et des typhons; j'échoue en réalité
parce qu'il y a un calme plat. Ah! si seulement je
pouvais faire un *S.O.S.* Hélas! c'est une gageure. Pas
un nuage ne passe devant le soleil, et il y en a pourtant! Je n'y comprends rien : maintenant il y a de
très petits nuages très bas qui filent à toute vitesse, et
moi j'ai un calme plat comme rarement j'en ai vu,
même en Méditerranée. Si seulement je pouvais prendre un bain!

Samedi 6 décembre. — Le vent s'est levé au nord
assez fort, c'est mieux que rien. Ce matin, vu encore
trois « queues blanches des tropiques » ensemble : on
dit la côte à 60 à 80 milles. Il n'est tout de même pas
possible que l'auteur d'un livre pour naufragés se
trompe à tous les coups; alors demain ou après-
demain, peut-être verrai-je la terre? Néanmoins, je
voudrais écrire ici mes dernières volontés, car peut-
être n'arriverai-je pas vivant!

1° Je désire que ces notes servent à composer un
livre dont les droits seront versés à Ginette Bombard,
ma femme. Pour la genèse du voyage, il serait bon
d'interroger... (quelques noms...).

2° Dispositions pour la vie de ma femme et de ma
fille.

3° Je tiens à dire qu'il ne faut absolument pas que
d'autres naufragés meurent assassinés moralement par
les auteurs de livres pour naufragés où les signes
d'approche de la terre sont tous faux et abattent le

moral, tuant ainsi les gens. De plus, j'estime respon-
sable de ma mort ceux à cause de qui, actuellement,
je n'ai pas de poste émetteur.

Enfin je finis en disant : mon expérience est valable
pour cinquante jours; ce n'est pas parce que j'arrive
mort que les naufragés doivent désespérer. Après, elle
dépasse les forces humaines; il serait souhaitable
qu'aux cours de cosmographie dans les lycées et écoles
soit adjoint un cours de navigation pratique.

Dimanche 7 décembre. — Toujours rien en vue,
mais je ne peux pas être loin (là mon écriture a
repris de la force). Il faut, pour Ginette, Nathalie,
Renaud et Anne que j'arrive vivant, mais c'est terrible.

Le soleil est implacable, j'ai soif. Mon eau commence à être épuisée, il ne me reste que 5 litres
peut-être; quand je pense que j'ai jeté tant d'eau par-
dessus bord! Des litres et des litres! Je pêche peu,
mais suffisamment, et ce serait terrible si je devais
recommencer à boire de l'eau de mer et du jus de
poisson avec, en plus, cette horrible diarrhée. Ça me
fait vraiment très mal. Le vent du nord d'hier m'a
fait dériver 18 milles au sud, m'éloignant ainsi de la
Désirade, terre la plus proche; maintenant il est de
nouveau très faible, c'est désespérant. Les *Instructions Nautiques* disent pourtant (*Antilles*, tome 2,
page 8, lignes 9 à 14) : « L'alizé est le plus fort et
le plus régulier de décembre à mars ou avril. Il a
alors sa direction la plus nord et souffle de est-nord-
est à nord-est, sa moyenne est environ de 4 Beau-
fort. » Ce que l'on peut imprimer d'erreurs tout de
même! Si je n'ai pas vu la terre demain ou après-
demain au plus tôt, je n'y comprends plus rien et
j'abandonne. Au départ, sur 15°20 environ, je faisais
le point à 12 h. 10; or, aujourd'hui, je l'ai fait à

15 h. 10, différence 3 heures, donc 60°20 ouest, la
Désirade est à 61°, soit 38 milles dans l'ouest... La
Dominique et Marie Galante sont respectivement à
61°20 et 61°12 ouest, soit 56 milles et 49 milles.
Alors? même à 30 milles par jour, je devrais être
demain à 28 et 19 milles; alors si je ne vois rien
après-demain je démissionne. J'en ai assez, et je pense
à cette pauvre Ginette, qui doit être en train de mourir à petit feu.

16 h. 30. — On peut dire que j'ai tout contre moi;
le vent a repris mais il me colle au sud. Je n'ai vraiment pas de chance. Alors, tant pis, je vais au sud,
j'ai de la marge jusqu'à Grenada, 240 milles; la
dérive me ralentit trop.

Les présages sont en faveur de la proximité de la
terre, sauf la présence de la terre elle-même; de petits
bouts de bois qui flottent çà et là, un banc de poissons qui ressemblent à des mulets, me suit, toutes
choses qu'on ne voit pas en haute mer. Mais moi, c'est
la terre que je voudrais voir!

Lundi 8 décembre. — Encore rien en vue, et de
nouveau plus de vent. Enfin, j'ai du mal à croire que
des types comme les auteurs de livres pour naufragés
écrivent un bouquin à l'usage de la marine américaine et se trompent à tous les coups. L'auteur déclare
qu'un oiseau-frégate a été vu à 300 milles; admettant
que, seul, le dernier en ait été un, je l'ai vu mercredi,
300 milles au plus.

Samedi matin je vois de nouveau ensemble trois
oiseaux des tropiques, et là il est formel : trois oiseaux
ensemble, 60 à 80 milles, mettons 100 milles, et
admettons, ce qui est un minimum, que j'en aie fait
40 de samedi à dimanche et 40 ensuite, je devrais
être à 20 milles. Or, rien en vue, et de nouveau une

journée atrocement ensoleillée se prépare. Je suis au
50ᵉ jour, cela me ferait 54 milles par jour de moyenne,
or au départ j'ai fait bien plus, et depuis je me suis
maintenu à 30 milles de moyenne, sauf un jour. Alors,
plus un souffle de nouveau.

Pour aller aux Canaries (550 milles), j'ai mis onze
jours. Là, j'ai à parcourir cinq fois le même parcours,
je devrais mettre cinquante-cinq jours, ce qui me
ferait arriver samedi.

Il me reste peu d'eau et je ne supporte plus l'eau
de mer, car j'ai une diarrhée très forte; je pêche très
peu, le poisson se méfie. Mais je m'en fiche, car j'ai
toujours suffisamment de poissons volants. En cas de
besoin, il me resterait encore tous mes vivres, je les
mangerais et je mourrais. Celui qui écrira d'après
mon expérience un bouquin pour naufragés devra
bien spécifier que les oiseaux qui changent indiquent
l'approche de la terre, mais peut-être à des centaines
de milles encore. Je suis assez désespéré; pourtant il
faut que je tienne, et c'est terrible. Oh! pouvoir faire
une longitude exacte. J'ai l'impression que si je savais
où je suis, même si je suis loin, ce ne serait pas la
même chose. Je crois que tous les bateaux et avions
passent à l'ouest des îles, dans la mer des Antilles, je
n'ai donc aucune chance d'en voir un. Quand je
pense qu'un jour de grand vent j'ai jeté l'ancre flottante; maintenant, la voile en haut jusqu'à la mort.
Mais voilà, plus de vent! Que faire, mon Dieu, que
faire pour sortir de cette horrible incertitude?

Une journée atrocement chaude se prépare. Pas un
nuage ne va atténuer le soleil. J'ai vraiment toute la
malchance possible. Il pleut autour de moi, mais pas
une goutte sur moi ; des nuages tout autour, sur moi
un soleil implacable; c'est l'époque de l'alizé régulier,
et j'ai périodiquement un jour de vent, un jour de
brise, deux ou trois jours de calme plat. Je suis pra-

tiquement immobile, ça fait trois jours que je vois
la tache verte de fluorescéine derrière moi; c'est comme
ça depuis le samedi 22, voilà vingt jours de quasi-
immobilité. Ah! je les retiens, j'ai été assez idiot pour
me fier à un livre écrit par des spécialistes! Malheureusement, je ne serai pas vivant pour leur dire leurs
vérités. Vingt jours de calme, quand « l'alizé est le
plus régulier et le plus fort »! Avec ce temps-là, il est
impossible que j'arrive vivant et pourtant je ne devrais
pas être loin.

14 h. 30. — Et voilà! ça recommence comme vendredi : calme plat et voile battante. Vive l'alizé! On
me dira : c'est signe que vous êtes près de la terre.
Alors, montrez-la-moi! Aucun espoir encore pour
demain car je n'aurai pas bougé.

16 heures. — Je voudrais bien prendre un bain et
inspecter le dessous du bateau. Lui, arrivera entier à
terre, même si cela dure encore un mois, à moins
d'un espadon!

16 h. 30. — La mer s'est levée, preuve qu'il y a du
vent quelque part, mais ici il y a à peine un petit
souffle. J'ai chaud et soif.

17 heures. — Je ne suis pas à 40 milles de la Dominique, mais je ne l'atteindrai jamais, puisque je n'ai
pas de vent (et, dans une écriture absolument désor-
donnée, comme je n'en ai jamais eu, je note) : quelle
journée atroce encore!

J'ai refait un long calcul d'après l'heure de mon
point :

Le 19 octobre 15°, point à 12 h. 15;

14 novembre, point à 14 h., donc une heure plus
quarante-cinq minutes, 41°, soit parcouru à cette date
1.568 milles, à une vitesse de 59 milles par jour;

Le 8 décembre, point à 15 h. 10, donc 59°, soit parcouru, depuis le 14, 1.044 milles, à la vitesse de
43 milles 5 par jour. Il me resterait donc à parcourir

116 milles, ça ferait mes fameux oiseaux à 300 milles
et 200 milles. Donc, d'après la carte, ça me mettrait
en vue mercredi ou jeudi, ou vendredi s'il souffle du
vent, mais j'en ai bien peu.

C'est dans le calme absolu où rien ne m'arrivait
qu'il faillit m'arriver le pire. Assis à l'arrière de *l'Hérétique*, et suivant des yeux son faible sillage, je vis
apparaître, encore lointaine, une sorte de masse noire,
oscillante et plate. Plus elle s'approchait, plus je pouvais discerner dans cette espèce de table mouvante,
des taches blanchâtres. Lorsqu'elle fut à quinze mètres
de moi, je compris que ce monstre était une raie
géante. Rassuré, contre toute logique, par le nom
de cet animal « comestible », je me mis calmement à
le photographier, sans penser que c'était moi, en l'occurrence, qui risquais d'être mangé. La raie n'approchait pas, mais gardait sa distance.

L'animal me suivit pendant deux heures environ,
puis s'effaça comme une plaque de métal, aspiré par
les profondeurs. Ce n'est que plus tard qu'un pêcheur
de Dakar me révéla :

« C'est là que vous avez couru votre plus grand
risque : la raie pouvait vous retourner d'un seul coup
d'aileron ou faire un bond pour vous recouvrir! »

Mardi 9 décembre, 15 heures. — Un peu de vent
depuis sept heures hier soir; pourvu que ça dure!
Le soleil est toujours aussi implacable; toute la nuit
j'ai fait des cauchemars; toujours rien en vue, et ce
serait miracle avec le peu de route que j'ai fait hier.
Revu ce matin encore trois oiseaux des tropiques et
qui crient, et il paraît que les oiseaux ne crient pas
quand ils sont loin de la terre. J'ai préparé le menu
du dîner que je voudrais m'offrir aux frais d'une personne de ma connaissance, qui a parié que je n'arriverais pas. J'ai prévu deux menus : soit foie gras

truffé, soufflé aux crevettes, canard au sang, pommes paille, fromages variés, omelette flambée à la confiture, fruits rafraîchis au champagne; soit homard Thermidor, perdreau truffé sur canapé, haricots verts, fromages variés, crêpe Suzette (une douzaine), fruits rafraîchis au champagne. Les vins sont : Muscadet, Pommard 28, Vosne-Romanée 1930, Mouton-Rothschild 1947, Château-Yquem 1929, Vieille Cure et cigare.

CHAPITRE XIV

ARAKAKA ET ARRIVÉE

C'est encore un mercredi qu'eut lieu le miracle!

Il me fallait alors faire de gros efforts pour me lever le matin; je me réveillais en général à peu près au moment du lever du soleil, mais je n'étais pas pressé de jeter un regard sur l'horizon, puisque je savais que, irrémédiablement, celui-ci serait toujours vide. J'attendais donc couché comme pendant la nuit, jusqu'au moment où le soleil, montant sur l'horizon, venait me brûler de ses rayons. Ce matin-là, vers dix heures, je jetai un coup d'œil autour de moi, et je sursautai, comme touché par une pile électrique. Tout haut, je dis : « Un bateau! » En effet, par tribord arrière, à environ 2 milles et demi de moi, un navire se dirigeait exactement de façon à couper ma route. C'était un gros cargo d'environ 7.000 tonnes, qui avançait à petite vitesse; personne ne semblait m'avoir vu et je bondis sur mon héliographe pour essayer d'envoyer le soleil dans l'œil de quelqu'un comme un enfant qui essaie de déranger les passants. Au bout d'un temps qui me parut extrêmement long, on m'aperçut enfin et, changeant de cap, le cargo se dirigea sur mon arrière.

Mon moral était remonté d'un seul bond, et j'étais persuadé que ce cargo était un bateau qui s'apprêtait à faire son entrée dans un des ports des Antilles; ceci venait confirmer la proximité de la terre. Je hisse au bout d'un aviron mon petit pavillon trico-

lore. Quelle n'est pas ma fierté lorsque, le bateau
approchant, je vois monter à sa corne « l'Union
Jack », qui s'élève et s'abaisse trois fois : salut que
l'on doit aux vaisseaux de guerre rencontrés en mer.
Je réponds en agitant mon pavillon. Le cargo arrive
à ma hauteur et le capitaine, prenant un porte-voix,
me crie :

— Will you any assistance? Et je réponds :

— Just the time, please, and my exact longitude?

— 49° 50'.

J'étais exactement à 10°, c'est-à-dire 600 milles de
plus que l'endroit où je croyais me trouver. Assommé
comme quelqu'un qui aurait reçu un coup de mar-
teau sur la tête, touchant maintenant le fond du
désespoir, je saisis ma godille pour m'approcher du
bateau, en répétant fébrilement : « Tant pis, cela fait
cinquante-trois jours, j'abandonne. » Le capitaine
crie :

— Will you come on board?

Et je pensais : « Tant pis, je me fais hisser, l'expérience est terminée. Après tout, cinquante-trois jours,
c'est déjà une belle épreuve. »

J'accoste le bateau, l'*Arakaka*, un gros cargo-pas-
sagers, venant de Liverpool, et monte à bord. Là, un
petit homme, assez fort, d'environ une cinquantaine
d'années, très agité, m'attendait; c'était le capitaine
Carter, de Liverpool. Il me demanda tout de suite :

— Nous vous chargeons, avec votre matériel, nous
allons à Georgetown, en Guyane britannique, nous
vous emmenons.

Tout d'abord, je lui réponds « oui », mais aussitôt
l'exemple du *Sidi-Ferruch* me revient à l'esprit. Je
vis mes amis, les marins de Boulogne, me dire :

« Eh bien! Tu ne l'as pas traversé l'Atlantique. »

Les cinquante-trois jours de l'épreuve n'auraient
servi à rien. Alors que la théorie était suffisamment

prouvée, l'homme de la rue ou plutôt l'homme de la
mer verrait dans l'interruption de la traversée l'échec
complet de la démonstration. Il fallait, pour que mon
expérience serve à sauver des vies humaines, que ce
soit une réussite parfaite. Quel immense espoir allait
s'élever alors dans les milieux maritimes. Aussi me
repris-je aussitôt et demandai au capitaine un moment pour réfléchir. En attendant, il m'offre une
douche, que j'accepte avec reconnaissance. Tandis
que je la prends, j'entends dans la coursive deux
officiers dire :

« Tout de même, avec les Français, il y a de la ressource! »

Alors ma résolution est prise : je continuerai. Je
fais mentalement un léger calcul et je m'aperçois qu'à
la même vitesse, il me fallait encore une vingtaine
de jours pour arriver à terre. A partir du 10 décembre, cela me fera arriver aux environs du 3 janvier;
j'ai donc besoin, pour faire les points, d'un livre
d' « Ephémérides nautiques » pour l'année 1953.

Le capitaine vient me voir pendant que je prends
ma douche et me dit :

— Vous allez accepter un repas?

D'abord, je refuse énergiquement, mais il insiste :

— Vous ne pouvez pas refuser un repas chaud.

Ce repas, je m'en souviens bien, le premier après
cinquante-trois jours, était composé d'un œuf sur le
plat, un petit morceau, un très petit morceau de foie
de veau, une cuillerée de choux et deux ou trois
fruits; ce repas que, plus tard, certains allaient me
reprocher, me fit courir le plus grand danger intes-
tinal de tout mon voyage. J'envoyai ensuite un télégramme à ma femme et l'on me fit visiter le bateau.
Je me souviendrai toujours de ce luxueux carré d'officiers, avec ses fauteuils en cuir. La table était mise
pour le déjeuner. Les passagers jouissaient d'un

confort bien britannique. Ce faisant, je me répétais :
« Encore vingt jours, encore vingt jours! » Le capitaine me conduisit dans la chambre des cartes, pour
me montrer exactement l'endroit où je me trouvais
et les déclinaisons que j'allais avoir à traverser lorsque
j'approcherais de la terre. Il me donna un almanach
nautique, qui me fournirait les chiffres de 1953, et
me fit don de la magnifique publication de l'Amirauté britannique, qu'il me dédicaça.

Alors, traversant le bateau d'un pas plutôt vacil-
lant, mais enfin tout de même encore solide sur mes
jambes, je me dirigeai vers la lisse, où l'on avait jeté
une échelle pour que je puisse redescendre sur l'Hérétique. Le capitaine était ému, tout l'équipage m'en-
courageait et me donnait rendez-vous à terre. Au
moment où je descendais l'échelle de corde, le capitaine me cria :

— Que puis-je pour vous, il faut absolument que
je fasse quelque chose? Qu'est-ce qui pourrait vous
faire plaisir, que me demandez-vous?

Je me souvins ne pas avoir entendu de Bach depuis
le début de la traversée et lui répondis alors que
j'aimerais bien pour la nuit de Noël, écouter le
6e *Concerto brandebourgeois*.

— S'il le faut, je dérangerai le monde entier. Je
vous donne ma parole que vous aurez votre concerto
pour la nuit de Noël.

La remorque est lâchée, l'*Arakaka* attend avant
de se remettre en marche que j'aie pu me dégager
du terrible remous de son hélice, qui risquerait de
m'entraîner. Un petit vent s'est levé dans l'intervalle,
et je voulais en profiter. Je hisse ma voile et m'éloigne
vers l'ouest. Tout cela a duré environ une heure et
demie. L'*Arakaka* remet ses moteurs en marche et,
dans le fracas assourdissant de ses sirènes, il me
salue trois fois de son pavillon et s'éloigne lentement.

Cher *Arakaka*, je sais que je te regretterai, je sais qu'à certains moments je penserai : « Pourquoi n'ai-je pas profité de ce moment, qui était probablement ma dernière chance? » Mais, pour le succès de mon expérience, il était absolument nécessaire que je marche, que j'aille de l'avant, que je continue, et au fond, c'est la seule chose dont plus tard j'aurai à être fier. Alors je commence à écrire dans mon journal de bord :

« *Mercredi 10 décembre.* — Décidément le mercredi m'apporte presque toujours quelque chose, je viens de monter sur un bateau, de manger un petit repas, et je continue. Mais hélas! je ne suis que sur le 50ᵉ degré, encore 600 milles à faire, ça me ferait donc, à la vitesse que j'ai, encore quinze à vingt jours. Courage, le moral est devenu bon, mais je retiens les spécialistes! Je sais maintenant faire ma longitude avec certitude; par quelle aberration ai-je noté 12 h. 15 au départ, c'était bel et bien 13 heures et l'heure du soleil au méridien me donne ma vraie position. Ginette est prévenue, le voyage continue, Dieu est bon. C'était le cargo *Arakaka*, capitaine Carter, de Liverpool, allant en Guyane, je dois dire que j'ai bien failli rester à bord. »

En fait, c'était exceptionnel d'avoir croisé un navire à cet endroit de l'océan, et j'avais toutes les chances de continuer jusqu'à terre sans rien rencontrer. Si ceci était arrivé, je crois que je serais rapidement devenu fou. Persuadé de la proximité de la terre, je passais de plus en plus mon temps à fixer l'horizon, fatiguant ainsi mes yeux et mon esprit, et me démoralisant chaque jour un peu plus. *Arakaka*, tu ne m'avais pas seulement sauvé en rassurant ma famille, tu m'avais sauvé moralement, je savais où j'étais, de plus je pouvais enfin faire ma longitude.

Le capitaine, en effet, m'avait montré dans les tables nautiques une petite table, appelée équation de temps, qui me donnait une petite correction de temps variant chaque jour et que l'on devait retrancher à l'heure où le soleil passait le méridien. Il suffisait donc que je sache approximativement l'heure du passage du soleil au méridien pour savoir à 60 milles près ma position. J'étais maintenant assuré de pouvoir faire enfin une navigation qui en serait une : ma montre était réglée et je possédais une batterie de radio neuve, que l'*Arakaka* m'avait confiée.

Je dois dire que ce jour-là et les jours suivants je n'avais plus faim de poisson; or je n'avais pour me nourrir que du poisson; répercussion du petit repas pris à bord de l'*Arakaka*. Plus tard, à Paris, une grande spécialiste de l'hygiène alimentaire dira : « Si nous avions su que vous aviez pris un repas à bord du bateau que vous aviez rencontré, nous n'aurions pas donné cher de votre vie. » Il se passa alors chez moi exactement ce qui s'est produit chez des déportés politiques et des prisonniers de guerre libérés. J'avais subi deux régimes. Avant le petit repas du cinquante-troisième jour, l'alimentation anormale. Ensuite, profondément lassé du poisson, j'étais resté sous-alimenté. En effet, l'organisme prend progressivement l'habitude de tomber très au-dessous de sa ration habituelle, mais lorsqu'une alimentation normale lui est donnée de nouveau et qu'il y a repris goût, il a réappris que cette nourriture normale existait, il semble alors qu'il abandonne, qu'il se dise : « Ça y est, j'ai retrouvé les conditions normales, maintenant je peux me laisser aller », comme un sportif qui s'arrête au milieu de l'effort et ne peut plus repartir. Et c'est le désespoir de l'estomac. J'ai beaucoup plus maigri (les photos le montrent) dans les douze jours qu'il me fallut pour gagner terre après la rencontre de l'*Arakaka*, que dans les cinquante-trois jours qui ont précédé.

Je suis maintenant définitivement fixé sur ce qu'il faut penser des livres à l'usage des naufragés, des petits conseils de navigation, des signes d'approche de la terre, tels que bouts de bois qui flottent, papillons allant à la surface de l'eau, fils de la Vierge, mouches ou oiseaux variés. Ne vous en déplaise, auteurs de « raftbook », l'oiseau-frégate ne passe peut être pas sa nuit en mer, mais en tout cas, il va jusqu'à 1.500 milles de toute terre; il est également dit dans votre livre que rarement il pêche pour son propre compte, or je l'avais sous les yeux en train d'attraper au vol les poissons volants, que mes daurades chassaient de la mer.

Que s'était-il passé pour mon erreur de navigation? J'avais fait mon premier point en partant des Canaries sur une mer très agitée, et j'avais pris la crête d'une vague pour l'horizon réel. Par un curieux hasard, j'avais ainsi obtenu ma latitude exacte, mais à une heure erronée. Si bien que j'avais cru avoir ma méridienne à midi 15 sur le 15e degré, alors que j'avais en réalité ma méridienne à 1 heure de l'après-midi. J'en avais conclu qu'il fallait faire une correction de quarante-cinq minutes, soit un minimum de 10°. Dorénavant. au lieu de me mettre sur le 60e degré, je me mettrai sur le 50e, où je me trouvais, il me reste alors 1.200 kilomètres à parcourir. Je voulais gagner une terre française; d'autant plus que nos Antilles étaient les seules à posséder un port sur la côte ouest, qui fut protégé. J'allais donc essayer de me maintenir sur le parallèle de la Martinique, quitte à me laisser dériver sur la Barbade, dans le cas où le vent du nord se lèverait. Je risquais quand même d'être entraîné au sud de l'île anglaise et de

voir se prolonger mon voyage de 500 kilomètres jusqu'au continent. Trois jours après la rencontre de
l'*Arakaka*, arriva l'un des temps les plus bizarres que
j'eusse connus depuis le début de mon voyage. Dès le
matin, le calme plat s'était de nouveau installé. Mais
cette fois, des nuages floconneux, extrêmement bas,
couraient à toute vitesse au-dessus de moi. Mon embarcation, elle, ne bougeait pas, et toute la journée,
je devais rager de les voir filer si vite vers la terre.

Heureusement, je ne passai pas cette journée tout
seul. Une compagne un peu encombrante, certes,
mais une compagne tout de même, venait d'apparaître. Un grand reniflement sur la gauche avait attiré
soudain mon attention et je vis venir à moi une
grande baleine. Je craignais au début que ce brave
animal ne s'approchât trop de mon esquif et ne lui
infligeât avec les caresses de sa queue de dangereuses
avaries. Mais très sagement elle ne franchit jamais
les trois ou quatre mètres de distance qui séparait le
canot de ses jeux. Toute la journée, elle évolua autour
de moi. A la nuit, elle s'éloigna gravement et je ne la
revis plus jamais.

Cependant, la tempête arrivait. A 1 heure du matin,
les premières grandes vagues commencèrent à jouer
avec ma coque de noix. Pendant les derniers jours
de ma traversée je n'allais pas être épargné. Si pendant les vingt jours de tempête que j'avais déjà subis,
les vagues avaient rempli deux fois mon bateau,
quatre fois au cours des douze prochains jours je
devais prendre un bain forcé. Heureusement, ma
technique d'écopage s'était perfectionnée. Une fois
le canot rempli, je commençais à vider avec mon
chapeau, qui contenait deux ou trois litres d'eau, puis
je fignolais à la chaussure. Ce sont les moyens les
plus simples qui permettent le plus souvent de lutter
le plus efficacement contre les éléments.

Mais c'est avec joie que je voyais ma voile se gonfler
à craquer et entendais enfin, de nouveau, le chuin-
tement caractéristique de mon maximum de vitesse :
trois nœuds environ. En l'absence du loch, c'était le
bruit que faisait le canot sur l'eau qui me donnait
une idée de la vitesse.

Plus les milles passaient, plus devenait grande ma
crainte de subir un accident stupide au moment d'atteindre mon but. Je continuai à avoir la sensation
pénible de dépendre d'une seule vague plus méchante
que les autres. Tous les dangers courus n'auraient
alors servi à rien. Il ne faut jamais s'attendre à trouver un repos complet en mer. Mais je me souviens
encore des cris de joie que je poussais en entendant
le vent siffler à mes oreilles.

Je dormais, heureux, lorsque je fus réveillé par
l'impression que quelque chose d'insolite se passait
autour de moi. Je me levai. La mer, derrière moi,
était sillonnée des éclairs phosphorescents produits
par un énorme poisson. Etait-ce un espadon ou un
requin? Cette fois-là, l'animal fit montre d'une technique inusitée. Il fonçait sur moi, et passait sous le
bateau, en le raclant avec son dos. Ce jeu dura six
heures. Exaspéré, j'allais, enfin, me décider à l'attaquer, lorsqu'il disparut aussi rapidement qu'il était
arrivé. Le lendemain matin, alors qu'aucune vague
n'avait rempli l'Hérétique pendant la nuit, je me
retrouvai trempé. Je dus me rendre à l'évidence que
le bateau commençait à faire eau. La bête, pendant
la nuit, avait dû percer le fond de caoutchouc de sa
peau rugueuse de papier de verre. Il était temps que
j'arrive, car la situation dans laquelle je me trouvais
devenait sérieusement inconfortable. Les flotteurs
étaient, certes, intacts, la pression d'air s'y maintenait
parfaitement, mais il était impossible de réparer l'infiltration, diffuse à travers le fond de l'embarcation.

J'aurais préféré un vrai trou. Toutes les cinq heures, quand l'eau affleurait au plancher de bois, je devais écoper. Ce manège dura pendant les dix jours qui me restaient avant de toucher terre.

Les oiseaux devenaient de plus en plus nombreux et variés. Le 13 décembre enfin, la première mouette fit son apparition. Je me retrouvais en pays de connaissance. Le même jour, j'eus l'occasion de voir et de filmer une scène fantastique. Depuis plusieurs jours, l'un des plus beaux oiseaux de mer qui existent, un oiseau-frégate, me survolait et fonçait de temps en temps pour attraper au vol un poisson volant. Je m'étais demandé pendant longtemps comment cet oiseau pouvait repérer exactement l'endroit où sa proie allait émerger de la surface. J'eus ce jour-là la révélation : il pêchait en collaboration avec mes daurades. A un moment donné, celles-ci se précipitaient au milieu du banc de poissons et les faisaient s'éparpiller dans les airs, où, d'ailleurs, elles continuaient à les poursuivre en faisant d'immenses bonds hors de la vague. Dès que l'oiseau voyait la chasse commencer, il fonçait sur le groupe et chaque fois qu'il redressait son vol, il tenait un poisson dans son bec. Arrivé à une grande hauteur, il le lâchait brusquement, piquait rapidement pour se trouver dans l'axe de chute du poisson et le recevait alors dans son bec grand ouvert. C'est ainsi que l'oiseau-frégate mange ses proies en plein vol.

Le plus extraordinaire était de voir le poisson bondissant dans un sens parallèle au vol de l'oiseau. La camera à la main, je tâchais de fixer sur la pellicule cette étonnante scène de la nature.

*

LE léger repas que j'avais pris à bord de l'*Arakaka* avait de curieuses répercussions. D'abord, du jour au

lendemain, la terrible diarrhée dont je souffrais
s'était calmée. J'aurais pu m'attendre au contraire,
car le chou et les fruits sont laxatifs. Une autre conséquence ne laissa pas de m'étonner et surtout de me
faire souffrir. Ce repas m'avait donné faim. Ce n'est
qu'après l'avoir pris, ce fameux 10 décembre, à bord
de l'*Arakaka* que je commençai à souffrir de la faim.
De terribles crampes d'estomac ne m'abandonnaient
plus. Mon régime était le même et aussi abondant
qu'avant ma rencontre avec le navire, mais je bâillais
comme un homme affamé, ce qui ne s'était jamais
produit pendant les cinquante jours précédents. Les
cauchemars « gastronomiques » commencèrent à
obséder mes nuits. L'un revenait plus souvent que
les autres, comme un leitmotiv : le mirage d'une
poule au riz. Je n'ai jamais compris pourquoi.

Je passai la journée du 20 décembre à me rappeler toūs les « gueuletons » que j'avais pu faire
depuis la Libération et qui avaient été particulièrement notables avant mon départ. Ayant calculé qu'il
me restait à passer en mer, sauf imprévu, à peu près
autant de jours qu'avait duré mon passage à Casablanca, à chacun de mes repas de plancton et de
poisson, je me remémorais celui que j'avais fait à
terre, le jour correspondant. Ceci donnait par exemple : « Aujourd'hui, je déjeune à l'Amirauté avec un
lièvre à la royale; ce soir, chez les médecins de Casa,
avec des rognons au vin blanc. »

*

J'étais enfin « entré dans une nouvelle carte ».
Abandonnant la carte générale de l'Atlantique, c'était
maintenant celle plus spéciale de la mer des Antilles,
où je fixais ma position. Il est curieux de constater
à quel point une échelle plus grande donne l'impression de parcourir une distance plus grande.

En l'honneur de ce changement de carte, je jetai à la mer un dernier message dans un bocal à plancton. Il portait : « Expérience réussie, mission pratiquement remplie. Prière à celui qui découvrira ce message de l'envoyer, etc. » J'étais curieux de savoir si l'un des messages confiés à la mer parviendrait à son destinataire.

Je me considérais comme arrivé. La journée du 21 se termina par l'apparition dans mon sillage d'un poisson long d'un mètre cinquante environ, qui avait un bec pointu, muni de dents impressionnantes. C'était mon second barracuda. Il semblait me regarder d'un air gourmand. J'eus d'abord peur et lui jetai mon moulinet, en le retenant par la ligne. C'était le moyen que j'employais généralement pour effrayer les requins, qui fuyaient alors à toute vitesse. La bête ne bougea pas et continua à me suivre d'un air méchant. Je fixai alors mon couteau recourbé au bout de mon fusil sous-marin et après l'avoir blessé deux ou trois fois, j'enfonçai profondément la lame dans son corps. C'est ainsi que je réussis à mettre fin à la discussion avec cette bête au courage de laquelle je rends hommage, mais dont je n'ai pas apprécié la chair très indigeste. Lorsque, le 22, je m'éveillai juste avant le lever du soleil, quelle ne fut pas ma surprise de m'apercevoir qu'un gros cargo venait de me dépasser. J'étais juste dans son sillage. Il était impossible qu'il ne m'ait pas vu. Décidé à envoyer de mes nouvelles, j'allumais un feu de Bengale dans le jour naissant pour le faire revenir sur ses pas et en avoir le cœur net.

Mais le bateau continuait à s'éloigner lentement et je crus un instant qu'il n'allait pas voir mes feux de Bengale. Saisissant alors le dernier, je le lançais en l'air, où il fit une grande traînée lumineuse. Le cargo vira et revint en arrière. L'accoster fut beau-

coup plus difficile que pour l'*Arakaka*, la mer étant
beaucoup plus mauvaise. C'était un cargo hollandais
qui se rendait à Fort d'Espagne, dans l'île anglaise
de la Trinité, la plus au sud des Antilles. J'avais
décidé de lui demander, d'une part, de prévenir la
Martinique et la Barbade de mon arrivée prochaine;
d'autre part, de me donner un plat qui ne fût pas
du poisson pour passer dignement la nuit de Noël,
si jamais celle-ci me trouvait encore en mer. Le capitaine me reçut très aimablement et m'offrit une tasse
de café. Ma position me fut confirmée; j'étais bien,
comme je l'avais calculé, sur 13°50' nord et 58°20'
ouest. Mais une conversation invraisemblable s'engagea :

— Comment avez-vous fait, capitaine, demandais-je,
pour passer sans me voir?

— Mais nous vous avions vu! Nous sommes venus
tout près de votre bateau, nous en avons fait le tour
et, ne voyant aucun signe de vie, nous avons pensé
qu'il s'agissait d'un dingy abandonné, et nous avons
continué. Ce n'est que plus tard que vos signaux
nous ont fait revenir.

— Pas signe de vie, commandant, et ma voile
hissée, mon gouvernail fixé, ma radio avec une antenne, vous n'appelez pas ça des signes de vie? D'ailleurs vous ne m'avez reconnu que quand je me suis
présenté; si j'avais été un véritable naufragé, à demi
mort et incapable d'appeler, vous me laissiez là,
abandonné à mon malheureux sort?

De toute évidence, le capitaine n'y avait même pas
songé, et, chose invraisemblable, n'avait même pas eu
l'idée d'actionner sa sirène pour voir si un résultat
s'en suivrait.

Que le lecteur ne croie pas qu'il s'agisse là d'un
cas exceptionnel. Nous avions déjà constaté en Méditerranée que, pour un transport de passagers, l'horaire

prime tout, même la vie de naufragés possibles. Il
ne s'agit plus là de navires, mais de véritables « tram-
ways de la mer ». Seul le fait qu'un passager ait
aperçu quelque chose de suspect peut amener leur
intervention. Sans cela il y a de fortes chances que
le tramway passe.

Je redescendis dans mon canot et, ayant marqué
ma position sur la carte, m'aperçus que « c'était la
fin ». Il me restait 70 milles environ à parcourir, dans
le 232 du compas, c'est-à-dire au sud-ouest, pour
atteindre la côte nord de la Barbade. Le vent soufflait fort et, ayant calculé approximativement ma
vitesse, j'espérais apercevoir le feu de la pointe nord
(feu blanc à occultation double et de période 10°
Portée 20 milles), entre minuit et deux heures du
matin G.M.T.

La journée fut assez fatigante car, tout en sachant
qu'il m'était impossible de voir quoi que ce soit, je
n'en scrutais pas moins, malgré moi, l'horizon, dans
l'espoir d'un miracle. Je dormis assez bien la première partie de la nuit et, m'étant réveillé, je commençai ma dernière garde. A minuit et demi, le ciel
fut déchiré brusquement par un éclair lumineux,
suivi aussitôt d'un second; je me précipitai sur mon
chronomètre : dix secondes ne s'étaient pas écoulées
que les nuages s'éclairaient de nouveau. Pour la première fois depuis soixante-cinq jours, j'avais repris
contact avec la terre : c'était la réflexion du phare
dans les nuages. Je devais me trouver à ce moment
à 16 milles environ de la pointe nord de l'île de la
Barbade et j'avais donc au moins douze heures
devant moi avant de me poser le problème de l'atterrissage. J'aurais donc pu dormir, mais, bouleversé
par la proximité de ce à quoi j'avais fini par ne plus
croire : la terre — la terre promise! —, je restai là,
stupidement assis sur mes flotteurs, regardant ces

éclairs réguliers et comptant machinalement les secondes, ayant à chaque fois l'impression d'un miracle
renouvelé, et n'était-ce point cela? Il me fallut environ deux heures pour me persuader que je ne rêvais
plus.

Plus encore que n'importe quelle autre île, la Barbade est inabordable par la côte est, pour tous ceux
qui ne la connaissent pas. La partie septentrionale
de cette côte, en effet, n'offre que des falaises, où les
lames se brisent constamment. Plus au sud, elle est
bordée à un mille environ par une barre de récifs
qui laissent un chenal entre eux et l'île. De nombreuses passes traversent cette barre, mais ne peuvent
être utilisées qu'avec une parfaite connaissance des
lieux. C'est sur cette côte qu'un piège avait été tendu,
au début du XVIIIe siècle, par le seigneur du lieu, le
fameux « Sam Lord ».

Il avait planté deux rangées parallèles de cocotiers,
sur lesquels il fixait des lumières rouges et blanches
pour faire croire à l'entrée d'un port. Les navires
trompés se précipitaient sur les récifs. A ce moment,
Sam Lord lâchait ses esclaves noirs pour massacrer
tout l'équipage, et ne laisser vivre aucun témoin.
Tout esclave revenant sans apporter au moins une
tête était immédiatement mis à mort. Leur férocité
était donc assurée, et la cargaison du navire allait
augmenter les collections du Lord, qui devint d'ailleurs fabuleusement riche.

Cette côte m'étant fermée, il me restait deux solu-
tions : ou bien tenter d'aborder la toute petite portion
de côte nord (7 km) ou bien, dépassant l'île, jeter
l'ancre sur les hauts-fonds à l'ouest et, à l'aide de
mon héliographe, appeler le pilote du port de
Speighatown. Le jour se leva et je m'aperçus avec
étonnement que j'étais beaucoup plus près de la terre
que je ne le pensais, à 4 ou 5 milles environ. Une

émotion très différente de celle que j'avais ressentie
aux Canaries s'empara de moi. En fait, mes chances
de doubler la pointe nord et d'éviter les dangers mortels de la côte est étaient aussi problématiques
qu'avait pu l'être mon abordage du 3 septembre.

Pour la première fois depuis le départ, je remis
mes dérives à l'eau afin de prendre le vent de côté,
et franchir la falaise écumante en son point le plus
au nord.

L'amiral Sol m'avait averti de prendre de grandes
précautions à l'atterrissage. C'est là encore une expérience dont je voudrais faire profiter les naufragés.

Naufragé, mon ami, tu es enfin arrivé en vue de
la terre, tout te semble terminé; il serait vraiment
trop bête qu'à ce moment-là tu sois tué par cette
terre même qui est ton salut. Tu as le temps. Seule
ton impatience peut encore tout compromettre.
Arrête-toi, observe et choisis. N'oublie pas que « 90 %
des accidents arrivent à l'atterrissage ». Il faut que
tu trouves un point où la mer déferle moins, où il
y aura du sable, et non une roche meurtrière. Pour
cela, observe soigneusement la couleur de la mer :
tous les points blancs, signe de vagues déferlantes,
doivent te sembler suspects : ils dissimulent un
récif. Ne t'engage jamais que sur les grandes éten-
dues, sans tourbillons et sans brisants.

Ma pointe nord franchie, je commençai à signaler
à l'héliographe mon passage à toutes les fermes et
fabriques de sucre qui s'échelonnaient le long de la
côte. A cet endroit, la mer ne brise plus, mais déferle
en une barre impressionnante. Tout à coup, alors
que je longeais cette côte nord à 1/2 mille environ,
j'eus une terrible émotion : tout près de terre une
barque, montée de cinq hommes, semblait faire des
efforts désespérés. M'avait-elle vu, et était-elle partie
dans cette mer démontée pour venir à mon secours?

Horreur, une vague déferlante la saisit et, quand la barque réapparut, les cinq hommes n'y étaient plus. Je fus affolé. Ces hommes m'avaient-ils cru en danger et allais-je être la cause d'une ou deux noyades? Je m'approchai le plus vite que je pus. Quand nous fûmes à portée de voix, je constatai avec surprise qu'il s'agissait de noirs qui ne m'avaient absolument pas vu. C'était tout simplement des pêcheurs et ils devaient affronter tous les jours cette mer démontée, au risque de leur vie.

Voguant sur des flots très clairs, dès qu'ils apercevaient un gros oursin, ils plongeaient, même au milieu des plus hautes vagues, quitte à être rejetés à 200 mètres de là, sur le sable des plages. C'est là, à 300 mètres, que je décidai de m'échouer : il me fallut plus de trois heures pour couvrir cette distance. Maintenant que j'avais découvert une plage de sable, tout danger pour ma vie était passé; j'avais amené intacts mon esquif et tout le matériel qu'il portait. Quant à mes notes inestimables, qui pourront peut-être sauver des centaines de vies, j'entendais les préserver jusqu'au bout.

La manœuvre était exténuante pour un homme aussi épuisé que je l'étais. Comme sur toutes les barres d'Afrique et des Antilles, les vagues ne brisaient pas avec une force égale, mais suivant une période croissante, puis décroissante bien définie et qui est propre à chaque type de barre : c'est la septième vague ou seizième qui est la plus dangereuse, et ce sont elles qu'il faut éviter à tout prix. En l'occurrence, il s'agissait d'une période de sept vagues. J'avais vent de côté, et disposai le canot dos à la plage. Dès la troisième vague, je me retournai pour gagner du chemin vers la terre. Lorsque la cinquième arriva, je me retournai de nouveau pour reprendre ma position frontale et mieux affronter ainsi le terrible ton-

nerre de la septième vague qui accourait vers moi.
Peu à peu, ainsi, je m'approchai de terre et chaque
fois je me retournai devant la septième lame qui
devenait de plus en plus dangereuse. Les pêcheurs
qui m'avaient aperçu n'avaient pas encore réalisé ce
qu'il y avait d'étrange dans mon arrivée : ils n'avaient
pas encore compris que, venant de cette direction,
mon embarcation ne pouvait provenir que des côtes
lointaines de leurs ancêtres. Bientôt, trois barques
m'entourèrent et, dans un anglais fantaisiste, nous
engageâmes la conversation. Trois négrillons montèrent à bord de l'*Hérétique* : pour la première fois,
en Atlantique, j'avais un équipage! Ils ne laissaient
pas d'ailleurs de m'inquiéter, furetant partout, fouil-
lant tout, chapardant à droite et à gauche. L'un
d'eux me demanda ma montre, mais lorsqu'il eut
constaté qu'on entendait à peine son tic-tac, la regarda
d'un air méprisant. Un autre était beaucoup plus
intéressé par un morceau de savon qu'il semblait
vouloir manger. Un troisième tentait de contempler
l'horizon avec mes jumelles, qu'il mettait à l'envers
devant ses yeux. Comme je lui expliquai qu'elles
étaient pleines d'eau et qu'il ne pouvait rien voir, il
se mit à les secouer comme pour vider une bouteille
jusqu'à la dernière goutte.

Quelle que fût ma joie d'avoir abouti, je commençai à m'inquiéter de deux choses : de mes lignes
et surtout de mes vivres de secours que j'aurais voulu
amener intacts jusqu'au premier poste de police.
Mais j'étais beaucoup trop fatigué pour surveiller
tout jusque-là. C'est pourquoi je décidai de prendre,
dès que je le pourrais, deux ou trois témoins, capables
de constater que je n'avais pas entamé mes provisions.

L'*Hérétique* était toujours à une vingtaine de
mètres de la plage qui, de jaune qu'elle était, commençait à devenir noire, tant les curieux s'y pres-

saient. Les pêcheurs me conseillaient d'attendre la
marée descendante pour aborder, prétendant que les
vagues seraient moins fortes. En réalité, ils tenaient
surtout à explorer à fond toutes mes ressources avant
que les riverains puissent y mettre leur nez. Le désir
de la terre, de son odeur, de la sensation du sable
chaud, montait en moi à un tel point que, connais-
sant bien mon bateau, voyant qu'il pouvait supporter
les vagues du rivage, excédé par l'inaction de mon
récent équipage, je plongeai, nageai la vingtaine de
mètres nécessaires tout en tenant l'ancre de *l'Hérétique* et, aidé enfin par les centaines d'assistants, me
traînai jusqu'à terre. Celle-ci était mouvante et
instable, mais c'était la terre, et ma joie fut telle
qu'elle fit disparaître un instant les douleurs que me
donnait la faim.

C'est là une circonstance sur laquelle je compte
beaucoup pour éviter aux naufragés un premier repas
trop rapide et trop abondant qui pourrait leur être
mortel. Accepte, ô mon frère, tout ce qui te sera présenté de liquide, méfie-toi de tout ce qui est solide :
c'est un ennemi certain de ton intestin affaibli. Tu as
arraché ta vie à la mer, ne laisse pas la terre te la
prendre.

Apprends comme moi que le combat contre la
faim devient, aussitôt que tu as abordé, une lutte
contre la suralimentation.

CHAPITRE XV

LA TERRE

Lorsque je mis le pied sur la plage de la Barbade, c'était une terre très instable que j'abordais, car le sable de la plage était mouvant et glissant. J'avais néanmoins l'impression que c'était une terre promise. Comment se faisait-il que je puisse me tenir debout? Je ne le sais pas encore, mais je marchais. Je devais veiller de tous côtés sur mes affaires, car pour les indigènes groupés autour de moi c'était, si insignifiantes fussent-elles, comme un don du ciel, et ils avaient la fâcheuse tendance à s'emparer de tous les objets qui se trouvaient à leur portée. D'abord, en un éclair, la boîte de cigarettes qui m'avait été donnée par la femme du capitaine Carter fut vidée de son contenu. L'un s'emparait de mon fusil lance-harpon, sans harpon d'ailleurs, et en se demandant à quel usage cela pouvait bien servir, parut extrêmement flatté quand je le lui donnai. Un second saisissait une vieille chemise, et un troisième me faisait signe que la montre que je portais au poignet lui plaisait assez. Comme je lui faisais comprendre que c'était la seule que je possédais, il me montra le compas en forme de bracelet-montre, en me disant :

— Mais si, vous en avez une seconde!

Une femme s'était emparée d'un savon pour eau de mer, le mordit avec conviction et fit une grimace qui prouvait nettement que c'était moins bon que le savon ordinaire. Cependant, peu à peu, je retirais les objets de mon bateau, mettant de côté ceux qui avaient le plus souffert, et notamment à l'atterrissage, car mon canot était arrivé rempli d'eau par cette terrible barre que je venais de franchir. Lorsque, aidé par les naturels, je sortis ma caisse de nourriture toujours fermée, les indigènes voyant marqué dessus le mot « Rations » s'écrièrent :

— Food! Food!

Je m'aperçus avec effroi que jamais je n'aurais suffisamment d'yeux pour pouvoir tout surveiller; je risquais à tout moment de retrouver ma caisse ouverte, ce qui, pour la démonstration de la théorie, aurait déjà été une catastrophe, même si rien n'avait été pris à l'intérieur. Un policeman vint alors m'apprendre que le poste de police le plus proche était à 3 km de là; il allait falloir que je fasse le chemin à pied, effort surhumain. Je me demande encore comment j'y suis arrivé. J'eus la présence d'esprit de prendre des dispositions immédiates et urgentes pour faire constater l'intégrité de mes vivres. Des personnes d'une certaine valeur intellectuelle témoignèrent. Les deux témoins choisis furent la maîtresse d'école du village qui faisait aussi office de pasteur et le policeman local. Puis, je distribuai autour de moi les boîtes de conserves américaines, m'attirant ainsi le témoignage de la reconnaissance du ventre de plusieurs des naturels.

Il m'a été reproché par la suite de ne pas avoir fait immédiatement mettre sous scellés mon livre de navigation pour prouver que je n'avais pas eu le temps par la suite de falsifier mes calculs. Je me demande si ceux qui, en pantoufles, m'adressent de tels reproches, se rendent compte de ce que peut être pour un homme de toucher la terre après soixante-cinq jours d'isolement total et d'immobilité. Lentement, poussé et tiré par les indigènes, buvant un verre d'eau à tous les tournants, tant je transpirais, et tant j'étais épuisé, je me dirigeai jusqu'au poste de police. De façon évidente, le chef du poste se demandait s'il avait affaire à un grand brigand ou à un navigateur extrêmement courageux. En tout cas, avec cette magnifique correction du policeman britannique qui est le père des sujets qui lui sont confiés, il m'installa devant une tasse de thé, un pain et une motte de beurre. Ma lutte contre la réalimentation allait commencer; je me contentais donc du thé, en y mettant beaucoup de sucre. Le spectacle était assez pittoresque, car le poste de police était entouré de centaines et de centaines de personnes vêtues des couleurs les plus voyantes, comme l'affectionnent les indigènes de ces îles.

Enfin, vers 11 heures, me parvint un appel téléphonique personnel du colonel Reggie Michelin, le « High Commissioneer of police » de toutes les Antilles anglaises. Ceci sembla impressionner favorablement le policeman qui m'offrit alors une douche.

Le High Commissioneer de police m'annonçait qu'une voiture allait venir me prendre pour me conduire à Bridgetown.

Et j'arrive dans la capitale aux environs de 2 heures de l'après-midi. Ma première question est pour demander :

— Le *Nymph-Errant* est-il là?

— Il est arrivé le 1er décembre, c'est-à-dire il y a vingt-trois jours, mais je crois qu'il est reparti. Il devait aller rejoindre Ann Davison qui doit arriver à Antigua.

Il y a eu une légère confusion avec le capitaine de l'*Arakaka*, car lorsqu'il m'a demandé où je pensais atterrir, j'ai répondu : Antillas. Or, les Anglais appellent les Antilles : West Indies. Il a donc compris Antigua, et a prévenu que je me dirigeais sur

cette île. C'est donc là-bas qu'on m'attend, et les amis
Staniland ont jugé qu'ils allaient m'y rencontrer ainsi
que Ann Davison. Pourtant, quelqu'un d'autre me
dit : « Il me semble que le yacht en question est
là. »

Enfin, je suis reçu chez le colonel, un homme typiquement britannique, jeune et dynamique, qui me
reçoit en présence du consul de France, M. Collins.
Après avoir, grosso-modo, expliqué que je compte me
reposer quelques jours et me faire rapatrier vers la
France, je vois arriver une voiture, chargée de mes
trois amis : John, Bonnie et Winnie qui poussent des
cris de joie en me voyant et m'annoncent que leur
yacht sera mon domicile si je le veux bien. Je l'accepte avec joie. Décidément, il est dit que ce n'est
pas encore maintenant que je quitterai la terre. Ils
sont accompagnés d'un médecin de ville, le Dr. David
Payne, à qui je demande immédiatement de me faire
subir un examen médical, afin que les résultats de
ma traversée puissent être connus. Je suis ce jour-là
encore assez gaillard, et tiens bien sur mes jambes,
j'arrive même à marcher et à monter un peu les
escaliers; ce n'est que les jours suivants que je vais
commencer sérieusement à payer un tribut à l'immobilité, la longue solitude et la vie anormale que je
viens de mener.

Enfin, les formalités de douane sont remplies; j'ai
fait envoyer des messages en France, par l'intermé-
diaire du charmant consul, et je me retrouve vers
6 heures de l'après-midi sur le *Nymph-Errant*, où je
dois recommencer à faire attention de ne pas trop
manger, car il faut me nourrir exclusivement de
liquide, ceci pendant au moins une huitaine de jours.
Je me retire dans ma cabine, terriblement énervé, je
ne puis dormir; je commence à travailler autour de
ma radio, à la déshabiller de l'enveloppe de nylon

qui la protégeait contre les embruns, et à l'essuyer pour essayer de la ramener le plus intacte possible en France.

Vers 10 heures du soir, je tourne le bouton pour essayer d'avoir la BBC, et devant mes amis stupéfaits, j'entends le service d'outre-mer de la BBC dire en français :

« Docteur Bombard, le message du capitaine de l'*Arakaka* nous est bien parvenu; nous vous remercions du travail que vous faites pour les naufragés, en ce moment, à la surface de l'océan, sur votre radeau *l'Hérétique*; votre *Concerto brandebourgeois* passera demain soir sur telle et telle longueur d'ondes, veuillez être à l'écoute à cette heure-là. » Le lendemain matin, la BBC, prévenue de mon arrivée à la Barbade, me faisait parvenir un télégramme me confirmant que mon *concerto* passerait le soir même, en même temps arrivaient les deux choses qui pouvaient me faire le plus plaisir en dehors du message de ma femme :

1° Le Royal yacht-club de la Barbade m'annonçait qu'il me nommait membre du club pendant tout le temps de mon séjour dans cette ville;

2° Un télégramme du capitaine Carter :

« Congratulations to a gallant gentleman who had so much courage in his convictions to carry on, when Safety and Luxury was proposed. Signé CARTER. »

Ceci m'a consolé de bien des attaques qui m'ont été faites par la suite. L'homme que j'avais rencontré sur l'océan, un véritable homme de mer, m'envoyait le témoignage de son estime, de son admiration et de son amitié.

J'allais passer les huit jours suivants à la Barbade dans un enchantement complet, malgré ma fatigue qui augmentait de jour en jour et m'obligeait d'abord à prendre une canne, puis à m'arrêter de marcher

presque complètement. Je visitai en voiture cette île
qui me semblait un enchantement; enfin, au bleu que
j'avais sans cesse devant les yeux succédait un paysage
vert, et combien vert, car j'étais à la période de Noël,
la période de vrai printemps des Antilles.

Le gouverneur m'avait reçu de façon charmante,
et ancien prisonnier des Japonais, il pouvait mieux
que personne apprécier l'importance morale de l'expérience que je venais d'effectuer. Des télégrammes
encourageants me parvenaient de France, et dans la
rue les indigènes, avec leur familiarité amicale,
chaque fois qu'ils me rencontraient, disaient : « Hello,
Doc. »

C'était véritablement pour moi quelque chose de
réconfortant. Ma barbe commençait à devenir légen-
daire dans les rues de Bridgetown, et la colonie française m'y recevait de façon délicieuse, entre autres
M. Pommarès et l'horloger Baldini à qui j'avais donné
ma montre à réparer. Cependant, il commençait à
être temps de s'arracher aux délices de Capoue, et
de revenir vers la France, où Ginette, son télégramme
me le disait, m'attendait avec impatience ainsi que
mes amis. Je partis dans la journée du 31 décembre.

La British West Indies Airways C° m'avait pris en
charge jusqu'à Porto-Rico. J'eus une autre grande
joie lorsque, à l'escale de l'île d'Antigua, j'appris que
Ann Davison, qui était partie très longtemps après
moi des Canaries, avait fait la veille son entrée dans
le petit port de English Harbour.

J'envoyai immédiatement un message à mes amis
Staniland pour les prévenir de cette nouvelle qui,
j'en étais sûr, allait les rassurer sur le compte de
leur amie.

A mon arrivée à Porto-Rico, je me dirigeai vers
les services des immigrations, et quel ne fut pas mon
étonnement en voyant l'inspecteur américain lever

les bras au ciel parce que je n'avais pas de visa. J'eus
beau lui dire que j'étais en transit. La loi d'immigration avait changé pendant que j'étais en mer, et
il était devenu nécessaire d'avoir un visa de transit
pour traverser les Etats-Unis. Je ne pouvais donc poursuivre mon voyage et devais m'arrêter en cours de
route.

Les membres de l'équipage de l'avion anglais qui
m'avait mené là se chargèrent de m'installer dans
un hôtel luxueux en ville, en attendant le visa qui,
disaient-ils, ne pouvait pas tarder. Sans lui, je devais
retourner sur les Antilles britanniques ou sur Fort-
de-France pour partir directement vers la France.

Il était très difficile d'obtenir ce visa le jour de
l'An, et tout le monde était en vacances. Les officiers
de l'immigration furent extrêmement gentils, se don-
nèrent un mal énorme, et après vingt-quatre heures
passées dans le site enchanteur de la ville de San-
Juan-de-Porto-Rico, l'autorisation de continuer mon
voyage et de me donner mon visa pour trente jours
parvenait. Je m'envolai sous le soleil riant d'un véritable printemps, vers New York, où m'attendait mon
ami Percy Knauth.

Je débarquai à New York au milieu d'une véritable
mer de neige. Il faisait un froid terrible : depuis plus
d'un an, je n'avais jamais eu si froid, toute la traversée que j'avais faite s'étant effectuée sous le climat
tropical. J'avais passé la nuit de Noël mollement
étendu sur une plage, éclairé par les étoiles d'un ciel
absolument pur et chaud.

Le voyage m'avait épuisé, et je fus obligé pour me
reposer de remettre à plus tard mon voyage vers
l'Europe, malgré mes amis qui m'attendaient avec
impatience. Je passais la plupart de mes journées
étendu sur mon lit à l'hôtel ou au petit port de Sag
Harbour où habitaient mes amis, à l'enseigne char-

mante et tout à fait caractéristique de la « Withe Whale » la baleine blanche.

Néanmoins, le départ se faisait de plus en plus nécessaire; on m'attendait avec impatience en France, et je dus prendre l'avion dans la soirée du 6 janvier.

Nous fîmes le trajet suivant : New York-Montréal-Gander-Paris. A la traversée de Montréal, je fus reconnu par plusieurs jeunes Canadiens français qui me complimentèrent sur ma traversée de l'Atlantique, et des éclairs de magnésium fusèrent, au grand étonnement d'une actrice qui montant dans l'avion demanda, en me désignant :

— Qui est-ce?

On lui répondit :

— Le docteur Bombard.

— Le docteur Bombard?

— Mais oui, qui vient de traverser l'Atlantique.

— Mais, moi aussi, répondit la chanteuse, je traverse l'Atlantique.

L'hôtesse de l'air, indignée, abandonna la malheureuse actrice sans lui expliquer les conditions « un peu spéciales » de ma traversée.

Au cours de la nuit, l'équipage eut une alerte : le chauffage s'étant déréglé, la chaleur fit croire à un début d'incendie. Avec le magnifique calme des équipages de l'air, l'hôtesse garda pour elle son angoisse. Et quel plus bel hommage rendu à l'effet moral de mon voyage, lorsqu'elle me dit : « Je souhaite, si jamais je dois amerrir, que ce soit aujourd'hui quand vous êtes là. » Mon but était donc partiellement atteint. En arrivant à Paris, on me montre la foule qui m'attend. Je suis ému comme pour aller passer un examen. L'avion se pose, la porte s'ouvre et je me retrouve devant une mer houleuse, mais accueillante, celle de mes amis qui étaient venus m'attendre à mon arrivée sur le sol de France. La boucle était fermée.

CONCLUSIONS

Le voyage de *l'Hérétique* est terminé. Je vais lutter maintenant pour que mon hérésie soit comprise et devienne l'orthodoxie des futurs naufragés.

Tout naufragé peut atterrir, au moins, en aussi bon état que moi. J'étais un naufragé comme les autres. Je n'étais pas physiquement exceptionnel. J'ai déjà eu, dans ma vie, trois jaunisses et souffert, après la guerre, de graves affections dues à la sous-alimentation. Rien ne me prédisposait donc à cette traversée. Je suis arrivé diminué, certes, mais je suis arrivé vivant.

Je le répète, il ne s'agit pas de bien vivre, mais de survivre assez de temps pour gagner la terre ou rencontrer un navire.

J'affirme, maintenant, que la mer nous donne suffisamment « à boire et à manger » pour entreprendre, avec confiance, le voyage vers le salut.

Pendant les soixante-cinq jours du trajet des Canaries aux Antilles, je n'ai pas eu de chance particulière et, en aucun cas, mon voyage ne peut être considéré comme un exploit téméraire, comme une exception.

J'ai maigri de vingt-cinq kilos et ai subi de nombreux troubles. J'avais une grosse anémie (cinq millions de globules rouges au départ, deux millions cinq cent mille à l'arrivée) et un taux d'hémoglobine à la limite de la sécurité.

La période qui a suivi le léger repas pris à bord de l'*Arakaka* a failli m'être fatale.

Voici le tableau de ma pression artérielle :

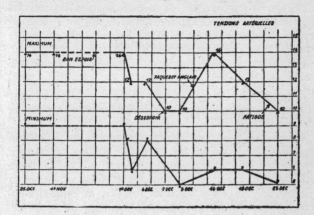

Eloquence des chiffres, qui montrent combien un événement suffit à bouleverser le psychisme et à enlever ou redonner la santé.

Une véritable diarrhée m'a torturé pendant quatorze jours, du 26 novembre au 10 décembre, avec d'importantes hémorragies. Deux fois, j'ai failli perdre connaissance : le 23 novembre, au cours de la prémonition qui a précédé la tempête, et le 6 décembre, jour de la rédaction de mon testament. Ma peau déshydratée a subi une éruption généralisée sur tout le corps. Les ongles de mes orteils sont tombés. J'ai eu d'importants troubles oculaires, une très nette diminution de ma force musculaire et j'ai eu faim. Mais je suis arrivé vivant.

Pendant soixante-cinq jours, j'ai vécu exclusivement des produits de la mer. Ma ration de protides et de lipides a été suffisante. Sans doute, la carence glucidique a provoqué mon amaigrissement, mais a prouvé que la marge de sécurité, pressentie avant mon départ, était bien une réalité.

Nouvelle preuve de la prédominance du mental sur le physique : la faim psychique, dont j'ai souffert après l'*Arakaka,* a beaucoup plus entamé ma santé que la faim organique que j'ai ressentie, avec Palmer, pendant la période de jeûne en Méditerranée. La première n'est pas la vraie faim, c'est plutôt le désir d'autre chose, et il est dangereux de désirer sans obtenir. La seconde se manifeste pendant les premières quarante-huit heures par des douleurs, à type de crampes, qui se calment ensuite et font place à une somnolence, à un affaiblissement considérable.

Dans le premier cas, l'organisme se brûle lui-même; dans le second, il se met en veilleuse.

A l'arrivée, l'examen médical n'a montré aucun signe de maladie par défaut de vitamines. Le plancton m'a donné sa vitamine C.

Je n'ai eu de l'eau de pluie qu'après vingt-trois jours. J'ai donc prouvé pendant ces vingt-trois premiers jours que le poisson suffisait à me désaltérer, *qu'il est possible de tirer sa boisson de la mer.*

Depuis le départ de Monaco, j'ai vécu d'eau de mer quatorze jours, de jus de poisson quarante-trois jours. J'ai vaincu la soif sur mer.

On m'avait dit l'eau de mer laxative, mais durant la longue période de jeûne méditerranéen ni Palmer, ni moi, n'avons eu de selles pendant onze jours. Aucun des signes d'intoxication prédits ne s'est manifesté. Jamais mes muqueuses ne se sont desséchées.

Mes conclusions médicales seront données, avec tout leur développement, dans ma thèse. En collaboration avec la Marine nationale, un ouvrage à l'usage du naufragé va résumer et codifier les conclusions de mon expérience.

Mais je veux affirmer ici : une embarcation de sauvetage peut tenir la mer bien plus de dix jours. Elle
peut suffisamment naviguer pour conduire le naufragé vers la vie. Mon *Hérétique* est un de ces types
d'embarcation. Je veux aussi donner au naufragé des
règles de vie, lui détailler un emploi du temps qui
lui permettra d'occuper activement sa journée, la
volonté toujours tendue vers ce but : la vie.

Un homme qui croit toucher le fond du désespoir
peut toujours trouver un second souffle qui lui permettra de continuer et de rebondir, comme Antée,
lorsque ses pieds touchent terre.

Dans le fond des bateaux de sauvetage, une carte
des vents et des courants pour toutes les mers du globe
devrait être imprimée. Même s'il est près de la côte
africaine, le naufragé devra gagner l'Amérique, quelle
que soit la distance.

Pour lui donner espoir et le persuader que la vie
est au bout de son épreuve, j'aimerais qu'on imprimât
aussi : « Souvenez-vous qu'un homme l'a fait en 1952. »

Mais une telle expérience confirme que l'on ne peut
et que l'on ne doit risquer sa vie que pour une cause
utile.

Espérer, c'est tendre vers un état meilleur. Le naufragé, après la catastrophe, démuni de tout, ne peut
et ne doit qu'espérer. Il se voit poser brutalement le
problème : vivre ou mourir, et c'est toutes ses ressources, toute sa foi en la vie qu'il mettra dans son
courage pour lutter contre le désespoir.

Enfants, jeunes gens, qui croyez pouvoir devenir
célèbres ou aller gratuitement en radeau en Amérique
ou ailleurs, je vous en supplie, réfléchissez ou venez
me voir. Abusés par le mirage, entraînés par la facilité, croyant faire une partie de plaisir, vous ne réali-
serez la gravité de cette lutte pour la vie que lorsqu'il
sera trop tard et vous n'aurez plus le temps de ras-

sembler tout votre courage. Votre panique sera d'autant plus grande que vous aurez inutilement mis votre vie en péril. Il y a tant d'occasions de la risquer pour une belle et noble cause!

Mais toi, naufragé, mon frère, si tu veux bien croire et espérer, tu verras que, comme sur l'île de Robinson Crusoé, tes richesses augmenteront de jour en jour. Et tu n'aurais plus raison de ne pas croire.

APPENDICE I

COMMUNICATION
DU PRINCE ALBERT Iᵉʳ DE MONACO

17 décembre 1888

Sur l'alimentation des naufragés en pleine mer.

« Je crois utile, écrit le Prince, de communiquer à l'Académie une conséquence frappante des investigations sur la faune pélagique de l'Océan, poursuivies depuis quatre années avec l'*Hirondelle,* en même temps que d'autres recherches scientifiques. La campagne de 1888 a permis de constater l'abondance de la faune pélagique qu'il est facile de pêcher pendant la nuit.

Un filet en étoffe de soie à bluter le son, ayant 2 m 50 d'ouverture, traîné pendant une demi-heure à la surface, rapportait chaque fois un nombre plus ou moins grand de poissons (*Scopelidæ*) et environ 70 centimètres cubes de matière organique utilisable.

La nuit encore, un filet de 0 m 50, disposé en épuisette, et simplement plongé dans un des nombreux bancs de méduses souvent rencontrées en plein Atlantique, fournissait environ 15 centimètres cubes de crustacés (*Hyperia Latreillei*) qui vivent dans le voisinage de ces méduses.

Dans la région que parcourent les touffes de Sargasses, on découvre, cachés parmi les rameaux de ce végétal errant, toute une faune (crustacés et poissons) beaucoup plus substantielle que la précédente, mais que des yeux non prévenus apercevraient difficilement à cause du mimétisme qu'elle présente.

Pendant les mois de juillet et d'août derniers, l'*Hirondelle* a fait jusque vers 600 lieues dans l'ouest et le sud-ouest de l'Europe des recherches sur la présence des thons : deux lignes avec amorces artificielles ont pris 53 thons, qui pesaient ensemble 908 livres.

Les épaves, suffisamment anciennes pour s'être chargées d'anatifes, sont presque toujours suivies de poissons assez gros; six d'entre elles, visitées en juillet et septembre derniers, ont fourni 28 mérous, pesant ensemble 303 livres. Parfois durant cette campagne et les campagnes précédentes, on a prélevé sur l'une de ces troupes de poissons la quantité que l'on en voulait (un jour même jusqu'à 300 livres) sans que leur nombre eût sensiblement diminué!... »

APPENDICE II

M. Budker a bien voulu nous donner les précisions suivantes sur certains des animaux rencontrés dont il a pu voir les photographies.

Baleine blanche.

Très probablement un Baleinoptère : *Balaenoptera physalus* ou Rorqual commun, que les Baleiniers appellent « Fin » ou « Finback ». Cette espèce a été plusieurs fois signalée en Méditerranée. On sait que les Baleinoptères se distinguent des Baleines franches par la présense d'un aileron dorsal, que l'on voit nettement lorsque l'animal sonde. La forme et la position de cet aileron, les mouvements de plongées du spécimen en cause, portent à croire qu'il s'agit bien d'un Rorqual commun. Mais seul un examen plus complet permettrait une détermination précise.

Quant à sa coloration blanche, elle est tout à fait remarquable : corps blanchâtre, aileron blanc brodé de noir sur son bord postérieur, région caudale grisâtre. Les « Finbacks » présentent normalement une dissymétrie pigmentaire très marquée. Mais les spécimens franchement albinos sont très rares. Il n'en a pas été signalé dans les travaux actuellement publiés. Cependant, mon collègue N. A. Mackintosh, Directeur des Recherches au Discovery Committee, m'a dit tout récemment (mars 1953) qu'un des inspecteurs baleiniers de l'Antarctique a vu, un jour, un Rorqual blanc parmi les captures du « Navire-Usine » où il était en fonctions. Il n'a pas été jugé utile d'insister, et l'albinos a été dépecé sans plus de cérémonies, tout comme ses collègues pigmentés.

On ne connaît qu'un autre cas d'albinisme chez les

Cétacés : le Cachalot blanc capturé en 1951 par l' « Anglo-Norse » sur les côtes du Pérou.

Le Requin.

Les pectorales très longues, à extrémités blanches; la dorsale arrondie et également blanche au bout; l'aspect du museau : tout cela identifie ce Requin comme étant un *Carcharhinus longimanus* (Poey), ou « White-tipped shark ». Cousteau et Tailliez m'ont envoyé une photo d'un spécimen de cette espèce, prise par eux en plongée dans la région des îles du Cap-Vert.

C'est un Requin pélagique, plus « océanique », moins côtier que ses cousins du même genre *Carcharhinus*. On l'a signalé en Méditerranée, mais surtout dans l'Atlantique tropical, généralement loin au large. N'a jamais été capturé sur les côtes des E. U., et je ne l'ai jamais vu non plus sur la côte d'Afrique. On l'a vaguement accusé d'attaquer l'homme, mais sans aucune preuve formelle. Le plus grand spécimen mesuré avec certitude avait 3 m 50 de long, mais il peut atteindre 4 m et davantage. Il est vivipare, et placentaire. Comme il vit habituellement au grand large, il est moins connu que les espèces littorales.

Baliste.

Les Balistes, poissons généralement côtiers, sont rarement utilisés dans l'alimentation, car ils sont réputés vénéneux, et même mortels. Leur nom de « Trigger-fish », ou Poisson-gâchette vient d'un dispositif de verrouillage de la première épine dorsale par l'action de la seconde épine, plus courte.

Dans Jordan and Evermann, *the Fishes of North and Middle America,* part. II, 1898, p. 1698, on lit[1] : « Accord-

---

1. Manger la chair de ces poissons provoque les symptômes de l'empoisonnement le plus violent. Le Dr Mennier considère que la chair vénéneuse agit d'abord sur le tissu nerveux de l'estomac en provoquant de violents spasmes de cet organe, et peu après sur celui des muscles et du corps. Le corps est secoué de spasmes, la langue s'épaissit, l'œil devient fixe, le souffle pénible et le patient expire au paroxysme de la douleur.

ing to Dr. Day, « Eating the flesh of these fishes occasions in places symptoms of most virulent poisoning. Dr. Mennier, at the Mauritius, considers that the poisonous flesh acts primarily on the nervous tissue of the stomach, occasioning violent spasms of that organ and shortly afterwards of all the muscles of the body. The frame becomes racked with spasms, the tongue thickened, the eye fixed, the breathing laborious, and the patient expires in a paroxysm of extreme suffering. »

Paul BUDKER.

AMÉRIQUE
DU
NORD

OCÉAN ATLAN

IL

a
BERMUDES

Tropique du Cancer

LA GUADELOUPE
DOMINIQUE
LA MARTINIQUE
MER
DES
ANTILLES

22-12 16-12 10-12 23-12
14-12

PTES ANTILLES

LA BARBADE

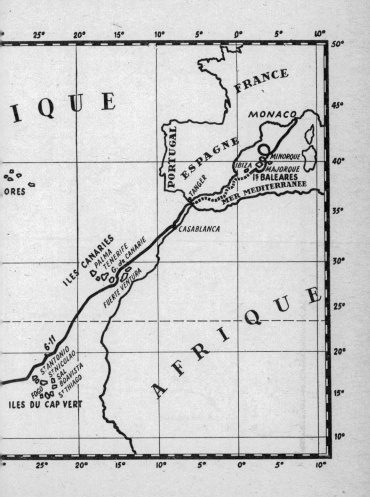

TABLE DES MATIÈRES

Avant-propos.   7

PRÉPARATION.   13

    Préparation scientifique.   21
    Préparation matérielle du voyage.   32

LA MÉDITERRANÉE.

    Chapitre   I. — Le départ.   55
    —   II. — Cabotage en vue des
                    côtes (25-28 mai 1952).   60
    —   III. — En haute mer (28 mai-
                    7 juin).   76
    —   IV. — Du 7 juin au 21 juin.   95
    —   V. — La bataille du matériel
                    et Tanger.   104
    —   VI. — Bilan des premiers résul-
                    tats et l'arrivée à Tan-
                    ger.   112

L'ATLANTIQUE.

    Chapitre VII. — Départ de Tanger.   121
    —   VIII. — Seul à bord.   125
    —   IX. — Casablanca-Las Palmas.   133
    —   X. — Terre, tentation, tergi-
                    versations.   143
    —   XI. — Homme d'eau salée.   153
    —   XII. — Entre deux eaux.   197
    —   XIII. — Longitude.   212
    —   XIV. — Arakaka et arrivée.   235
    —   XV. — La Terre.   254

Conclusions.   262

Appendice I.

  Communication du Prince Albert Ier de
  Monaco (17 décembre 1888).   267

Appendice II.

  Note de M. Budker.   269

IMPRIMÉ EN FRANCE PAR BRODARD ET TAUPIN
7, bd Romain-Rolland - Montrouge - Usine de La Flèche.
LIBRAIRIE GÉNÉRALE FRANÇAISE - 79, bd Saint-Germain - Paris.
ISBN : 2 - 253 - 01219 - X

Le Livre de Poche historique

Histoire ☆ Biographies
Documents ☆ Témoignages

Alexandre (Philippe).
Le Duel de Gaulle - Pompidou,
3289/3**.

Amouroux (Henri).
Vie des Français sous l'Occupation, t. 1, 3242/2*** ;
t. 2, 3243/0**.

Armand (L.) et Drancourt (M.).
Le Pari européen, 2824/8**.

Arnauld (Roger).
Les Témoins de la nuit,
5331/1****.

Astier de la Vigerie (Emmanuel d').
Sur Staline, 4027/6****.

Azeau (Henri).
Le Piège de Suez, 2245/6***.

Barret (P.) et Gurgand (J.-N.).
Priez pour nous à Compostelle,
5350/1****.

Benoist-Méchin (Jacques).
Ibn-Séoud, 890/1****.

Bergot (Erwan).
Vandenberghe le Seigneur du Delta, 5093/7****.

CORPS D'ÉLITE :
La Légion, 3980/7****.

Bernadac (Christian).
Les Mannequins nus, 4229/8****.
Le Camp des femmes, 4230/6****.
Kommandos de femmes, 4231/4***.

Blond (Georges).
Le Survivant du Pacifique,
799/4***.
Le Débarquement, 1246/5****.
Les Princes du ciel, 3595/3**.

Bonheur (Gaston).
Henri Quatre, 5257/8**.

Bonnecarrère (Paul).
Par le sang versé, 3178/8****.
Qui ose vaincra, 3527/6****.
La Guerre cruelle, 3884/1****.

Brille (Ady).
Les Techniciens de la mort,
5330/3****.

Chaban-Delmas (Jacques).
L'Ardeur, 4843/6***.

Chastenet (Jacques).
La France de M. Fallières,
2858/6***.

Clavel (Maurice).
Les Paroissiens de Palente,
4802/2****.

Clostermann (Pierre).
Le Grand Cirque, 4767/7****.

Coccioli (Carlo).
Mémoires du roi David,
5263/6****.

Coignet (Capitaine).
Cahiers, 3364/4**.

Courrière (Yves).
LA GUERRE D'ALGÉRIE :
1. *Les Fils de la Toussaint,*
3748/8*****.
2. *Le Temps des Léopards,*
3749/6*****.
3. *L'Heure des Colonels,*
3750/4*****.
4. *Les Feux du désespoir,*
3751/2*****.

Daniel (Jean).
L'Erreur, 4891/5*.
L'Ère des ruptures, 5420/2****.

Dayan (Moshé).
Journal de la campagne du Sinaï-1956, 2320/7**.

Debré (Robert).
L'Honneur de vivre, 4890/7*****.

Delarue (Jacques).
Histoire de la Gestapo,
2392/6*****.

Derogy (Jacques).
La Loi du retour, 3495/6***.

Descola (Jean).
Les Conquistadors, 5337/8*****.

Dreyfus (Paul).
Histoires extraordinaires de la Résistance, 5228/9****.

Druon (Maurice).
La Dernière Brigade, 5085/3***.
Alexandre le Grand, 3752/0****.
LES ROIS MAUDITS :
1. *Le Roi de Fer,* 2886/7***.
2. *La Reine étranglée,* 2887/5***.
3. *Les Poisons de la Couronne,* 2888/3***.
4. *La Loi des Mâles,* 2889/1***.
5. *La Louve de France,* 2890/9***.
6. *Le Lis et le Lion,* 2891/7***.

Dulles (Allen).
Les Secrets d'une reddition, 2835/4**.

Eisenberg (Josy).
Une Histoire des Juifs, 4797/4****.

Fabre (Robert).
Quelques baies de genièvre, 4950/9***.

Farago (Ladislas).
A la recherche de Martin Bormann et les rescapés nazis en Amérique du Sud, 5023/4****.

Favier (Jean).
Philippe le Bel, 5408/7*****.

Flament (Marc).
CORPS D'ELITE :
Les Commandos, 4239/7****.

Fourcade (Marie-Madeleine).
L'Arche de Noé, t. 1, 3139/0** ; t. 2, 3140/8**.

Frenay (Henri).
La Nuit finira, t. 1, 4051/6**** ; t. 2, 4052/4****.
Volontaires de la nuit, 5044/0****.

Gaulle (Charles de).
DISCOURS ET MESSAGES :
t. 1, 3753/8**** ; t. 2, 3754/6**** ; t. 3, 3755/3**** ; t. 4, 3756/1**** ; t. 5, 3757/9****.
Pour l'Avenir : extraits, 3480/8**.
Le Fil de l'épée, 3545/8*.
La Discorde chez l'ennemi, 3546/6*.
La France et son armée, 3547/4**.
Trois études, 3548/2*.
Vers l'armée de métier, 3549/0*.

Giroud (Françoise).
Si je mens..., 3729/8**.

Giscard d'Estaing (Valéry).
Démocratie française, 5090/3*.

Gorkin (Julian).
L'Assassinat de Trotsky, 3575/5**.

Gorsky (Bernard).
Expédition « Moana », 5237/0****.

Green (Gerald).
Holocauste, 5385/7****.

Grey (Marina) et Bourdier (Jean).
Les Armées blanches, 5116/6****.

Guilleminault (G.) et Bernert (P.).
Les Princes des Années folles, 4244/7****.

Guitton (Jean).
Portrait de M. Pouget, 1810/8**.

Halévy (Daniel).
LA FIN DES NOTABLES :
1. *La Fin des Notables,* 3432/9**.
2. *La République des Ducs,* 3433/7**.

Halimi (Gisèle).
La Cause des femmes, 4871/7**.

Harris (André) et Sédouy (Alain de).
Juifs et Français, 5348/5****.

Hasquenoph (Marcel).
La Gestapo en France, 5104/2****.

Héron de Villefosse (René).
Histoire de Paris, 3227/3**.

Herzog (Maurice).
Annapurna premier 8 000, 1550/0****.

Heyerdahl (Thor).
L'Expédition du Kon-Tiki, 319/1****.

Jean-Paul II.
Voyage en France 1980 : Discours et Messages, 5478/0*.

Jobert (Michel).
Mémoires d'avenir, 4713/1***.

Landemer (Henri).
CORPS D'ELITE :
Les Waffen S.S., 3981/5****.

Lanoux (Armand).
Bonjour, monsieur Zola, 3269/5****.

Lapierre (D.) et Collins (L.).
Paris brûle-t-il ?, 2358/7*****.
... Ou tu porteras mon deuil, 3151/5****.
O Jérusalem, t. 1, 4235/5**** ; t. 2, 4236/3****.
Cette nuit la liberté, 4941/8*****.

La Varende (Jean de).
Guillaume, le bâtard conquérant, 3938/5****.

Leca (Dominique).
Il y a quarante ans l'an 40 - La Rupture, 5376/6****.

Lecœur (Auguste).
Le P.C.F., continuité dans le changement, de M. Thorez à G. Marchais, 5238/8***.

Mabire (Jean).
La Division Charlemagne, 4824/6****.
Mourir à Berlin, 4928/5****.
Les Jeunes fauves du Führer, 5083/8****.
L'Eté rouge de Pékin, 5365/9*****.

Mabire (Jean) et Bréhèret (Jean).
CORPS D'ELITE.
Les Samouraï, 3983/1****.

Mabire (Jean) et Demaret (Pierre).
La Brigade Frankreich, 4778/4****.

Madariaga (Salvador de).
Christophe Colomb, 2451/0***.

Markale (Jean).
Histoire secrète de la Bretagne, 5265/1***.

Massu (Suzanne).
Quand j'étais Rochambelle, 3935/1**.

Mendès France (Pierre).
Choisir, 4872/5****.

Monnet (Jean).
Mémoires, t. 1, 5182/8**** ; t. 2, 5183/6****.

Murray Kendall (Paul).
Louis XI, 5034/1*****.

Newcomb (R. F.).
800 hommes à la mer, 3356/0**.

Noguères (Henri).
Munich ou la drôle de paix, 4879/0*****.

Noli (Jean).
Les Loups de l'Amiral, 3333/9***.
Le Choix, 3900/5****.

Ollivier (Albert).
Saint-Just ou la Force des choses, 2021/1***.

Orcival (François d').
CORPS D'ELITE :
Les Marines, 3978/1****.

Orieux (Jean).
Voltaire, 5377/4 E.

Perrault (Gilles).
L'Orchestre Rouge, 3158/0*****.

Peyrefitte (Alain).
Quand la Chine s'éveillera... le monde tremblera, t. 1, 4247/0*** ; + 2, 4248/8***.

Décentraliser les responsabilités, 5200/8**.
Le Mal français, t. 1, 5212/3**** ; t. 2, 5213/1****.

Piekalkiewicz (Janusz).
Les Services secrets d'Israël, 5203/2***.

Poniatowski (Michel).
Cartes sur table, 4227/2***.
L'Avenir n'est écrit nulle part, 5329/5*****.

Pottecher (Frédéric).
A voix haute, 5304/8****.

Revel (Jean-François).
La Tentation totalitaire, 4870/9****.
HISTOIRE DE LA PHILOSOPHIE OCCIDENTALE :
t. 1 : Penseurs grecs et latins, 4254/6****.
t. 2 : La Philosophie classique, 4255/3****.

Rieupeyrout (J.-L.).
Histoire du Far-West, 4048/2****.

Roy (Jules).
LES CHEVAUX DU SOLEIL :
1. Chronique d'Alger, 4171/2****.
2. Une Femme au nom d'étoile, 4724/8****.
3. Les Cerises d'Icherridène, 5038/2****.

Ryan (Cornelius).
Le Jour le plus long, 1074/1****.

Saint-Paulien.
LES MAUDITS :
1. La Bataille de Berlin, 3572/2**.
2. Le Rameau vert, 3573/0**.

Saint Pierre (Michel de).
Bernadette et Lourdes, 1821/5*.
LE DRAME DES ROMANOV :
La Menace, 3124/2**.
La Chute, 3125/9**.

Schell (Orville).
Les Chinois, 5349/3***.

Schelle (Klaus).
Charles le Téméraire, 5409/5****.

Schuré (Edouard).
Les Grands Initiés, 1613/6****.

Séguy (Georges).
Lutter, 4819/6***.

Sergent (Pierre).
Je ne regrette rien, 3875/9****.

Servan-Schreiber (Jean-Jacques).
Le Manifeste radical, 2892/5**.

Shirer (William).
  Le Troisième Reich,
  t. 1, 1592/2***** ; t. 2, 1608/6*****.
Smith (Hedrick).
  Les Russes, 5012/7*****.
Speer (Albert).
  Au cœur du Troisième Reich,
  3471/7*****.
Stein (George H.).
  Histoire de la Waffen S.S.,
  5003/6****.

Steiner (Jean-François).
  Treblinka. 2448/6***.
Townsend (Peter).
  Le Hasard et les Jours, 5303/0****.
Tulard (Jean).
  Napoléon, 5390/7*****.
Venner (Dominique).
  *Les Corps-Francs allemands de la
  Baltique,* 5136/4****.
Viansson-Ponté (Pierre).
  *Lettre ouverte aux hommes poli-
  tiques,* 4846/9*.

Le roman vrai...

Une **série historique** abondamment illustrée dirigée par Gilbert Guilleminault

Le roman vrai du demi-siècle.
  Du premier Jazz au dernier Tsar,
  2351/2.
  De Charlot à Hitler, 2352/0.
  La Drôle de Paix, 2579/8.

Le roman vrai de la IVᵉ République.
  Les lendemains qui ne chantaient
  pas, 2722/4.
  La France de Vincent Auriol,
  2758/8.

Le Livre de Poche classique

Des textes intégraux.
Des éditions fidèles et sûres.
Des commentaires établis par les meilleurs spécialistes.

Pour le grand public. La lecture des grandes œuvres rendue facile grâce à des commentaires et à des notes.

Pour l'étudiant. Des livres de référence d'une conception attrayante et d'un prix accessible.

Balzac.
La Duchesse de Langeais suivi de *La Fille aux Yeux d'or*, 356/3**.
La Rabouilleuse, 543/6***.
Les Chouans, 705/1***.
Le Père Goriot, 757/2**.
Illusions perdues, 862/0****.
La Cousine Bette, 952/9***.
Le Cousin Pons, 989/1**.
Le Colonel Chabert suivi de *Ferragus, chef des Dévorants*, 1140/0**.
Eugénie Grandet, 1414/9**.
Le Lys dans la Vallée, 1461/0****.
César Birotteau, 1605/2***.
La Peau de Chagrin, 1701/9***.
Le Médecin de campagne, 1997/3***.

Barbey d'Aurevilly.
Un Prêtre marié, 2688/7**

Baudelaire.
Les Fleurs du Mal, 677/2***.
Le Spleen de Paris, 1179/8**.
Les Paradis artificiels, 1326/5**.
Ecrits sur l'Art, t. 1, 3135/8** ; t. 2, 3136/6**.

Bernardin de Saint-Pierre.
Paul et Virginie, 4166/2****.

Boccace.
Le Décaméron, 3848/6****.

Casanova.
Mémoires, t. 2, 2237/3** ; t. 3, 2244/9** ; t. 4, 2340/5** ; t. 5, 2389/2**.

Chateaubriand.
Mémoires d'Outre-Tombe, t. 1, 1327/3***** ; t. 2, 1353/9***** ; t. 3, 1356/2*****.

Descartes.
Discours de la Méthode, 2593/9**.

Dickens.
De Grandes Espérances, 420/7*****.

Diderot.
Jacques le Fataliste, 403/3**.
Le Neveu de Rameau suivi de *8 Contes et Dialogues*, 1653/2***.
La Religieuse, 2077/3**.
Les Bijoux indiscrets, 3443/6**.

Dostoïevski.
L'Eternel Mari, 353/0**.
Le Joueur, 388/6**.
Les Possédés, 695/4*****.
Les Frères Karamazov, t. 1, 825/7**** ; t. 2, 836/4****.
L'Idiot, t. 1, 941/2*** ; t. 2, 943/8***.
Crime et Châtiment, t. 1, 1289/5*** ; t. 2, 1291/1**.

Dumas (Alexandre).
Les Trois Mousquetaires, 667/3*****.
Le Comte de Monte-Cristo, t. 1, 1119/4*** ; t. 2, 1134/**** ; t. 3, 1155/8****.

Flaubert.
Madame Bovary, 713/5***.
L'Education sentimentale, 1499/0***.
Trois Contes, 1958/5*.

Fromentin.
Dominique, 1981/7**.

Gobineau.
Adélaïde suivi de *Mademoiselle Irnois*, 469/4*.

Gorki.
En gagnant mon pain, 4041/7***.

Homère.
Odyssée, 602/0***.
Iliade, 1063/4****.

Hugo.
Les Misérables, t. 1, 964/4*** ;
t. 2, 966/9*** ; t. 3, 968/5***.
Les Châtiments, 1378/6****.
Les Contemplations, 1444/6****.
Notre-Dame de Paris, 1698/7****.
La Légende des Siècles, t. 2,
2330/6**.
La Bruyère.
Les Caractères, 1478/4***.
Laclos (Choderlos de).
Les Liaisons dangereuses,
354/8****.
La Fayette (Mme de).
La Princesse de Clèves, 374/6**.
La Fontaine.
Fables, 1198/8***.
Lautréamont.
Les Chants de Maldoror,
1117/8***.
Machiavel.
Le Prince, 879/4***.
Mallarmé.
Poésies, 4994/7***.
Marx et Engels.
Le Manifeste du Parti Communiste
suivi de Critique du Programme
de Gotha, 3462/6*.
Mérimée.
Colomba et Autres Nouvelles,
1217/6***.
Carmen et Autres Nouvelles,
1480/0***.
Montaigne.
Essais, t. 1, 1393/5*** ; t. 2,
1395/0*** ; t. 3, 1397/6***.
Journal de voyage en Italie,
3957/5****.
Montesquieu.
Lettres persanes, 1665/6**.
Nerval.
Aurélia suivi de Lettres à Jenny
Colon, de La Pandora et de Les
Chimères, 690/5**.
Les Filles du feu suivi de Petits
Châteaux de Bohême, 1226/7**.
Nietzsche.
Ainsi parlait Zarathoustra, 987/5***.
Pascal.
Pensées, 823/2***.
Pétrone.
Le Satiricon, 589/9**.
Poe.
Histoires extraordinaires,
604/6***.
Nouvelles Histoires extraordinai-
res, 1055/0***.

Histoires grotesques et sérieuses,
2173/0**.
Prévost (Abbé).
Manon Lescaut, 460/3**.
Rabelais.
Pantagruel, 1240/8***.
Gargantua, 1589/8***.
Restif de La Bretonne.
Les Nuits révolutionnaires,
5020/0****.
Rimbaud.
Poésies, 498/3**.
Rousseau.
Les Confessions, t. 1, 1098/0*** ;
t. 2, 1100/4***.
Les Rêveries du Promeneur soli-
taire, 1516/1**.
Sacher-Masoch.
La Vénus à la fourrure et autres
nouvelles, 4201/7****.
Sade.
Les Crimes de l'amour, 3413/9**.
Justine ou les malheurs de la
Vertu, 3714/0****.
La Marquise de Gange, 3959/1**.
Sand (George).
La Petite Fadette, 3550/8**.
La Mare au diable, 3551/6**.
François le Champi, 4771/9**.
Shakespeare.
Roméo et Juliette suivi de Le
Songe d'une nuit d'été, 1066/7**.
Hamlet - Othello - Macbeth,
1265/5***.
Stendhal.
Le Rouge et le Noir, 357/1****.
La Chartreuse de Parme,
851/3****.
Lucien Leuwen, 5057/2***'**.
Stevenson.
L'Île au trésor, 756/4**.
Tchékhov.
Le Duel suivi de Lueurs, de Une
banale histoire et de La Fiancée,
3275/2***.
Tolstoï.
Anna Karénine, t. 1, 636/8**** ;
t. 2, 638/4****.
Enfance et Adolescence, 727/5**.
Guerre et Paix, t. 1, 1016/2***** ;
t. 2, 1019/6****.
Tourgueniev.
Premier Amour suivi de L'Au-
berge de Grand Chemin et de
L'Antchar, 497/5**.
Eaux printanières, 3504/5**.

Vallès (Jules).
JACQUES VINGTRAS :
1. *L'Enfant*, 1038/6***.
2. *Le Bachelier*, 1200/2***.
3. *L'Insurgé*, 1244/0***.

Verlaine.
Poèmes saturniens suivi de *Fêtes galantes*, 747/3*.
La Bonne Chanson suivi de *Romances sans paroles* et de *Sagesse*, 1116/0*.

Mes Prisons et autres textes autobiographiques, 3503/7***.
Villon.
Poésies complètes, 1216/8**.
Voltaire.
Candide et autres contes, 657/4****.
Zadig et autres contes, 658/2****.
XXX.
Tristan et Iseult, 1306/7**.
Lettres de la Religieuse portugaise, 5187/7**.

Une nouvelle série illustrée pour les enfants

Le Livre de Poche

jeunesse

Des textes de grande qualité pour les enfants de huit à quatorze ans.

Une typographie soignée et lisible.

Des illustrations par les meilleurs artistes.

Impression sur beau papier.

Alain-Fournier.
Le Grand Meaulnes, 23/4****.
Andersen.
Poucette et autres contes,
19/2***.
Berna (Paul).
Le Cheval sans tête, 34/1***.
Bickham (Jack).
Le Faucon de Billy Baker,
25/9****.
Buckeridge (Anthony).
Bennett et sa cabane, 7/7***.
Clarkson (Ewan).
Halic le phoque, 31/7***.
Conan Doyle (Sir Arthur).
Le Monde perdu, 15/0****.
La Ceinture empoisonnée, 35/8**.
Curwood (James Oliver).
Kazan, 10/1****.
Daudet (Alphonse).
Tartarin de Tarascon, 27/5**.
Druon (Maurice).
Tistou les pouces verts, 3/6***.

Escarpit (Robert).
Les Contes de la Saint-Glinglin,
1/0***.
Fleischman (Sid).
L'Homme qui brillait la nuit,
33/3***.
Grimm (J. et W.).
*Le Roi Grenouille et autres
contes*, 18/4****.
Haynes (Betsy).
Une nièce de l'oncle Tom,
36/6***.
Hunt (Irene).
*Cinq printemps dans la tour-
mente*, 26/7****.
Kästner (Erich).
Le 35 mai, 5/1**.
Deux pour une, 12/7***.
Emile et les détectives, 30/9***.
La Fontaine (Jean de).
Fables choisies, 22/6**.
Leblanc (Maurice).
*Arsène Lupin gentleman cambrio-
leur*, 29/1***.

Leprince de Beaumont (Mme) et **Aulnoy (Mme d').**
La Belle et la Bête et autres contes, 21/8***.

Lindgren (Astrid).
Zozo la tornade, 13/5**.

Manzi (Alberto).
Le Castor Grogh et sa tribu, 28/3**.

Molnar (François).
Les Gars de la rue Paul, 16/8****.

Peck (Robert Newton).
Vie et mort d'un cochon, 9/3**.

Perrault (Charles).
Contes, 20/0***.

Richter (Hans Peter).
Mon ami Frédéric, 8/5***.

Singer (Isaac Bashevis).
Zlateh la chèvre et autres contes, 4/4**.

Solet (Bertrand).
Il était un capitaine, 11/9****.

Vasconcelos (José Mauro de).
Mon bel oranger, 2/8****.

Vercors.
Contes des cataplasmes, 32/5**.

Wilde (Oscar).
Le Fantôme de Canterville, 14/3**.

Winberg (Anna-Greta).
Ce jeudi d'octobre, 6/9****.

Winterfeld (Henry).
Les Enfants de Timpelbach, 24/2****.

XXX
Ali Baba et les quarante voleurs, 17/6**.